U0856485

当代经济学系列丛书
Contemporary Economics Series
陈昕 主编

当代经济学译库

劳动分工经济学说史

孙广振 著 李井奎 译

格致出版社
上海三联书店
上海人民出版社

主编的话

上世纪80年代，为了全面地、系统地反映当代经济学的全貌及其进程，总结与挖掘当代经济学已有的和潜在的成果，展示当代经济学新的发展方向，我们决定出版“当代经济学系列丛书”。

“当代经济学系列丛书”是大型的、高层次的、综合性的经济学术理论丛书。它包括三个子系列：(1) 当代经济学文库；(2) 当代经济学译库；(3) 当代经济学教学参考书系。本丛书在学科领域方面，不仅着眼于各传统经济学科的新成果，更注重经济学前沿学科、边缘学科和综合学科的新成就；在选题的采择上，广泛联系海内外学者，努力开掘学术功力深厚、思想新颖独到、作品水平拔尖的著作。“文库”力求达到中国经济学界当前的最高水平；“译库”翻译当代经济学的名人名著；“教学参考书系”主要出版国内外著名高等院校最新的经济学通用教材。

20多年过去了，本丛书先后出版了200多种著作，在很大程度上推动了中国经济学的现代化和国际标准化。这主要体现在两个方面：一是从研究范围、研究内容、研究方法、分析技术等方面完成了中国经济学从传统向现代的转轨；二是培养了整整一代青年经济学人，如今他们大都成长为中国第一线的经济学家，活跃在国内外的学术舞台上。

为了进一步推动中国经济学的发展，我们将继续引进翻译出版国际上经济学的最新研究成果，加强中国经济学家与世界各国经济学家之间的交流；同时，我们更鼓励中国经济学家创建自己的理论体系，在自主的理论框架内消化和吸收世界上最优秀的理论成果，并把它放到中国经济改革发展的实践中进行筛选和检验，进而寻找属于中国的又面向未来世界的经济制度和经济理论，使中国经济学真正立足于世界经济学之林。

我们渴望经济学家支持我们的追求；我们和经济学家一起瞻望中国经济学的未来。

陈昕

2014年1月1日

中文版序

拙作的英文版于2012年春出版。过去的三年间，不时收到各国同好电子函件，切磋研讨，笔者从中受益良多。拙作中触及的若干问题，包括分工经济学的未来前景，一再浮上心头。拙作意在为一个观念的历史作传，为此不惜笔墨，详加铺陈，交代历代学者就劳动分工的经济学意涵发表的各种见解。借用冯友兰先生的一句老话，拙作只是“照着讲”，讲述过去的故事。虽然偶尔涉及“接着讲”，于行文中见缝插针，点评先贤论述的未尽之意或未洽之处，顺带展望有待创新的地方，毕竟不适合喧宾夺主。借此中文版印行之际，笔者不揣浅陋，愿就“接着讲”部分发挥一二，就教于方家。若能抛砖引玉，激发志在有所开拓创新的若干年轻同行的才思，笔者将深感荣幸。

最近二三十年，信息技术的突飞猛进，电脑与自动化的普遍应用，导致越来越多的国家与地区的就业与收入分配结构发生巨变。人工智能技术对于制造业的冲击，在制造业强国（如德国、日本）更是格外引人注目，其重要性对于中国这样一个正在从制造业大国向制造业强国迈进的国家不言而喻。如此一来，人们耳熟能详的作坊式分工理论（例如，斯密的关于十八名工人借助垂直分工，通过十八道工序联合制作扣针的著名论述)，岂不是早就过时了吗？劳动分工出现逆转，分工经济学还能有多少解释能力呢？事实上，现有的分工理论能够解释这些现象的相当一部分，但不是全部现象。麻省理工学院的几位学者近些年来提出“新分工理论”，解释电脑—自动化技术何以对于美国的中间收入阶层的空心化以及贫富差距拉大，颇有影响（拙作8.1节对此有所述及）。制造业部门人工智能的大范围使用，意味着生产链下游的分工转向上游的细化分工，价值链的结构变动只是分工结构的变动之表象。（顺提一句：支撑全球化价值链结构的，同样是国际分工结构。）标准化与机械专业化大行其道，并且部分地替代劳动专业化，则显示所谓的巴贝奇分工原理（the Babbage principle）在起作用，且日显其理论威力。拙作第5章对于19世纪的巴贝奇（Charles Babbage）、马克思等著作家关于机械分工的出色见解有比较详细的交代，并向这些富有洞察力的思想家致意再三。可惜的是，从斯密的分工理论拓展而来的巴贝奇原理，经济学理论圈久已淡忘，近乎沉响歇绝。困难似乎在于，找不到恰当的方式，将巴贝奇原理吸纳整合到现有的分析框架。以笔者之拙见，学者之间跨越时空最好的致意方式，永远是批评其不足，借鉴其洞见，另铸新说。上述问题，实为当代经济生活的一个重要面向，其重要性只会随时日而增，现有的经济理论却不足以提供透彻的解释。上乘佳构，犹待来者。

关于中国经济最近三四十年变迁的研究，伴随着中国大国地位的确立，最近十年间渐渐成了“显学”。上个世纪90年代中期以前，中国经济翻天覆地的变动，大体围绕工业化与城市化这个主轴铺开。弥漫中国社会的兴奋、困惑、焦虑乃至冲突与痛苦，归根结底，与整个国家向多元化工商业社会的大转变密不可分。这场历史性变动错综复杂，多条线索犬牙交错，也迫使体制上的弊端日显，自不必说。回到分工经济学的话题上来，有两个重要的思想或知识资源可供借鉴，用来帮助理解中国故事的两个重要面向。

第一个思想资源，交代起来有些饶舌，涉及分工与市场的关系在古典（政治）经济学里的核心地位，我们尽可能地长话短说。众所周知，18世纪中后期，（政治）经济学作为一门独立而完整的科学领域破土而出时，分工与市场的关系居于亚当·斯密诸公的学说体系的核心地位。何以如此呢？一个基本的思想背景是，从游牧、农耕社会向商业社会的转变及其丰富意涵，构成了孟德斯鸠、苏格兰启蒙诸子在社会科学领域主要的沉思与研究对象，其研究纲领也围绕这个核心渐次铺开。商业社会里，社会分工体系高度发达，不仅产品、工种、职业、交易活动花样繁多，相应的技能、知识与信息的指数型增长与高度分散，权利诉求与利益冲突的加剧，更是远非此前的农耕文明可比。概言之，商业社会里，正是拜分工之赐，多样性、异质性、知识与信息的分散、知识总量的增长、财富的创造与传播，得以以前所未有的速度迅猛扩张。商业社会里市场的非中心化协调机制（所谓“看不见的手”），权力的分割与制衡，以及政府的立法者角色，也相应地成为呱呱坠地的所谓古典政治经济学的题中之义。斯密的经济学说，其主旨正在于发明一套基于分工的市场理论，由此解释商业社会的经济生活面向的历史源头与运作机制。①其持久不衰的理论生命力也在于此。一个缺乏社会自治传统，或者传统的社会自治资源已经遭到清洗的国家，依赖于强大的中央政府的权威，通过动员、激发地方与民间竞争，以及有效利用庞大的国内统一市场与国际市场，可以迅速启动全社会上下互动的工业革命。但是，接踵而来的城市化进程，势必把工商业社会的本质特征——多样性与异质性——释放出来，进而要求变革现存的产权体系、意识形态与政治权力格局。政府职能与职权的重新定位、财政审核、司法独立、舆论监督等各个方面的深刻变革，将势在必行。借助于孟德斯鸠—斯密的以社会大分工理论为核心构建的历史法理学，也许能够提供一份透彻理解中国大变动的政治经济学解读。

另外一个研究题目，则是理解中国的工业革命的经济性质。置于国际视野，分工深化与市场扩张在中国的工业革命进程中所扮演的核心角色，将会更加凸显。算是史家的共识吧，但凡一个大国的工业革命，个中故事与逻辑一环套一环，其进程势必曲折而复杂，惊心动魄。也许并不奇怪，人类社会第一个工业革命尘埃落定近一百年后，才有了第一本总揽全局、

① 笔者有两篇随笔，《“斯密学”的曲折命运及其分工理论的一个历史维度》与《郢书燕说——亚当·斯密的两段重要文字的误译问题》，分别刊登在《读书》杂志2013年第1期和《经济学家茶座》杂志2015年第68辑，对此展开讨论，并旁及中文文献里一些流传多年的误读与误解。恭请有兴趣的读者惠阅。

系统考察英格兰的工业革命的源起与早期进程的像样的著作（Paul Mantoux，法文版，1906，1927年英文翻译本出版；详见拙作第7章，分工视角下的工业化与城市化）。保罗·芒图的著作之为经典，与他的一个基本理论支撑点大有关系：英国工业革命中后期出现的机械化生产，影响深远，就其经济性质，则是斯密意义上的分工演进与市场的大规模扩张双重变奏的一个表现形式和直接后果。跟进的研究自然早已是汗牛充栋。令人深思的是，工业革命自英格兰飘洋过海蔓延开来，其进程、节奏、机理、影响，往往因国家的制度和时代背景而有重要差异，但其共性也不容小视。刊登在经济学专业期刊上的不少研究，将长三角或珠三角地区的制造业小型企业或交易活动密集扎堆的工、商业集群，看作是中国独特的运营模式；另外一个说法，把大量的民营轻工业企业靠近原材料产地开工建厂，唤作所谓"农村包围城市"的中国特色。其实，在由轻工业牵头的工业革命进程之中，这些现象大抵只是常态，经济体赖此实现社会分工的报酬递增，没多少新鲜事（参见第7章）。中国特色，藏在别处。有必要开展系统的跨国历史比较研究，系统详实解读中国工业革命的基本脉络。特别地，在深入了解和剖析民营制造业的成本结构、专业化模式与供应链、产品研发与创新机制、市场开拓，以及企业与地方政府错综复杂的互动关系方面，依然有不少重要的工作可做。

最后，笔者谨就中文译本的来由略作交代。2013年初夏，笔者于浙江大学短期访学期间，与同好故交分享近年研修观念史的甘苦得失，言及此书。承蒙旧朋新知李井奎、范良聪两位先生抬爱，有意译成中文，笔者十分感激。不久，良聪兄赴芝加哥大学进修，不克拨冗，翻译一事遂由井奎兄独力承担。井奎兄文采出众，腹笥丰赡，又悉心尽力，反复推敲校改译稿，笔者感刻良深！格致出版社的编辑钱敏女士，从协调英文版权的转让、校阅译稿一直到书稿的版式设计，尽心尽责，以其深厚的专业编辑素养，令拙作增色不少。一并致谢！

孙广振

2015年9月8日

前言

本书肇端于我为拙编《劳动分工经济学读本：古典的传统》一书所写的具有导论性质的一章，该书由新泽西 World Scientific 出版公司于2005年出版。囿于篇幅和所编选的文章范围，那篇导论不得不刻意写得简短。将《读本》书稿提交给出版社之后不久，也就是2004年圣诞假期之前的那几天里，我开始认识到，对劳动分工的思想史进行稍微系统和全面的研究很有必要，尤其是若出于理解经济学中劳动分工的研究现状之需的话，这样做就更有其价值了。经过数年的劳作，其间由于工作变动、家庭规模的迅速壮大以及过去四年间繁重的教学任务与其他研究计划，这项工作时断时续，现在终于看到本书行将付梓，实在是如释重负！对于 Routledge 的经济学编辑 Simon Holt、Emily Senior 和 Thomas Sutton 历久不懈的慷慨支持和巨大耐心，我深表谢忱！

我的好友 John Thomas Smyth 详细阅读了本书第2到第5章以及第6章的大部分初稿，为提高本书笨拙的英文表述提出了大量意见。他还给出了很多切实有用的建议，其中绝大部分我都照纳不误。我要感谢我在莫纳什大学和澳门大学的同事们，正是与他们的交谈，帮助我更好地组织本书所处理的众多不同的思想，我还要感谢亚利桑那州立大学的王宁对第4章的部分初稿所给予的颇有裨益的评论。最后，感谢我的妻子持续不断的鼓励，以及小女丹桐、稚子代熙所带给我的无穷欢乐，这已成为我灵感的永恒之源！

我还要感谢莫纳什大学 Matheson 图书馆管理员们殷勤有礼的帮助、该大学在2004—2008年期间以高级洛根研究基金资助(Senior Logan Fellowship)的形式为本书所提供的慷慨帮助，以及澳门大学研究委员会在本书手稿写作期间所给予的资金支持。《制度经济学杂志》(*Journal of Institutional Economics*, *JOIE*)基金允许重印我对选自中世纪伊斯兰学者纳瑟尔·图西(Nasir Tusi)的《纳瑟尔伦理学》一书片段所做的“导引”，这篇导引发表在《制度经济学杂志》(2008，4(3)：403—407)上，特此致谢。

孙广振

2011年8月

CONTENTS

目　录

1 导论

本书试图一览过去两千五百年间有关专业化和劳动分工的经济思想与分析史，其中尤以近两个半世纪着墨最多。若然如此，就必须直面这样两个基本问题：第一，是否有足够多的材料可以充实这样一部250页左右的书？* 差不多每一个学习经济学的学生都听说过亚当·斯密所讲述的那个关于制针业劳动分工的著名故事，对其中令人赞叹的生产效率多少会有些印象。但是除此而外呢？如果对当代经济学者们就这一问题所给出的回应做一调查，最为可能的结果是，绝大多数基本上都会是"仅此而已"。我猜测，这一态度背后的认识或许是这样的：有关劳动分工的经济学早已随着斯密将制针业作为说明性案例的那类手工作坊，而一去不复返了。

接踵而至的第二个问题，与第一个问题密切相关（可谓是第一个问题的答案），就是进行这样的努力是否合宜：今天的人们因何要自寻烦恼，去理解诸如制针之类的生产过程如何以及为何分成若干个阶段或部分，其中每一个阶段要由一个或者少量的专业化工人来完成呢？换言之，关于劳动分工的研究对经济科学还有重要的关系吗？要知道，这门学科自18

* 原书一共258页，其中正文205页，注释、参考文献以及索引53页。——译者注

世纪兴起以来已经发生过多次所谓的革命了。考虑到下述事实，这个问题更是让人伤透脑筋。政治经济学（经济科学）的奠基者们——不仅仅是亚当·斯密——常常在其思想和分析体系里赋予专业化和劳动分工以突出的地位，到了后人那里，这一做法却不再时髦。实际上，在19世纪和20世纪，只有少数几个经济学大师接乎此绪。作为一个研究主题，劳动分工要么只是被大多数经济学家浅尝辄止地涉及到，要么就是完全为他们所忽略。只是在近几十年，情况才稍有改变，这要感谢苏格兰启蒙运动研究，尤其是斯密经济学的学术复兴。尽管如此，在很多经济学家的脑海中，劳动分工与现代经济学关系不大这种印象依然根深蒂固。

对于第一个问题，有一个简洁明了的回答：劳动分工这一概念自有其迷人的历史，其丰富程度与源远流长远非制针业模型所能涵盖。制针业模型实际上仅可被视为这方面学问的冰山一角，在亚当·斯密出版《国富论》（1776）以前乃至以后，众多不同的学者横跨多个文明，在漫长的历史过程中，为这门学问做出了极大贡献，只是在《国富论》将制针业故事作为劳动分工的原型——虽稍显不那么适宜——予以通俗化、大众化之后，这才使之达到了妇孺皆知的地步。在亚当·斯密之前，劳动分工在社会经济生活中的重要性于很多学者的著作中皆得到了长足的体现，这些学者从古希腊的柏拉图和亚里士多德以及大约同时的中国古代的管仲和荀子，到中世纪的神学家和哲学家安萨里（al-Ghazali）、纳瑟尔·艾得丁·图西（Nasir al-Din Tusi）、托马斯·阿奎那以及伊本·赫勒敦（Ibn Khaldūn），不一而足。最为重要的是，在政治经济学作为一门独立学科，从17世纪与18世纪早期的科学探究中分立出来时，劳动分工作为重要的研究课题，不仅在重商主义者以及前斯密时代从事体系化努力的学者们各种不同著述中受到了非比寻常的关注，而且还常常被当作统摄全局的核心概念或核心概念之一，用来分析财富和商业现象。若言劳动分工这一概念对于政治经济学作为一门科学呈现在世人面前实在功不可没，亦绝非夸饰之词。约瑟夫·熊彼特曾经对亚当·斯密将经济分析的重担置于劳动分工之上有过一段著名的评论，认为只有亚当·斯密是这样做的，事实则与之相反，亚当·斯密并非是持此论断的第一人，就在斯密出生之前不久，恩斯特·路德维希·卡尔（Ernst Ludwig Carl）（1722—1723）就已经这样做了。只不过斯密在这方面做得最为成功，成功到创生了一门新的科学，并为之奠定了如此坚实的基础，以至于在某种意义上来说，我们当代的经济思想很大程度上乃是由他的自然自由体系塑造而成。这一体系意义深长的思想就是劳动分工的收益之原理，斯密颇具说服力地运用它发展出了一套历史法理学，用来解释商业社会中财富的性质与增长。在有关亚当·斯密及其著作的流行读物中，制针工场的故事摇身变成了斯密劳动分工经济学的标志，从而不再只是借以阐发斯密这一思想一个方面的例子而已（实际上这个例子稍显拙劣），在第 4 章我们将称此为斯密劳动分工学说的微分学（differential calculus），以与其更为重要和深刻的劳动分工学说的积分学（integral calculus）形成对照。有关这一主题的经济分析，后斯密时代的发展也不可小觑，其中由爱德华·吉本·威克菲尔德（Edward Gibbon Wakefield）、阿尔弗雷德·马歇尔、艾伦·杨格以及乔治·斯蒂格勒等人引领的对专业化和市场范围之关联及其对经济进步之意义的研究，由查尔斯·巴贝奇（Charles Babbage）和卡尔·马克思就有关资本主义制造业中劳动分工的富有洞见的分析，以及由 F.A.哈耶克所揭示的分立价格体系兼具高效利用分散知识与超卓协调社会分工之功效，最为值得一提。

本书的一个目标是通过详审过去两千五百年，尤其是自 1760 年到 1950 年间学者们在这　专题下的研究，绍述经济分析中有关劳动分工的这一传统。这其中大多数的分析论断由背景殊异、年代不一的作者们给出，星散在各种著作之中，诚如所欲详示给读者的那样，本书试图从概念上将之统合形成一脉相对一致的学问源流。

至于第二个问题，以上两段文字庶可提供一部分的答案。稍微提及一下自 20 世纪 70 年代后期以来，在经济学领域对专业化和劳动分工的兴趣得到恢复的情况，这个问题的答案或许即可一目了然。这一复兴之至为紧要处在于，当越来越多的当代经济学家开始深入研究经济发展不同形式下的内在机理（其中包括工业化、城市化、劳动市场不断增强的异质性、制度转型、经济增长以及企业的结构性变迁时），经济学家们越发意识到劳动分工的报酬递增思想在解释他们所面对的现象上所具有的威力。经济中的专业化和劳动分工在经济科学的众多领域里，于知识的新近增长方面也发挥了显著的作用，举凡在内生增长、城市中经济活动的空间集聚、人力资本和劳动市场的共生演化，以及企业经济性质与内在结构（参看本书第四部分）的解释方面，均有着不俗的表现。可以毫不夸张地说，在过去30年中，这一主题重新回到了对广义经济发展所做经济分析的中心舞台上来。与此同时，某些可以上溯到亚当·斯密的相对古老的学说，在现代分析工具中重又焕发了青春，当然这些学说势必经过了大量重要的扩展。在社会科学中，无论是否刻意，富有创新精神的理论家总是在其传统中不时回眸，拾取和提炼一些被长期忽略的思想，由此丰富、光大此一传统。对于经济学家来说亦是如此。因此，本书另外一个主要目的是要对现代的研究予以回顾，尤其是对20世纪70年代后期以来在劳动分工方面卷土重来的那些研究进行评述。这些评述主要是以分工经济学的经典文献所体现的悠久传统作为依托，辨析与评价新近的发展，偶尔也会对那些看起来较具科学前景的新方向有所评断。

劳动分工在经济学中不但没有消亡，而且还正处在非同寻常、成果丰硕的复兴当中，就其表面而言，原因似乎至为显明。出色的专业化和劳动分工常意味着在个人、家庭、企业、地区乃至国家之间，主要通过各种交换而使得彼此的依存度不断提高，市场因之得以扩大和深化。社会经济生活得以组织的各种形式均会受到此类变化的影响。研究劳动分工，就是研究市场和经济。不过，还有一个远不是那么显而易见的原因，隐含在一部分经济学家对劳动分工的报酬递增这一斯密经济学的核心原理久违的激赏之中。劳动分工的报酬递增，与个体企业层面的规模报酬递增在概念上迥然不同。它指的是这种情况：经济体的生产可能性边界在整体上随着交换关系的规模和经济体不同部分之间的经济依存度而扩张。那个有时被称为是斯密定理(Smith Theorem)的命题(Stigler, 1951)——即劳动分工受到市场范围的限制——仅是这一原理的一个部分而已，虽然这个部分的确甚为根本。由于劳动分工大体上决定了生产的效率，因之一般来说也就决定了个体在经济中的购买力，市场范围也常取决于劳动分工。这一点很少为人所理解。劳动分工网络的扩大使得更高程度的专业化得以出现，这会为整个社会带来更高的生产能力，因之也就会实现经济发展。在劳动的社会分工和交换网络中，每一个市场参与者的专业化选择，不但决定了他或她从该市场中需求什么和需求多少，而且也揭示了其他参与者可以获得的市场范围之大小。这一在劳动分工和市场规模之间的因果关系循环，若然只是审视任一特定企业甚或某一具体产业的运作之规模，必会被忽略无疑。正如贯穿本书的历史细节所示，后斯密时代劳动分工经济学的主要部分，包括与这一主题相关的现行研究，均可被视为对这一原理的扩展、阐释、应用或创造性的批判。詹姆斯·布坎南(James Buchanan)意味深长地将这个原理称作广义报酬递增(generalized increasing returns)机制(Buchanan，1994)。

在诸如亚当·斯密、阿尔弗雷德·马歇尔以及F.A.哈耶克这些学者的著作中，劳动的社会分工被巨细无遗地予以分析，尤为见重。从某种抽象意义上来说，劳动的社会分工不但包括(个体间职业的)分工或分化，也包括(专业化个人之经济活动和结果的)组合或整合。通过分工和专业化，我们变得更富生产效率，因此可以于彼此间进行更多的交换，这只需市场即可切实有效地得到实现。通过组合和整合，我们则可得以实现专业化的收益，这个收益不仅包括产品和劳务的生产，也包括交易的实施和社会正义的提供。然而，在经济学中需要提出的最具价值的问题——而且也是需要作答的问题——不只是在劳动的分工和组合中发生了什么，更重要的是它是怎样发生的以及为什么会发生。例如，在对城市化的解释中，理解劳动分工如何使得将生产和交易活动集中在一个被称作城市的空间里成为可能，至为关键。另一个例子是企业的内部结构，它不但涉及一个企业与其他企业和消费者之间交易的形式，而且还囊括了该企业内部专业化工人的分工与组合，以便有效地利用工人们专业化的人力资本。城市经济学和企业理论在过去20年间的一些重要进展，究其实质，正是以下这一古典思想的复兴：通过生产和自愿交换的劳动分工(企业内部以及外部)这一形式，实现财富的创造与流布(分配)。当然，这中间不乏卓有创新之处。在我们能够充分理解经济体如何利用劳动分工和知识分工的收益进行运作之前，妄言劳动分工经济学已死，实在是愚蠢至极，因为就这一理解的进程而言，尚且路漫漫其修远兮，仍需我们上下求索。

本书的主体分为四个部分。诚如前文所述，在18世纪政治经济学兴起之时及之前，几乎很少有研究主题像劳动分工这样，受到如此之大的重视，这当中跨越不同时空大师辈出，无疑个个都是人类文明所曾产生的杰出头脑，而他们对于劳动分工之重视未尝有异。从表面上看其原因似乎至为显明：劳动分工是人类文明的基石，是文明发展的重要引擎。但是，若然要充分描述它对于社会经济生活的全部意义，则是一项至为艰巨的任务，它需要一场跨越多个世纪和文明的智识接力方可完成。对于经济科学而言，其意义最为重大。劳动分工作为一个专题，在18世纪经济学（政治经济学）作为一门独立学科从道德和哲学科学中分离出来方面，发挥了基础性的作用。这又是如何发生的呢？第一部分意在给出对前斯密时代研究的描述。这部分内容分成两章论述：一是关于劳动专业化和市场的早期分析与思想的，由古希腊和中国哲学家、中世纪伊斯兰和基督教神学家以及学者们的著作构成（第2章）；二是关于17世纪和18世纪前半叶所产生的对财富科学（政治经济学）的论述，这些直接构成了亚当·斯密政治经济学体系的前驱（第3章）。第2章以古希腊学者所做的关于这一主题的主要分析内容为始，包括色诺芬、柏拉图对于劳动分工报酬递增的颇具洞察力的观察结果，以及亚里士多德的一些有关货币和财产权的观点。紧接着，这一章转而讨论人类文明“轴心时代”（Jaspers，1953）与古希腊学者同时的中国古人同样精审的分析，其中最为杰出的当数管仲、荀子和司马迁对于专业化报酬递增及其与市场机制的关联所做的论述了。然后，该章又对中世纪伊斯兰学者，尤其是安萨里、纳瑟尔·艾得丁·图西和伊本·赫勒敦的贡献进行论述，特就劳动分工分析而言，这些人很可被看成是上承古希腊、下接欧洲文艺复兴的过渡型学者。这一章最后以基督教经院派学者对私有产权和商业活动——这些正是劳动社会分工的潜在制度基础——所做的亚里士多德式的辩护作结。第3章对17世纪和18世纪前半叶劳动分工经济学的三个主要的发展进行了评述：后期重商主义者所做的有关贸易和商业的研究；第一次以专业化和劳动分工的概念为中心对经济事务所做的系统化处理；以及经济语域中个人主义和自由主义思想的兴起。在这一章，我们会对威廉·配第和亨利·马廷顿（Henry Martyn）关于劳动分工与贸易的著作进行述评，还将回顾长期被忽略的恩斯特·路德维希·卡尔的《专论》（*Treatise*）（1722—1723），这是对财富科学（政治经济学）的第一次系统并且颇为全面的处理，此外还会论述伯纳德·曼德维尔大夫那部划时代的著作，这部书以演化的观念为基础确立了经济自由主义原理和个人主义哲学。

第二部分专门针对亚当·斯密关于劳动分工和市场过程的经济学说进行回顾和阐释，其主要侧重点放在了亚当·斯密对通过劳动分工和无约束的市场过程创生和分配财富所做研究的性质上。亚当·斯密关于劳动分工的主要学说，常被这方面的通俗读物，乃至众多经济思想史教科书表述得十分简单——即专业化提高了劳动效率，劳动分工受到市场范围的限制——这实在是存在着颇深的误解。实际上，斯密关于这一主题的分析，其思想要丰富得多，比这一简化的表述要更为全面，而且也更为湛深。斯密创造性地将对财富的产生和分配之研究纳入自然法理学的整体框架中，成功地发展了自己的自然自由体系，在这一体系里，劳动分工的好处经由不受约束的市场体制而得到充分体现，由此既解释了商业社会的发展，也解释了这一社会的性质。从某种（重要的）意义上说，斯密的《国富论》(1776)可以被看成是商业社会的一部"宪章"，根据他所假设的历史发展模型，人类社会正是从蛮荒社会演化到商业社会来的。这部"宪章"的第一"条款"即是经常为作者所引述的，可能也是最经常被阅读到的《国富论》一书的前三章。然而，这三章只不过是一场异常宏富的长篇大论的开篇而已，全书五卷大开大合，枝枝蔓蔓，未尝须臾而离劳动分工这一主题。亚当·斯密分析了市场范围的决定因素与内在意涵，对与劳动分工如何经由一个有效率的市场体系予以实现这一问题相关的主题进行了颇为广泛的分析，这些主题对于公正与发展而言是非常重要的。正是斯密对劳动分工的整体性和历史性处理，使得他这方面的学说得以形成，因此他的政治经济学体系至为丰富、深湛，其影响也最为深远。在这一过程中，斯密为经济自由主义奠定了坚实的基础，开启了一项卓有远景的研究项目，让后世的经济学家为此忙碌超过两百年之久。非常有意思的是，斯密虽然的确明确提到劳动分工和市场范围之间的相互依赖性，但是却并没有对此进行深入阐发。于此，一场饶有趣味的演化登上历史舞台，它从斯密始，历经爱德华·吉本·威克菲尔德(1835)、约翰·斯图尔特·穆勒(1848)和阿尔弗雷德·马歇尔(1920)，在某种程度上到艾伦·杨格(1928)达到顶峰。这场智力接力赛马拉松将在第二部分得到详尽的阐述。

阿尔弗雷德·马歇尔和艾伦·杨格集中关注的是企业或生产性行业间劳动分工与工业品市场的联动关系，与他们所追索的路线不同，在后斯密时代还有两个非同寻常的发展，一个关注的是资本主义制造业中机器的广泛使用所带来的深远影响，代表人物为19世纪的查尔斯·巴贝奇和卡尔·马克思，另一个则关注伴随劳动的人际分工而来的个体间分散知识的利用问题,这是 F.A.哈耶克在 20 世纪上半叶所着力研究的问题。第三部分的绝大部分篇幅放在马克思和哈耶克的相关学说上,虽然把这两位放在一起,也许稍显怪异。马克思基本上对斯密关于劳动分工的经典处理持批评态度,他发展出了一套自己的资本主义劳动分工理论,而哈耶克则锐意扩展斯密的劳动分工学说,围绕社会中的知识分工问题开创了一项新的研究。第 5 章回顾了查尔斯·巴贝奇和安德鲁·尤尔(Andrew Ure)的先驱性研究,以及卡尔·马克思关于资本主义制造业的劳动分工所做的系统性分析,而所谓资本主义制造业其突出特征乃在于机器的广泛使用。马克思对资本主义生产过程中使用技术的历史和性质进行了细致入微的考察,从中得到的最为重要的洞识首先是资本主义制造业的机械化对组织形式的意义,它体现在车间或工厂中职业上的权威对市场协调的取代上,其次乃在于资本主义自我生产的动态化方面。第 6 章转而讨论奥地利学者,尤其是 F.A.哈耶克所做的研究,这些研究基本上都围绕根植于专业化个体之间知识分工中的问题这一中心予以开展,这种分工可以看成是劳动分工的间接后果之一。哈耶克认为,价格机制能够运行良好,这不但出于新古典微观经济学教科书上所给出的那些原因,即人际间价格信号囊括了有关总需求和总供给的信息,从而允许价格体系良好运行的自均衡调整机制将资源在社会之中进行配置。更重要的是,价格体系本身就是一个信息的发生器,通过它,遍布经济体局部环境中的各种必要的分散信息,可以被获取、传递和利用。由于哈耶克对知识问题入木三分的分析只是其毕生努力以图复兴和推进的自发社会秩序研究的一部分——虽然可能是其核心部分——故而我们亦将检讨自发秩序这一统摄性的概念,以及哈耶克对交易经济学(catallactics)重要而精细的改进工作。

我们将在本书的第四部分,借重于第二部分所描述的斯密意义上的学术传统,审视在劳动分工经济学的框架内分析经济发展的工作。这里所包含的大多数研究都是最近半个世纪所开展的,其中有一些尽管确实与劳动分工和市场过程的斯密经济学极为相符,但是却没有明确与之扯上关系。在第 7 章,我们精心挑选城市化方面的研究,以分析性回顾为开端——在城市化研究中报酬递增起到了核心作用——紧接着,我们检视了英国工业革命的某些历史细节,以此表明,尤其是在将斯密主义框架扩展到涵纳由道格拉斯·诺思和其他一些经济史学家们所强调的制度因素时,该框架便足以解释工业革命的性质与原因,以及这场革命在某些方面的深远后果。在这方面,此一框架较之其他框架远为优胜。第8章回顾了出现在20世纪最后20年中的一些突出文献,它们可被视为专业化和劳动分工报酬递增古典经济学的复兴。部分是人力资本经济学发展的结果,对专业化人力资本的生产性收益之分析,在20世纪80年代迅速变成了一个颇为兴旺的行业,并且在接下来的二三十年间,延伸到了国际贸易理论、内生增长、跨行业和地区的工资分配、市场整合与经济起飞,以及其他诸多领域。还有一些有关机械化和标准化的重要见解,可以上溯到查尔斯·巴贝奇和卡尔·马克思,也成功地被予以形式化,以图解释由于信息技术的广泛应用而导致的就业和收入分配结构上的变迁。对劳动分工的古典思想进行严格形式化的尝试,在这一章也有所涉及。第9章开始讲述由罗纳德·H.科斯(1937)的开创性思想所引发的有关经济组织的现代研究,科斯的文章强调,市场交换也会需要成本。因此,在企业和社会中各种不同的交易是如何被组织完成的这一问题,对于市场范围和劳动分工收益的实现而言,就关乎根本了。过去40年间(20世纪70年代至21世纪初)所发展出来的最好的企业理论——何为最好,自然会仁者见仁智者见智——致力于解决这样一个问题:企业作为一种手段,是如何来协调专业化工人之间的劳动分工,以图利用专业化分工的收益,减少卸责、扭曲性激励、某些生产投入定价、工作与技能之间的错误匹配以及其他情况下所带来的成本的。在第9章,我们对这些理论进行了批评性的回顾。

最后,本书的跋对于这场劳动分工思想史上的长途跋涉及其可能的未来,以一些评论而简要地做了一下总结。

第一部分

前斯密时代

2 早期的研究

2.1 希腊的源头

毋庸置疑,专业化报酬递增的思想古已有之。[①]最早可以上溯到德谟克利特(约公元前460—公元前370),古希腊的哲学家们就已经把这一思想纳入到了他们对社会经济的分析当中。实际上,德谟克利特可能就是做如是思考的第一个希腊学者,他已经认识到在劳动分工与资源分布之间存在着内在的关联,此外,他还认识到了这种关联对于私人产权的效率所具有的意涵,因为相比较于共有产权,它的确可以为生产性活动提供更强的激励。[②]两千多年后,亚当·斯密(Smith, 1776)在论分工中所精心阐述的两个著名观念——源于劳动专业化的报酬递增和劳动分工受制于市场范围,即已明确地见诸于色诺芬和柏拉图的著作。在说明为什么城市越大,行业分工越发地细密,因而产品质量就会更佳、数量也会更丰时,色诺芬(约公元前431—公元前354)尤其清晰地把握到了城市规模(以居民计)与劳动分工二者之间的关联。

> 在小城小镇中,譬如像床榻、椅子、犁锄以及桌案都是同一个人做的,而且,这个人时常还要去盖房子;如果他

能够雇佣足够多的人来做这些事情，那么，他会极为高兴。而在这里，要一个人来做这十几种手艺，又要做好，是根本不可能的；在大都市，各种特定的手艺都会有方方面面的要求，这样，有了一种手艺就足以谋生了，通常甚至只掌握了某一种手艺的一部分就足够了；有一些鞋匠只做男鞋，而女人的鞋子则交由另外的人去做。或者也可能出现这样的情况，有一些鞋匠只是靠缝鞋子生活，而另一些负责裁剪，第三拨人则负责将鞋子上的皮子勒好，第四拨人除了将各个部分连在一起之外就不再做别的了。花费全部的时间和精力去做一件不大的事情，就一定能够做得最好。

(Xenophon, 1886:244) *

色诺芬还通过列举居鲁士大帝的御膳组织来说明劳动分工的好处(同上:245)。色诺芬这样写道：

如果一个人去烧水，一个人去烤肉，一个人去煮鱼，而烤鱼可以让另外一个人去做，然后再有一个人去烤面包，当然也不是要一下子烤出各种各样的面包，面包可以有各种各样，但只要烤出一种就足够了；我认为，以这样一种方式，各项工作显然就可以做得更为完美。如此安排分工，居鲁士提供的美味佳肴远胜他人。

(同上:245)**

色诺芬(1994)在他的《经济论》(*Oeconomicus*)中——正是在这本书里最早出现了"经济学"(家政管理)这个名词——进一步比较详细地谈论了家庭内部的性别分工问题；这个话题在19世纪被托马斯·霍奇斯金(Thomas Hodgskin, 1827)和马克思主义者重新拾起，并在20世纪被巧妙地整合进了新古典的人力资本理论之中(Becker, 1985)。值得注意的是，直到中世纪，*oeconomica* 一词的意涵均是指对家庭事务的研究，而 *politica* 则是指对城邦(*polis*)(社群)管理的研究，尤其是有关社群成员之间合作问题的研究。因此，在亚里士多德的学说中，那些在今天看来可以归之于经济问题的最为深刻的思想和最为全面彻底的分析，均见诸于其关于 *politica*，而非有关家政的

* 此处引文的译文见华夏出版社2007年版色诺芬的《居鲁士的教育》一书第420—421页，由沈默先生译笺。——译者注

** 此处借鉴了华夏出版社2007年版色诺芬的《居鲁士的教育》一书第421页之译文，由沈默先生译笺，译者进行了改动。——译者注

论著当中，例如可参看亚里士多德（Aristotle，1921）；图西（Tusi，1232）以及孙广振（Sun，2008）对图西所做的注解。

柏拉图值得我们致意再三，因为他预见到了18和19世纪在古典政治经济学中被不断重复和细致阐发的许多观察结论。在柏拉图看来，不同个体之间的劳动分工不仅在使人类文明成为可能这方面不可或缺，而且也是构成许多重要现象的必不可少的条件。例如，柏拉图认为，正是那些由于职业的分工而使人们彼此提供商品和劳务成为可能，他们相互依存，汇聚起来，才形成了城市。

> 这就像我设想的那样，产生了一个城邦（city），因为我们每一个人并不是自足的，还需要许多其他东西。你认为城邦的产生还有别的原因吗？
>
> 没有别的原因。
>
> 就是这样，一种需要迫使一个人与另一个人联合，另外一种需要又迫使他与另外一个人联合，由于有很多种需要，就要求把许多伙伴和助手集合在一个住处，这样一个共同的住处我们就称为城邦。
>
> （《治国篇》，Plato，1997：1008）*

事实上，柏拉图有意识地对城市是如何通过利用劳动分工的好处和对贸易成本的节约而演现和成长的，做了一番生动的叙述（Plato，1997：1008—1013）。当他打算“从道理上看一个城邦是如何产生出来的”**时（同上：1008），柏拉图实际上是给出了一个关于城市形成的理论模型。为满足人们对食物、住所和衣服的需要，不得不有一人专门来生产食物，再有一人来建造住所，还要有第三个人来织布做衣服。为便于他们彼此之间相互帮助，利用社会合作所带来的收益，他们聚在一起，形成了城市的雏形。不过，自然而然地，这些人的需求会再召唤第四个人加入他们来提供补鞋服务，进而再

* 这段引文的译文见商务印书馆2004年版（2012年第2次印刷）由王太庆先生翻译的《柏拉图对话集》第409页，在这本书中，王先生把理想国翻译成“治国篇”，其他如陈康先生把它译为“国家篇”，此外还有通行的“理想国”这一意译的译法。——译者注

** 译文见商务印书馆2004年版（2012年第2次印刷）由王太庆先生翻译的《柏拉图对话集》第409页。——译者注

招来第五个人来提供医疗服务，如此等等。最终，源于城市的扩张所带来的收益（由劳动分工的深化而实现的专业化报酬递增）与随之而来的成本之间的权衡，导致城市的规模趋于均衡，在这一均衡点上，城市“不会成为一个巨大的聚居地……也不会只是一个小村落”（同上：1010）。城市成为其成员之间贸易的地理聚点。而且，城市会通过与其他城市之间的联络和贸易而存续：“要在一个地方建一座完全自给自足的城市，那几乎是不可能的”（同上）。柏拉图还讨论了城市居民消费多样性的问题（同上：1011）。也许，更为重要的是，在柏拉图的模型中，城市的成长会导致职业商人（professional merchants）、法律体系和军队这些新职业的出现，也因此预见到纳森·罗森伯格（Nathan Rosenberg，1976）所认为的在斯密的经济学体系中“劳工分工的又一好处”。

在某些重要的方面上，柏拉图社会化的劳动分工理论与斯密和其他古典经济学家所系统发展起来的观点颇为神似。作为一项引人入胜的关于希腊哲学家对斯密的劳动分工理论的影响的研究，沃纳·佛莱（Vernard Foley，1974：221—222）甚至认为：“就劳动分工原理而言，斯密的最初灵感可能不仅来自耳熟能详的那些时间上距他较近的前辈们——百科全书派学者、哈里斯、洛克、孟或者曼德维尔，而且给予他影响的，当还有古希腊哲人的身影。”这其中，最值得注意的是柏拉图，他给斯密“提供了……重要的初始灵感”（同上：235），使其得以把深化劳动分工的理论与社会演进的四阶段论联系了起来。另一个相关的情况也很有意思，柏拉图在说明生产过程的组合和分割所产生的影响时，是用纺织这一“制衣业最大的组成部分”作为例子的（《政治家篇》，279—283A；Plato，1997：321—325；Foley，1974：236—238）。值得一提的是，17 和 18 世纪的许多学者，包括威廉·配第、亨利·马廷顿、伯纳德·曼德维尔、亚当·斯密都沿袭了这一习惯，用它来说明劳动分工所带来的生产力增进上的好处（参见下文第 3 章和第 4 章）。

然而，正如许多学者所曾注意到的那样，例如保罗·麦克纳尔迪（Paul McNulty，1975），尽管柏拉图和斯密关于劳动分工的思想有着一些共同的基础，但这两位思想家在某些方面的看法却存在着根本性的差异。正如麦克纳尔迪所强调的，这种差异比起乍看之下的差别要更为深刻、复杂——到底是不同的专业化选择导致了个体之间的天资和能力差异（斯密的观点），还是反过来,即个体之间的天资和能力差异带来了专业化上的不同选择(柏拉图的观点)呢?在斯密(Smith,1776)的政治经济体系中,本质上无差异的个体之间可以进行劳动分工,但是在柏拉图的体系之中却并非如此;在柏拉图那里,专业化和劳动分工本质上是基于不同的人在不同活动之中所拥有的个体特征和优势而得以实现的。在柏拉图的《理想国》中,柏拉图借苏格拉底之口说道:"在最初的状况下每一个人并不是生来跟别人一模一样的,而是生性有差别的,各人适合干自己的行当"(第二卷,370b;Plato,1997:1009)*。这种在天资和本性上的天然差别,导致了不同个体之间在专业化上的差异;"如果一个人干一件天然适合自己才能的工作,并且在适当的时候干,不干别的工作,就能制造出很多东西来,干得又好又容易"**(同上,第二卷,370c;斜体为本书所加)。③这种人与人之间的天然差异还意味着,行业之间的流动即使不是毫无可能,也存在着巨大困难;因此,这也就意味着斯密在他的巨著中如此热切地提倡的"自然自由"是不会存在的。斯密关于个人职业选择自由的观念深深地根植于这样一种信念,即认为"人们壮年时在不同职业上表现出来的极不相同的才能,在多数场合,与其说是分工的原因,倒不如说是分工的结果"(Smith,1776:15)***。正是"互通有无、物物交换和互相交易的一般倾向"(同上:13)把人与动物区分开来,也正是这种倾向带来了本质上无差异或者类似的个体之间的劳动分工。④简言之,对于柏拉图,以及对于李嘉图而言,是个体之间的天资和才能的差异导致了不同的职业选择,而对于斯密而言,却是不同的职业选择形成了这种差异。⑤

虽然柏拉图(Plato,1997:1010—1011)早就正确地指出,货币的出现是市场买卖双方需求同时并存的问题所致,不过第一个对物物交换的起源及其向法定货币演进做出生动说明的却是亚里士多德(公元前350年)在其

* 译文见商务印书馆2004年版(2012年第2次印刷)由王太庆先生翻译的《柏拉图对话集》第411页。——译者注

** 译文见商务印书馆2004年版(2012年第2次印刷)由王太庆先生翻译的《柏拉图对话集》第411页,王译中没有译出"天然"二字,盖乃是基于不同的英文本所译,本处是译者所加。——译者注

*** 中文译文见商务版《国富论》上册第15页,译者为郭大力、王亚南两位先生。——译者注

《政治学》(Aristotle, 1921,第一卷:第8章,1256b, 1257a, 1267b)一书中给出的。亚里士多德指出了货币对于维持商品的社会(家庭间)交换网络的必要性。⑥

在探究家庭经济的管理时,亚里士多德区分了两种获取财富的方法。第一种(他称之为“自然的”)方法是指狩猎以及类似的活动,因为所有的动物皆由上天为人所造(同上:第8章,1256a, 1256b);而他所谓的第二种方法是指交换和零售贸易(同上:第9章)。前者被看成是家庭管理的一部分,因为它为家庭经济提供了物质商品或者工具。对于家庭社群或者国家而言,这些活动所获得的是必需而有用的物品,因此,它们带来的“都是真实财富的组成部分”,因为“良好的生活所需要的财产数量并不是无限的”(同上:第8章,1256b)。

亚里士多德认为,第二类获取财富的技艺就其本身而言并非获取财富的自然方式,而是对第一种方法的补充,因为它“最初是源于一种自然的状态,一种某些人拥有物品过少而另一些人拥有过多的这么一种情形”(同上:第9章,1257a)。亚里士多德对零售贸易和交换的辩护以及为其所做的合理解释不仅微妙,而且重要;在一千多年以后,这些辩护和解释通过天主教经院学者以自然法的语言详加阐述之后,为大规模的市场交换和私人产权铺平了道路。随着家庭和社群变得越来越大,并被分为若干子群,物物交换开始在不同的群体中出现,“例如,送酒收谷,礼尚往来,如此等等,不一而足”(同上)。因此,“这种物物交换并非是获取财富的技艺的一部分,也不与自然相对立,而是满足人类的自然需求所必需的”(同上:第9章,1257a)。

随着交换的网络变得更为庞大、复杂,“出于生活的目的,某些本质上十分有用也易于为人所使用的东西,如铁、银以及类似的物品”就被当做通货,其“价值最初仅仅是通过大小和重量来衡量的”(同上)。为免去称重的麻烦,人们开始加印铸币,以标记其价值,因此法定通货开始进入流通。随之而来的是,本来很简单的零售贸易开始成为一种复杂有力的赚取利润的方式。而且,就在这一点上,交换开始把整个城市联系起来,使之成为一个不同职业居民的聚集之地,因为“此时不再是两个医生彼此相互交换,而是一个医生与一个农夫相互交换”(《尼各马可伦理学》,第五卷,1133a;见Aristotle, 1915/1954)。然而,为了使这种交换成为可能,所交换的事物必须可以相互比较，于此就产生了对作为通货的货币这样的最终需求，用它来衡量所有可交换物品的需求，并由此将所有事物联系了起来。因此，货币与交换的存在并不仅可以保证经济秩序，而且还可以确保公平正义。其源起可能是自发的，例如源于习俗惯例，但正是法律充分地赋予了货币在经济和社会生活中的角色。

> 而货币已经约定俗成地成了需要的代表。这就是为什么我们称货币（νόμισμα）为流通物的原因。因为，它不是由于自然而是由于习惯（νόμος）而存在的，可以由我们来改变或废除。
>
> （《尼各马可伦理学》，第五卷，1133a；见 Aristotle, 1915/1954）*

交换不仅带来了对商品甚至需求在价值上的评价，而且还形成了人与人之间的社会关系。随之而来的，是经济秩序、正义以及社会的和谐：

> 所有物品都应当有个定价，这样就会*始终有交易*，*因而始终有交往*。所以，货币是使得所有物品可以衡量和可以平等化的唯一尺度。因为若没有交易就没有社会，没有平等就没有交易，而没有衡量的尺度也就没有平等。
>
> （同上：1133b；斜体为本书所加）**

然而，如果交换双方处在产权界定明晰的系统之内而进行自愿交换的话，那么，自愿交换可以最好地实现其目的。与其老师柏拉图不同，亚里士多德强烈地推崇私人产权，也因此在一千五百年后对阿尔伯特·麦格努斯（大阿尔伯特）和托马斯·阿奎那（圣·阿奎那）产生了重要的影响，尤其是对后者为商业活动合法性所提供的辩护上，体现得更加明显。在此值得指出的是，柏拉图和亚里士多德产权观的差异，乃是根植于他们二人对一般与特殊之间关系的哲学理解的差异之上的（例如，可参看 Richard Schlatter, 1951：13—15）。⑦对于柏拉图来说，特殊仅仅作为一般的例子存在，而对于亚里士多德而言，一般仅仅是作为来自特殊的抽象而存在。在亚里士多德看来，要是消除了不同个体之间的差异，因此也就不再会有卓越与平庸之

* 中文译文见于商务印书馆出版的《尼各马可伦理学》第 144 页，译者为廖申白先生。——译者注

** 中文译文见于商务印书馆出版的《尼各马可伦理学》第 145 页。——译者注

分，这就必然连同国家一起给毁灭掉了。所以，苏格拉底和柏拉图在宣扬“国家同质性越强越好”时所描绘的同质性极高的理想国家，这种认识是完全错误的。亚里士多德认为：

> 城邦的本质就是许多分子的集合，倘使以“单一”为归趋，即它将先成为一个家庭，继而成为一个个人；就单一论，则显然家庭胜于城邦，个人又胜于家庭。这样的划一化既然就是城邦本质的消亡，那么，即使这是可能的，我们也不应该求其实现。又，城邦不仅是许多人的[数量的]组合；组织在它里面的许多人又该是不同的品类，完全类似的人们是组织不成一个城邦的。
>
> （《政治学》，第二卷，第二章：1261a；见 Aristotle，1921）*

即便柏拉图的最终目标是正确的，他所给出的路径（即财产的共同所有权）也走不通，在上述引文中，亚里士多德关于多样性所给出的观点，同样也可以运用到财产的占有上。针对柏拉图在《治国篇》中所断言的：“一个完整的城邦的划一性所拟定的标志是全体的人们，在同时，[对同一事物]说这是‘我的’或‘不是我的’”（同上，第三章：1261b）**，亚里士多德提出了异议：“全体的人们对同一事物说‘这是我的’，[如果作为个别的陈述，]诚然是好事，但这并不符合实际情况”（同上）***。此外，亚里士多德还进一步指出：“对于柏拉图的建议而言，还有另一个反对的理由”（同上），他认为根据对个体的激励来看，私人产权要优于共同产权。

---

* 这段中译文见商务印书馆出版的《政治学》第 45 页，译者是吴寿彭先生。这类先哲著作的翻译向来不易，在这里，我还在另外一个译本中找出了同一段的中译，供读者对比阅读：

> 城邦的本性就是多样化，若以倾向于整齐划一为度，那么，家庭将变得比城邦更加一致，而个人又要变得比家庭更加一致。因为作为“一”来说，家庭比城邦为甚，个人比家庭为甚。所以，即使我们能够达到这种一致性也不应当这样去做，因为这正是使城邦毁灭的原因。其次，城邦不仅是由多个人组合而成，而且是由不同种类的人组合而成。种类相同就不可能产生出一个城邦。

这段译文见于中国人民大学出版社 2003 年出版的《政治学》第 30—31 页，译者为颜一、秦典华两位先生。——译者注

** 中译文见商务印书馆出版的《政治学》第 47 页。——译者注

*** 中译文见商务印书馆出版的《政治学》第 48 页。——译者注

凡是属于最多数人的公共事物常常是最少受人照顾的事物，人们关怀着自己的所有，而忽视公共的事物；对于公共的一切，他至多只留心到其中对他个人多少有些相关的事物。人们要是认为某一事物已有别人在执管，他就不再去注意了，在他自己想来，这不是他对那一事物特别疏忽；在家庭中，情况正是这样，成群的婢仆往往不如少数侍从为得力。

（同上，第三章：1261b）*

读者应该小心谨慎地解读亚里士多德的立场，虽然他明显支持私人产权，但一定不要把这种立场和那种把私人产权体系的重要性置于无上地位的现代自由主义一般看待。对于亚里士多德而言，“财产可以在某一方面[在应用时]归公，一般而论则应属私有。……由上所述，已可见到‘产业私有而财物公用’是比较妥善的财产制度”（同上，第五章：1263a）**。

在内心里记住下面这点是很重要的，即在《政治学》这样一本关注理想城邦里个体与社群之间的关系问题的书中，亚里士多德对私人产权的辩护仅仅是其中微不足道的一个小点而已。尽管如此，后来的历史却向我们证明，他的观点对中世纪经院学者为私人产权和商业活动所做的辩护提供了重要的灵感。

2.2 早期中国有关专业化和市场的文献

2.2.1 引言

前一小节表明，古希腊哲学家尤其是色诺芬和柏拉图早在亚当·斯密之前就认识到了劳动分工的报酬递增现象。即便是他们那个时代，如果说在这方面不只是古希腊人才有这样的见识，应该不致让人感到惊诧。大致与柏拉图同一个时期中国哲学也经历了一场重大的发展，这体现在管仲、老子、孔子、孟子及其他一些人的著作当中。在公元前 800 年到公元前 200 年

* 中译文见商务印书馆出版的《政治学》第 48 页。——译者注

** 中译文见商务印书馆出版的《政治学》第 54—55 页。——译者注

之间，东西方在哲学与宗教领域均取得了巨大的进展(其中在东方表现得比较突出的是中国的儒家和印度的佛教)，这种巧合令人格外感到讶异，这一时期被卡尔·雅斯贝尔斯(Karl Jaspers，1953，尤其是第一章和第五章)称为人类文明的“轴心时代”之谜。这一现象不仅令雅斯贝尔斯感到困惑，而且直到今天都还是一个未解的谜团。正如雅斯贝尔斯(同上：18)意味深长地评论道：“越是切近地体悟其中，轴心时代这个构想就越发显得神秘”。⑧

在古代中国，这一时期的确被称为是“哲学家的时代”(例如参见 Fung，1937)，因为在这一时期，众多不同的哲学派别彼此辩难，有如百花齐放。这个时代总的社会政治背景是这样的，周王朝的封建体系在春秋(公元前722—公元前481年)和战国(公元前480—公元前222年)两个历史时期逐渐分崩离析，其结果是最终导致在公元前221年秦始皇正式放弃了周代的封建制。在周工朝的统治下，周天了是数以百计封国的天下共主和名义上的统治者，这些封国皆由分封的诸侯在行政上进行管理。普通民众是从属于其所在诸侯国封建诸侯的农奴，和平时期是农民，在土地上耕种，战争到来即变为战士，进行战斗。贵族们把控着政治权力，并垄断着知识的学习，在周王朝的早期阶段，在政治经济等级体系中各阶层之间的流动是几乎不存在的。然而，随着接下来的数百年间王室衰微，社会经济的图景开始逐步起了变化。伴随着这种巨大的社会经济变迁而来的，是许多富有挑战性的问题，举个例子，比如个体与国家之间、交换与市场体系之间，以及正义与秩序之间的关系，皆属此类。正是这些问题，激发并滋养了那些深刻而又富有原创性的思考(例如可参看 Fung，1960：30—37；Kung-Chuan Hsiao，1979：28—42)。而且，在高度集权的秦王朝建立之前相当长一段时期中，邦国林立，相互竞争，也使不同的理论通过辩难而有了得以发展的可能。⑨

正如同时期的希腊思想家们一样，许多中国的思想家对劳动分工问题进行了广泛的讨论。管仲(卒于公元前645年)、孟轲(约公元前372—公元前289年)、荀况(约公元前289—公元前238年)，尤其是西汉的司马迁(约公元前145—公元前90年)，他们明确地讨论到了与劳动分工有关的那些经济议题，并对这一主题做出了精辟的分析。在本节余下的部分里，我们将主要围绕这四位思想家有关这一主题的论述，首先考察他们对社会劳动分工必要性的分析(2.2.2节)，而后考察专业化报酬递增方面的阐述(2.2.3节)，最后考察专业化与市场机制的联系(2.2.4 节)。

2.2.2 社会劳动分工的必要性

劳动分工的必要性,以及把职业划分为后来马克思(Marx, 1867:471)所说的社会生产的"主要部门"(农业、制造业和服务业)的观点,均可见诸许多杰出中国哲学家的著作,其中最为典型的,当数管仲、孟子和荀子。

管仲似乎是第一个对社会生产"主要部门"的经济学进行认真研究的思想家[10],尽管人们早就认识到,《管子》这部作品实际上并非他一人所著,其中很多论述都是由后来者所增添的——这些论述大都基于管仲的思想及其作为齐国宰相四十年的施政心得凝结而成——但是,人们还是把这部书归在他名下。(例如可参看 W.Allyn Richett, 1985:8—14)。管仲认为,是不是圣贤,标志在于其组织社会职业分工的能力,因为组织社会职业使众人各司其业、安其位,这种能力乃是"圣贤"最确切的特征(Rickett, 1985,第五卷)。他的"四阶层论"(士、农、工、商)在中国历史上非常有影响力,时至今日亦未尝稍改。当齐桓公问他如何才能管理好一个国家的社会经济活动时,管仲这样答道:"士农工商四民者,国之石民也"*(同上:325),"故先王使农、士、商、工四民交能易作,终岁之利无道相过也"**(Rickett, 1998:179)。显然,由引文可知,对于管仲而言,"交换"在维持和促进作为"国之石民"的四个阶层之间的划分上起到了关键的作用。[11]还值得注意的是,如巫宝三(Wu, 1989:17—18)早已指出的那样,对于每个阶层内部进一步分工的论述也明确地见诸《管子》一书,这不仅说明在这本著作写作之时,已经有各种各样的职业和专业化现象得到了发展,而且还向我们表明管仲早已认识到社会职业分工的深化与不同职业之间的相互交换所具有的必要性和好处。

孟子和荀子生活的时代与管仲生活的时代有所不同,他们处于一个物质文明和社会道德遭到极大破坏、暴力横行的时代。孟子,作为一个理想主义的儒家左翼思想家,相比于更为实用主义的儒家右翼思想家荀子而言,在其

---

* 这句话出自《管子・小匡》,石民,意即国家的柱石。——译者注

** 这句话出自《管子・治国》。——译者注

作品中展示出了更强烈的道德关怀(例如可参看 Fung, 1960:68, 143)。在驳斥一种听起来在道德上有着某种吸引力的学说,即君子应该在农地上辛勤劳作以求自给自足这种农家思想时,孟子明确地表述了劳动分工的必要性。

> 有大人之事,有小人之事。且一人之身而百工之所为备,如必自为而后用之,是率天下而路也。故曰:或劳心,或劳力。劳心者治人,劳力者治于人;治于人者食人,治人者食于人。天下之通义也。
>
> (《孟子·滕文公上》;转引自 Fung, 1937:113—114)

显然,从"是率天下而路也"的上下文文义中可知,如果每个人对于所有自己所需均自给自足,则必将"无时休息"(Zhu Xi, 1189/1985:321),也因此会置人类的生存于危险之境。

有意思的是,大体上,孟子可以称得上是他那个时代以及后来古代中国哲学家中最为民主的哲学家,即便如此,他还是会偶尔因为前述引文所主张的那种不民主的阶层划分而遭人非议。然而,也可以这样认为:孟子所说的是职能的划分,而非身份的划定,因为根据他的哲学理念,没有人天生就属于某一特定的阶层,而且在孟子的著作中个人被赋予的重要性也明显高于大多数其他儒家学者(Wing-Tsit Chan, 1963a:69, 79)。同样重要而需予以指出的是,孟子所说的"有大人之事,有小人之事"并没有隐含价值评判,而指的是士人(大人)的一般学习和教育,与农、工、商更为实际的事务(例如可参看 Zhu Xi, 1189/1985:321)。这种社会划分在中国古典文献中并不是不常见,即使不是最早,也至少可以追溯到管子(如上所述)。士人与农人、工人、商人相互交换其产出,相互受益,这和(比如)农夫与手工艺人之间彼此进行的交换是一样的道理(同上)。

于是,市民生活的存续不仅要求劳动的社会分工,而且要求相伴而来的产品和服务的交换。

> 孟子答曰:"子不通功易事,以羡补不足,则农有余粟,女有余布。子如通之,则梓匠轮舆皆得食于子。"
>
> (《孟子·滕文公下》;引自 Legge,未注明出版日期:657—658)

互通有无对于交易双方而言都有好处,而且,因其发于自愿,就其本身而言并不会导致财富或者社会地位上的不平等。

> 孟子接着回答说："以粟易器械者，不为厉陶冶，陶冶亦以其械器易粟者，岂为厉农夫哉？"
>
> （《孟子·滕文公上》；引自 Legge，未注明出版日期：625）

就社会合作和劳动分工而言，我们可以在荀子那里找到一个更详细、精妙的表述；荀子渊博的学识和思想上所达到的深度，使其成为了中国哲学史上堪与亚里士多德比肩的人物（见如 Fung，1937：279）。这并不让人感到奇怪，正如中国的管仲和孟子、古希腊的色诺芬和柏拉图、中世纪穆斯林世界的安萨里和伊本·赫勒敦，17 到 18 世纪欧洲的萨缪尔·普芬道夫、弗朗西斯·哈奇逊、杜尔阁和斯密（Sun，2005，绪论）这些人一样，荀子同样把劳动的社会分工看成是文明的先决条件。根据荀子的学说，区分人类和其他动物的关键就在于人天生地具有借助阶层划分而参与社会合作的倾向和能力。

> 人之生，不能无群，群而无分则争，争则乱，乱则穷矣。故无分者，人之大害也；有分者，天下之本利也。
>
> （《荀子·富国》；引自 John Knoblock，1990：123）

荀子进一步指出："离居不相待则穷，群而无分则争。穷者患也，争者祸也"（引自 Fung，1937：295）。为了克服这一难题，"则莫若明分使群矣"（同上）。荀子在解释社会的起源和劳动分工时所采纳的本质上是一种功利主义的立场，他认为人民有智，有能力获取知识，也有能力认识到若没有社会的架构，则他们自己将不能维持生存，社会也就无法延续下去。因此，有识之士要建立制度，以实现对最大多数人的最大幸福的追求。⑫

阶层划分对于个人的好处，是通过交换彼此的产品和劳务而实现的。

> 故泽人足乎木，山人足乎鱼，农夫不斫削、不陶冶而足械用，工贾不耕田而足菽粟。
>
> （《荀子·王制》；引自 Knoblock，1990：102）

然而，这里还必须要予以指出的是，在对市场交换之于社会产出、包括农业生产的复杂意涵的认识上，《管子》要比《荀子》更为深入（在后面的 2.2.4 小节，对此还要给出进一步的证明）。

2.2.3 专业化经济

在《管子》一书里，有一段特别有趣的表述，主题是关于同一行业从业者相互聚居而出现的知识溢出效应的：

> 桓公曰："定民之居，成民之事奈何？"管子对曰："士农工商四民者，国之石民也，不可使杂处，杂处则其言咙，其事乱。是故圣王之处士必于闲燕，处农必就田野，处工必就官府，处商必就市井。今夫士群萃而州处，闲燕则父与父言义，子与子言孝……今夫工群萃而州处，相良材，审其四时，辨其功苦，权节其用，论比计制，断器尚完利。相语以事，相示以功，相陈以巧，相高以知事。旦昔从事于此，以教其子弟。少而习焉，其心安焉，不见异物而迁焉。"
>
> （《管子·小匡》；引自 Rickett，1985：325—327）

因聚居一处，同一行业的从业者彼此可以在社会生产中更容易地传播技艺和行为标准（职业精神）。也就是说，他们可以因此利用知识的溢出；例如，聚居在一处的工匠们"相语以事，相示以功，相陈以巧，相高以知事。"[13]对于一个特定行业中的从业者如士人而言，如何行为得体也是可以因此而代代相习的。而且，这种生活和工作的集聚还可以使一个人把注意力集中于对其父兄同一事业（职业）的继承上。"不见异物而迁焉。是故其父兄之教不肃而成，其子弟之学不劳而能。"（同上：327）也就是说，这种集聚促进了技术在代际之间的传承和人力资本的累积。

对于劳动专业化和因每个人所参与的事务而引致的社会分划，荀子展开了更为翔实的论述。荀子清楚地认识到专业化的巨大利益，这种利益来自于使每个人的精力集中在一种或少数几种任务或者目标（力求"专一"）上，进而促成产品质量的提升以及在特定事务中所使用的工具的改进。

> 心枝则无知，倾则不精，贰则疑惑。
>
> ……
>
> 故好书者众矣，而仓颉独传者，壹也；好稼者众矣，而后稷独传者，壹也；好乐者众矣，而夔独传者，壹也……自古及今，未尝有两而能精者也。
>
> （《荀子·解弊》；引自 Knoblock，1994：106—107）

难道那些杰出的人物如仓颉，也就是传说中发明汉字的人真的与众不同吗？荀子声称，本质上无差异的个体之所以不同，皆因不同的实践而带来的"积情"（accumulated effort）和"积'靡'"（accumulated "polishing"）使然也。[14]虽然生来人与人近乎一样，但是彼此之间的差别却会因为后天的实践而变得越来越大，而且，当这种努力集中于人们内心当中那唯一的一个目标时，这种差异将会变得更为明显。

> 性不足以独立而治。"性"也者，吾所不能为也，然而可化也；"情"也者，非吾所有也，然而可为也。注错习俗，所以化性也；并一而不二，所以成积也。
>
> ……
>
> 故圣人也者，人之所积也。人积耨耕而为农夫，积斫削而为工匠，积反货而为商贾，积礼义而为君子。……是非天性也，积"靡"使然也。
>
> （《荀子·儒效》；引自 Knoblock，1990:81—82）

类似的观点，也即劳动分工是在本质上无差异的个体之间展开的，还可见诸斯密(Smith，1776)，但却与柏拉图的看法以及李嘉图那闻名的以外生比较优势为基础进行专业化的观点迥然有异。如前所述，在柏拉图的《治国篇》中，人们的天资才能生而不同，正是这种天资才能的自然差异导致人们之间在专业化选择上的差异。而且，人们之间这种"自然"的差异意味着职业之间的流动是不可能的，也因此不会有斯密(Smith，1776)如此热切地颂扬的"自然自由"存在的可能性。斯密的职业自由观源自他的如下看法，即才能与教育的差异与其说是劳动分工的原因，还不如说是其结果，而这又是源自人类天性中互通有无、物物交换和相互交易商品与劳务的倾向。与之相类，在荀子看来，正是人结群、进而群分的这种天性，而不是任何自然的天资、智识或者才能的区别导致了劳动的社会分工。

然而，值得注意的是，虽然二者均认为这种分工可以发生在生而相近或者相同的个体之间，但荀子和斯密在有关人类社会劳动分工起源的看法上仍然存在着重大的差别。对于斯密而言，分工源自于"互通有无、物物交换和相互交易的倾向"，而对于荀子来说，分工源于这样一种道义观念：它把人和其他物种进行区分开来，并使人可以通过社会阶层的划分而形成社会。

> 人有气、有生、有知，亦且有义，故最为天下贵也。力不若牛，走不若马，而牛马为用，何也？曰：人能群，彼不能群也。人何以能群？曰：分。分何以能行？曰：义。
>
> （《荀子·王制》；引自 Knoblock，1990:104）

在思索为什么人不得不专于一业的原因时，荀子给出的解释是，人类智能的力量也是有其局限性的。看起来，荀子说的是这么一种矛盾，即一方面，“事物的自然之道”对于人类而言是可知的，但是另一方面，本质上，人类在有生之年可以习得的东西是有限的。[15]正如荀子所言，对这一矛盾所含之张力以及人类知识的必然局限性一无所知的，乃是“妄人”。

> 凡以知，人之性也；可以知，物之理也。以可以知人之性，求可以知物之理而无所疑止之，则没世穷年不能遍也。其所以贯理焉虽亿万，已不足以浃万物之变，与愚者若一。学，老身长子而与愚者若一，犹不知错，夫是之谓妄人。
>
> （《荀子·解弊》；引自 Knoblock，1994：110）

上述这段引文并不一定能支持荀子已预见到“有限理性”的观念这样的猜测，但它确实表明，对于荀子来说，专业化不仅仅对于社会合作而言是必需的，而且本质而言专业化是人所拥有的唯一选择，这一点乃是由人类天性当中的局限所昭示的。

2.2.4 专业化与道家的“看不见的手”

在管仲和司马迁的著作中，市场交换与生产领域中的劳动分工之间的关系得到了深度阐发。管仲本质上是一个重商主义者，他知晓市场对国家以及普通百姓的重要性，这样写道：“聚者有市，无市则民乏”（《管子·乘马》；引自 Rickett，1985：119）；“而市者天地之财具也。而万人之所和而利也”（《管子·问》；同上：374）。[16]更值得注意的是，管仲认识到，商品交换不仅有利于交易的双方，而且可促进基本的农业生产以及整体经济的发展。“市也者，劝也；劝者，所以起。本善而末事起”（《管子·侈靡》；引自 Rickett，1998：306）。这无疑是一个重要观点，虽然作者并没有进一步详细地阐发交换的网络怎样促进了社会生产各个主要部门之间及其部门内部的劳动分工。当市场的秩序得到良好的维护时，对商品的需求、包括那些来自农业部门的需求非常之大，这进而会带来整个经济系统的良好绩效。[17]

在司马迁的不朽巨著《史记》，也即那部关于古代中国历史最重要的史料集成的书（所记述的历史阶段始自传说中的三皇五帝时期，迄于作者所处的时代，即公元前 2 世纪）中，可以找到有关劳动分工以及市场价格体系这一“看不见的手”的更为深刻的见解。[18]他的探究始自对人逐利“本性”的认识，作者认为，对于人类追求他们自己幸福的本性，“善者因之”。

> 至若诗书所述虞夏以来，耳目欲极声色之好，口欲穷刍豢之味，身安逸乐，而心夸矜埶能之荣。使俗之渐民久矣，虽户说以眇论，终不能化。*故善者因之，其次利道之，其次教诲之，其次整齐之，最下者与之争。*
>
> （《史记·货殖列传》，Ssu-ma Ch'ien，1961：476—477；斜体为本书所加）

在此需要强调的是，上述引文中的“眇论”指的是老子的理想状态，在那里，没有交换，每个人自给自足；这种理想状态虽是司马迁倍为珍视的幻想之境，但是其可行性却遭到司马迁毫不留情的嘲笑（同上：476）。在司马迁看来，“富者，人之情性，所不学而俱欲者也”（同上：491），“此有知尽能索耳，终不馀力而让财矣”（同上：492）。也许，作者对人性敏锐的洞察可以从其总结中看出：

> 天下熙熙，
> 皆为利来；
> 天下壤壤，
> 皆为利往！
>
> （Ssu-ma Ch'ien，1961：479）

因此，这位历史学家声称，我们必须接受人的自利天性，并理解“毋需政府干预或者妨碍百姓的活动，（商人）能够通过在正确的时间做出正确的选择而增进财富”（同上，Watson的注解：476）。

而且，司马迁认为，没有政府的干预，市场可以有效地协调经济活动，以至于不同行业从业者之间的市场交换可以自然地带来某种可欲的秩序。他首先指出了劳动的社会分工的必要性：“农不出则乏其食，工不出则乏其事，商不出则三宝绝，虞不出则财匮少”（同上：477）。接着，他抛出了重要的一问：“此宁有政教发征期会哉？”（同上）在对此作答时，司马迁认为，存在着一种自发的市场秩序：

> 人各任其能，竭其力，以得所欲。故物贱之征贵，贵之征贱，各劝其业，乐其事，若水之趋下，日夜无休时，不召而自来，不求而民出之。岂非道之所符，而自然之验邪？
>
> （同上，1961：476—477）

就政府需要做什么来协调不同阶层之间的社会合作和产品交换这一问题而

言，司马迁找到的答案是无为。需要注意的是，华兹生（Waston）对上述引文最后两句话的翻译并未全面、准确地道出司马迁著作中所隐含的道家元素，他的翻译是这样的：Does this not tally with reason? Is it not a natural result? 在原文中，司马迁所指可用于为市场秩序辩护的并非“理性”（reason），而是自然之道；他在这里用的是“道”，市场秩序正是合乎于“道”。⑲因此，看起来，似乎里亚·布鲁（Rhea Blue）和孙念礼（Nancy Lee Swann）对这些句子的相似翻译，更忠实地传递出了原文的含义：⑳

> Is it not the Tallying of the *Tao*, and does it not give evidence of spontaneity?
>
> (Blue, 1948:23)

> Is this not that which tallies with *Tao* (the natural way) and is it not a natural result?
>
> (Swann, 1950:421)

司马迁还讨论了基于禀赋和习俗的区域差异而展开的专业化问题：

> 夫山西饶材、竹、榖、纑、旄、玉石；山东多鱼、盐、漆、丝、声色；江南出楠、梓、姜、桂、金、锡、连、丹沙、犀、玳瑁、珠玑、齿革；龙门、碣石北多马、牛、羊、旃裘、筋角；铜、铁则千里往往山出棋置：此其大较也。皆中国人民所喜好，谣俗被服饮食奉生送死之具也。
>
> （《史记·货殖列传》，Ssu-ma Ch'ien, 1961:477）

司马迁在其他地方对中国的区域差异进行了更为详细的描述（同上：484—491），他认为，区域之间互惠互利的交易可以把分散的经济整合成一个繁荣昌盛的统一体。

我们已经考察了古代中国一些杰出的思想家有关劳动分工的论述，说明了劳动分工对于社会以及文明进程的必要性是如何在管仲、孟轲和荀况的著作中得以精妙地阐发的。因同行业从业者的集聚而产生的知识溢出现象，以及市场交换对生产的深远影响均在《管子》这本很大程度上可归于管仲的著作中得到详细讨论。也许更值得注意的是荀子对专业化的报酬递增所展开的开创性分析，这种分析在某些重要的方面与斯密的劳动分工理论有着颇多相似之处。特别是借助职业划分而带来的知识的积累，以及生来原本相近或者相同的个体之间涌现出的各种各样的专业化模式，在荀子的著作中，表现都非常突出。同样令人印象深刻的还有司马迁的洞见,他阐明了不同职业和区域的人们借助市场机制,在劳动的社会分工方面进行的有效协调。

2.3 中世纪伊斯兰经院哲学家对劳动分工的洞识

公元529年在欧洲学术史上有着重要的意义,它标志着一个决定性的转折点:这一年,雅典的柏拉图学院为基督教君主查士丁尼所关闭,而圣本尼狄克(St. Benedict)则建立了第一个本笃会的修道院(约瑟夫·皮泊尔(Josef Pieper),2005)。然而,过了若干世纪,直到13世纪大阿尔伯特和托马斯·阿奎那手中,基督教的学术才发展到其智力的顶峰,这在很大程度上是因为欧洲的思想家借助中东的媒介而"重新发现"了亚里士多德所致。这自然引领我们回到经济思想史中那个确立已久的假说,也即熊彼特(Shumpeter,1954:73—74)所提出的"大缺口"(Great Gap)假说:"在圣托马斯·阿奎那(1225—1274)之前的500多年"中,也即直到13世纪拉丁经院哲学的黄金时期到来之前,经济分析即便有所进展,其进展也是微乎其微的。然而,近年来,熊彼特的这一假说受到了诸多学者的挑战,其中包括M.亚希尼·艾希德(M. Yassine Essid)、谢赫·M.加赞法(Shaikh M. Ghazanfar)、A.阿扎木·伊斯拉依(A. Azim Islahi)、哈米德·霍塞尼(Hamid Hosseini)和其他一些人。[21]研习中世纪文化的学者都知道这样一个史实:中世纪的伊斯兰世界,尤其最值得注意的Abbāsid王朝(这个王朝可以说是阿拉伯—伊斯兰文明就其对其他文明的影响而言的鼎盛时期),在源于希腊并最终导致欧洲学术界兴起的那场智识运动中扮演了关键的角色。正如S.陶德·洛瑞(S. Todd Lowry)所着重加以强调的那样:

> 这些历史事实是无可否认的,在中世纪,古代文化是在伊斯兰世界中得以延续和发展的;而公元7—11世纪在北欧所呈现的智识上的黑暗时期不过是一个区域性现象。在中世纪,古代的学识得以传递的火炬手是穆斯林,正因为有他们,文艺复兴的思潮才风生水起,思想启蒙的星火才得以点燃。
>
> (Lowry, 2003a: xi)

确实,正如菲利普·K.希提(Philip K. Hitti)在他那本首次出版于1937年的不朽之作中所详细记载的那样[22],如果不是中世纪伊斯兰学术界的智识贡献,很难想象会有对亚里士多德的"重新发现"和欧洲的文艺复兴,而正是这些对大阿尔伯特和托马斯·阿奎那、进而对欧洲后来的学者产生了决定性的影响。当"欧洲几乎对于希腊的思想和科学一无所知时",伊斯兰的学者们在"那个伟大的翻译时代"(8世纪中叶到9世纪中叶)对亚里士多德的学说早已烂熟于胸,并对其做出了进一步的发展(Hitti, 2002:315)[23]。

2.3.1 中世纪伊斯兰经院哲学家对劳动分工总体上的处理[24]

就劳动分工的经济学而言,中世纪伊斯兰人的学术思想似乎已为拉丁语经院哲学家们所吸收,由此对重商主义者和古典政治经济学家包括亚当·斯密产生了影响,而拉丁语经院哲学家并没有对此致以他们本应致以的谢意(M. Yassine Essid, 1987; Hosseini, 1998; Ghazanfar, 2003)。[25]特别是就中世纪穆斯林世界源于波斯的有关劳动分工的学术思想而言,正如霍塞尼(Hosseini, 1998, 667—673)所考证的那样,法拉比(875—950)讨论了劳动的社会分工,法拉比、安萨里和凯·卡佛斯(Kai Kavus)讨论了贸易与国际和区域间的劳动分工,伊本·西纳(Ibn Sīna)(也即阿维森纳(Avicenna),980—1037)以及纳瑟尔·艾得丁·图西讨论了劳动的性别分工,还有"毫无疑问是伊斯兰世界最伟大的神学家,最高贵、最富原创性的思想家"的安萨里(1058—1111)对劳动分工做了更为一般性的处理(Hitti, 2002:431)。安萨里看来清楚地认识到了市场交换与劳动分工之间的关联,以及后来马克思(Marx, 1867/1976:471)所描述的社会生产的"主要部门"之划分:农业、制造业和服务业。更令人印象深刻的是,安萨里的垂直劳动分工理论与亚当·斯密的理论存在着惊人的相似。在其最重要的作品《圣学复苏》(*Ihya Ulum al-Din*)中,安萨里详细地讨论了劳动分工,这本书堪与圣托马斯·阿奎那的《神学大全》(Ghazanfar, 2000:863—864)比肩,而且通过大阿尔伯特(1201—1280)和雷蒙德·马汀(Raymund Martin)(卒于1285年),它还对后者产生了重要的影响:

> 例如,就面包而言,首先需要由农夫准备并耕作土地,而后需要有牛与犁来犁田。接着是浇灌土地。除草之后,收割庄稼,晒谷并脱壳。在

烘烤之前，还需要先磨成粉。请想象一下——这个过程要涉及多少工作流程？我们在此提到的不过是其中一部分而已。再来设想一下完成这些不同工作所需要的人员数量，所使用到的各种各样的工具数量——不管它们是铁制的、木制的还是石制的。如果你打听打听的话，就会发现，小小一片面包在最终制成之前也许已经过了数千双手。

(《圣学复苏》，4:118；转引自 Ghazanfar and Islahi, 1990:390)

在进一步阐述制造业中劳动分工的收益和必要协调时，安萨里引用了扣针生产的例子，写到："即使是一枚小小的扣针，也只有在经过制针工人之手大约25次之后才可以使用，这每一次都意味着一道不同的工序"(《圣学复苏》，4:119；同上:390)。正如后人所看到的那样，安萨里所用的扣针生产的例子，在经过熊彼特所称的"大缺口"时代之后，流传到法国百科全书派的作品中，变成了"别针"(Epingle)(德拉尔(Delaire)，1755)的生产(由18道独立的工序构成)，也正是源于此，最终演变出了斯密那著名的制针工场的故事。㉖就劳动分工而言，到底25道工序的制针过程和18道工序的制针过程是否真的有很大差异呢？后者因斯密(Smith, 1776)那被后人推崇备至的经济分析体系的巨大影响，而被广泛地视作劳动分工原理的典范。

2.3.2 哲学伦理学与纳瑟尔·艾得丁·图西：关于劳动分工和劳动组合(combination of labor)的政治经济学

纳瑟尔·艾得丁·图西(1201年生于波斯北部的图斯，1274年卒于巴格达)最闻名的是他在天文学和数学方面的诸多成就，包括建立了马拉盖天文台(位于伊朗的阿塞拜疆)以及对托勒密行星模型的重新表述——这一工作如此杰出以至于成为了尼古拉·哥白尼(1473—1543)那革命性工作的重要灵感来源。㉗还不止于此，他还是中世纪伊斯兰世界中哲学伦理学的主要代表，是一位对社会经济问题有着深刻思考的思想家，这些都可以从其杰作《纳西尔伦理学》(*Akhlāq-i Nāsirī*)中得到印证。他或许还应该当之无愧地被视为政治经济科学领域的重要先驱。

图西写作《纳西尔伦理学》的年代正是阿巴斯王朝中艾达卜(adab)(一般性的人文研究)作品如雨后春笋般涌现的时期，在这些作品中，基于对希腊伦理学和经济学的大幅吸收借鉴，哲学伦理学成为其中关键的组成部分，这也与我们这里所要展开的内容密切相关。伊本·米斯凯维(Ibn Miskawayh)(卒于1030年)也许算得上中世纪伊斯兰世界中哲学伦理学领域最有影响的学者,他对许多思想家包括安萨里和图西均产生了显著影响(R. Walzer, 1960:328)。[28]很可能正是因为伊本·米斯凯维的 *Tahdhīp al-Akhlāq* 所带来的巨大影响,使得图西宣称,他的《纳西尔伦理学》仅仅只是对伊本·米斯凯维的伦理学的重述罢了;这一谦辞显著地低估了图西的《纳西尔伦理学》的原创性,当不得真,尤其是考虑到《纳西尔伦理学》的第二、第三篇,也即关于经济学和政治学的两篇,均未见诸伊本·米斯凯维的著作(Bakhtyar Husain Siddiqi, 1963:567; G.M.Wickens, 1964:9—10),就更加不能把他的谦辞当真了。对图西而言,论经济和政治的那两篇与有关伦理学的第一篇,对于所谓实践哲学(practical philosophy)是同等重要的,因此,所有这三篇应被看成是一个有机统一体,这一点正如其在原书中出现的情况一样。

伊本·米斯凯维与图西提纲挈领地说明了货币对于劳动的社会分工的必要性。对于伊本·米斯凯维来说,他与亚里士多德一样,明确指出正是劳动分工产生了对交易媒介的需求,也即对货币的需求(Essid, 1987:87)。对图西而言,货币不仅可以作为交易媒介,而且还可以确保"公民正义",而这些追随的同样都是亚里士多德式的思维路径。

> 如今,人人生而为公民,其日常生活若无彼此之间的相互扶助,将无以可能;对此后文还要加以详述。然而,相互扶助有赖于一些人服务于另一些人,有赖于取之于此而还之于彼,为此,补偿、等价与相称必不能失。因此,当一木匠与一染匠彼此互换其生产之物,公平由此而生;然此时木匠的产品可能要比染匠的更好或者更多,抑或反过来,为此,就必然要求要有一物可作为媒介或者调节器,这就是货币。
>
> 货币,乃万物之等价物,之所以为我们所需要,是因为如果没有不同的价格来对万物进行调节,则买卖之间各个方面的往来协商就将无法确定、无从组织……那与公民正义有关,就此有谚云:凡世之繁荣皆赖于公民之公正,皆毁于市民之暴虐。
>
> (Tusi, [1232]1964:97—98)

然而,图西在《纳西尔伦理学》第三篇《论政治》中探究劳动分工的含义时比亚里士多德更进一步。从图西的分析中衍生出来的是对一门全新的分支学科强有力的呼唤，这也就是可以称之为（关于社会合作和劳动分工的）“政治经济学”的那门学科。正如其标题所赫然昭示的那样，第三篇开篇即在讨论“论因何需要文明生活以及对该分支学科的性质与优点的阐发”。图西在组织其论证时的技巧，风格颇近于现代学术界通行的手法，让熟知当今学术界匿名评审的期刊杂志行文风格的读者们仿佛有时空倒置之感。[29]

图西首先探讨了人类互相帮助的必要性以及劳动专业化的经济理论，并把这种因劳动分工而成为可能的社会合作，看成是任何可能的文明生活（tamaddun）的根基，而且也的确可以称得上是个人和物种得以生存下来的基础。因此，“人类天生需要……相互之间的结合，这就是所谓的‘文明生活’”，在那里，交易和交换起着重要的功能。这里的“文明生活”一词源于“城市”（city），也即来自各种各样的行业、手工艺传统的个体之间组成的一个特殊联盟。值得注意的是，强调劳动分工与合作对于文明的重要性，并把社会合作视为探究人类活动的“实践哲学”的出发点的，远远不止图西一人。[30]

接着，图西着手处理如何管理，从而使得“文明生活”成为可能的合作问题。他认为，在这种可被称为“治理”（government/siyāsat）的管理中，主要有三大功能模块或者构成要素：制定法律（“立法”）、公共行政（“管理者”与“公民”）以及货币（以保证经济秩序和交换正义）。最有趣的是，图西赋予了立法以最为崇高的地位，尤其是有关契约和交易方面的立法。同样有意思的是，对图西而言，“治理”的主要目标之一就是“抑制每个人的掠夺之手以及对他人权利的侵犯”。

> 如今，人们的行为动机多种多样，其行动亦指向各种各样的目标，如某个人的目标在于寻求欢乐，而另一人的目标则在于追求荣誉，因此，若令其率性而为，则他们之间若能达成合作是令人无法想象的，因为独裁专制者想要奴役所有人，而贪婪之人则渴求所有自己追逐之物；一旦冲突到来，他们就（只会）以自然而然的毁灭和伤害来关心他们自己，而不会顾恤其他。于是，人们必然想要有某种管理存在，使得每个人都对其值得拥有的处境感到满意，并使其达到这种应有的处境，抑制每个人的掠夺之手，以及对他人权利的侵犯，令其在合作中对自己所承担的工作尽职尽责。这种管理就是所谓的“治理”（government）。
>
> （同上：190—191）

对“治理”的功能和运作的探究把图西引向一个独立的“分支科学”,也即“政治学”或者“政治经济学”(*hikmat-i madanī*,即公民智慧(civic wisdom))[31]:

> 由此观之,政治学(也即本篇所涵盖的那门学问)显然就是对可以带来普遍利益的一般规律的研究,因为这些规律借助于合作将趋向于真正的至善至美。这门科学的目标就在于对社群的形式进行研究,这种形式借助于合作而得以产生,并成为其成员以最完美的方式来进行行动的根源。
>
> 现今,由于在人类这个种群之中,每个个体为自己乃至种群的生存所需,总须相互扶助,因为如果无法生存下来,就完全谈不到一切趋向至善至美之说,故此,他们彼此相濡以沫,以求臻于完美之境。正因此,(我们可以得到这样的结论),每个个体的完美与完善均取决于其种族中的其他个体。于是,他便有责任与其同胞在互相合作的方式下彼此联系,相互进行交往;否则,他就有违正义之道,并会被人描绘成暴虐之徒。然而,这种方式的联系、交往,只有在他对支配那些导向秩序的模式和那些导向腐化的模式的环境有所认识,并且在他掌握了可以保证其对每个独立的种群有足够了解的知识时,才会发生。而这门科学,就是政治学(Politics)。
>
> (同上:192—193)

显然,对图西而言,劳动分工与产品和服务的交换以及经济活动背后的政治结构,均须成为研究“*siyāsat-e-mudun*”(即“城市治理及其经济结构”,见Ghazanfar, 2003:170)的核心部分。这样,他对社会合作以及劳动分工的探究,就把他引向了当时在很大程度上为人所忽视的主题,这个主题直到16、17世纪才在欧洲浮现,那就是政治经济学——对于这个学科的名字的来源,人们常常把它归在1615年法国学者安托尼·蒙克莱田的名下(见Ghazanfar, 2003:170—171,以及181页的脚注18),或者1611年路易斯·德·马亚恩-图奎特(Louis de Mayerne-Turquet)*的名下,又或者偶尔会被归

* 此人对于经济学家来说比较陌生,人们相对更熟悉蒙克莱田,这并非因为蒙克莱田的著作更为优秀,而是国内的经济学及经济思想史教科书一般都把“政治经济学”一词的发明权归于后者。熊彼特曾在其《经济分析史》中这样评价蒙克莱田的《献给国王和王后的政治经济学》一书,认为“该书是平庸之作,毫无创见”(见商务印书馆出版的《经济分析史·第一卷》第263页的脚注)。——译者注

于与后者同时代的一些学者的贡献(请参看有关此议题的一篇短文,见King, 1948)。

虽然详细地考察熊彼特的"大缺口"理论并非我们这里的目标,不过也许值得注意的是,熊彼特这个因其无所不窥的知识兴趣而闻名遐迩的经济思想史大家,在这一点上似乎有着根深蒂固的偏见;有关于此,那些对他知之甚深的学者,如马克·佩尔曼(Mark Perlman)、埃里希·W.斯特雷斯勒(Erich W.Streissler)、科特·罗斯查尔德(Kurt Rothschild)和乔治·斯蒂格勒等,在1990年与加赞法的通信中就熊彼特的大缺口理论而展开的颇有兴味的评论,为此提供了间接的证明(Ghazanfar, 2003:177—178)。

2.3.3 伊本·赫勒敦的历史哲学及其对劳动分工的分析

我们现在转向另一位伊斯兰思想界的杰出人物——伊本·赫勒敦(1332—1406);在其当之无愧的名作 *The Muqaddimah: An Introduction to History*([1402]1958)一书中,"作者构思并建构出一种历史哲学,这种历史哲学无疑是古往今来人类大脑在该领域曾经完成的最伟大的作品"(Toynbee, 1934,卷三:322)。在这本书中,作者给自己设定了一个雄心勃勃的目标,即发展 门新科学。正如N. J.达乌德(N.J.Dawood)在他于弗兰兹·罗森太尔(Franz Rosenthal)那受到高度赞扬的1958版基础上完成的一个缩略版 *Muqaddimah* 所作的序言中说的那样,

> 现在所谓的 *Muqaddimah*(绪论或导言)事实上包含了伊本·赫勒敦的通史(*Kitâb al-'Ibar*)原序和卷一。这可以被看成是历史学家试图从人类的政治和社会组织中找到一种变迁模式的最早尝试。合理的进路,分析的语言,详实的资料,使它几乎代表着对传统史学的一次彻底变革,丢弃的是惯用的概念、陈腔滥调,它超越了一贯的流水账般的编年纪事,而追寻着一种对历史的解释,也因此,追寻着一种历史的哲学。
>
> (Dawood, 1967:ix)

在伊本·赫勒敦看来,历史变迁的基本动力在于现有社会结构的构成要素;这种观点预示着若干世纪后苏格兰启蒙派、卡尔·马克思、约瑟夫·熊彼特和曼库尔·奥尔森的理论进路(例如可参看 Timur Kuran, 1987:108—

110)。因此,他完全有资格凭借这一贡献而获得欧陆许多伟大的社会政治学和历史哲学领域思想家的先驱这样的盛誉。

尽管如此,他在经济学上的贡献却被显著低估了。正如让·大卫·博拉基亚(Jean David Boulakia, 1971)和阿巴道尔·苏菲(Abdol Soofi, 1995)所论证的那样,在劳动价值论上,伊本·赫勒敦可以被看成是大卫·李嘉图和马克思的先驱;在人口理论上,他可以被看成是托马斯·罗伯特·马尔萨斯的先驱;在支出乘数理论上,他可以被看成是约翰·梅纳德·凯恩斯的先驱;而与我们这里的论述最相关的是他在劳动分工理论上的贡献,这使其完全可以被视为亚当·斯密的先驱。事实上,这些贡献都来自于他的杰作*Muqaddimah*,在该书中有一个基于劳动分工而展开的连贯一致的生产理论。我们在此将从这一理论中,选取经济分析史上具有持久价值的几点,略加述评。作为A.R.J.杜尔阁(1769—1770)和斯密(1776)的先驱,伊本·赫勒敦(1402)从对文明形成的先决条件的分析出发,在其杰作*Muqaddimah*第一章的开篇语中就强调了劳动分工的必要性及其好处。而后,在第五章和第六章,主要处理的是后世可清楚地将之归入政治经济学的内容,他令人信服地证明了,更大的市场为劳动分工的深化提供了便利,从而带来了更高的生产效率和更低廉的产品。

在发展实际上就是后来的劳动价值论时,伊本·赫勒敦进一步指出,本质上,必须把资本理解成是由于先前的劳动而得以实现的价值,而且,资本作为垂直生产链条中的中间产品,反过来又可以进一步提高劳动生产率。在题为"生计与利润的真实含义与解释。利润就是人类劳动所实现的价值"[32]的第五章中,伊本·赫勒敦指出,

> 真主乃万物之主。但是,对于每一分利润与资本积累,人类劳动都是不可或缺的。当利润之源来自工作,比如手工艺方面的工作时,这是显而易见的。当利润之源来自动物、植物或者矿物时,这就不是那么明显了,然而即使在这些地方,人类劳动仍然是必不可少的,这一点是我们所能看到的。没有人类劳动,就不会有任何收益,也因此不会有任何有益之结果……如果所有这些都成立的话,应该就可以进一步理解,一个人所赚来和获得的资本,如果是来自于手工艺的话,就是其劳动所实现的价值。这就是"获得的资本"的含义。在这里,除了劳动,没有什么

是本来就有的，而劳动并非因其自身成为获得的资本而为人所欲求，而是因其所创造出来的价值而为人所欲求。

(Ibn Khaldūn, 1402/1958:313)

显然，伊本·赫勒敦的资本理论与斯密和李嘉图的资本理论颇为相似，而更令人感到惊奇的是其与马克思的资本理论也如此相似。尽管如此，伊本·赫勒敦并没有受制于劳动价值论，而是在诸多场合明确地讨论需求在价格决定中的作用。而且，他相信奢侈品的生产与消费对于劳动分工和社会文明具有积极的显著影响，因此也就成为曼德维尔和法国百科全书派学者们的先声。㉝他还阐明了为何较大城市熟练工人的工资要高于其他地方；这是因为较大的城市可以提供更大的市场，也因此使得更为精细的劳动分工成为可能。

2.3.4 几点进一步的评论

值得指出的是，我们对中世纪伊斯兰世界的学者在劳动分工方面的论述所作的简要回顾并没有涉及一个有趣的问题，即伊斯兰的宗教和法律体系在历史上如何与伊斯兰世界商业和贸易活动的起落相作用，尤其是在其与基督教欧洲的竞争方面。帖木儿·库兰(Timur Kuran, 2003, 2004)深入探讨了为何伊斯兰世界的法律中固有的、在初始时有助于劳动分工扩展以及商业兴起和经济增长的极端个人主义(尤其是在合伙经营和继承这些地方的平等主义方面)，最终在18和19世纪欧洲商业迅速兴起的背景下，具有讽刺意味地走向了制度的僵化，陷入了商业上的危机之中。㉞

正如在本节的开篇当中所提及的那样，中世纪的伊斯兰学者值得在经济学说史中专辟一章予以记述，因为他们填补了古希腊—罗马的思想家和13世纪拉丁学者之间500多年的缝隙，也就是熊彼特所谓的“大缺口”时代。㉟尤其是在有关劳动分工的经济学中，伊斯兰学者显然应该获得比迄今为止学术界所给予的要更高一些的赞赏。还有一个很有意思的情况，那就是安萨里所使用的那个制针工厂的例子。任何读过《国富论》的开篇章节的读者都会对斯密所使用的关于扣针制作的例子印象颇深，斯密(1776)的这一例子借自狄德罗和达朗贝尔(1751)，而他们则很可能是取自英国的百科全书(例如可参看John Lough, 1970:17)。安萨里所使用的制针工厂的例子与斯密所用的制针工坊的例子如此类似，说明有待于对斯密以前文献中“扣针生产模型”的演化作进一步地探究，虽然这一工作会很耗时间，且需要仔细深入地查阅文献，但却在进一步深入理解这个故事上大有助益。

2.4 中世纪拉丁经院哲学家关于私人产权和商业的论述

从公元6世纪始，在“信仰与理性相结合”(join faith and reason)运动缓慢地发展了很长一段时间，到13世纪欧洲学术界最终迎来了黄金时代。囿于本书的主题，我们仅来关注少数几个学者，主要是因为他们基于专业化和劳动的社会分工而对商业活动作出了亚里士多德式立场鲜明的辩护。[36]必须指出的是，中世纪拉丁学者所作出的贡献与劳动分工这个概念本身并无直接的关联。他们的贡献乃在于提供了一个哲学和神学的框架，在这个框架里，劳动的社会分工之制度基础——即私人产权和市场交换，如果没有这一基础，则复杂而有效的劳动分工网络就无法想象——才能得到理论上的对待，并受到明确的关注。拉丁基督教哲学家们对交易和私人产权的道德性和合法性的辩护不仅为智识上的探究进一步深入世俗事务，还尤其为经济活动的研究打下了基础，而且廓清了之后文艺复兴和重商主义的兴起之路。在经院哲学发展的巅峰时期，由最杰出的学者所完成的强有力的辩护，可以直接追溯到被“重新发现”的亚里士多德那里，植根于职业分工对任何文明社会的必要性的认可之中。

然而，拉丁经院哲学黄金时期的出现并非无源之水，它是在深厚的累积之后出现的。正如巴里·戈登所正确地指出的那样，关于那位最杰出的学者——托马斯·阿奎那(圣托马斯，1225—1274)的主要灵感来源：

> 借助于既有的研究，他(圣托马斯)试图综合早期许多思想源流。一方面，基于圣经、神父以及罗马思想家的洞识，基督教的传统源远流长。另一方面，还有希腊哲学。柏拉图的思想元素在基督教的早期阶段就已经被吸收，但是直到之前不久，借助犹太学者和阿拉伯注释家 Averroes 和 Avicenna，亚里士多德才被中世纪欧洲所“重新发现”。此外，圣托马斯面对的背景还包括不久前重新活跃起来的罗马法研究，教会法规的系统化以及神学本身成为一个研究领域之后的新生力量。
>
> (Gordon，1975:154)

特别就经济分析而言，在经院学者中，黑尔斯的亚历山大(卒于1245年)、大阿尔伯特及其学生托马斯·阿奎那最重要的灵感来自于之前不久重新发现的亚里士多德的学说，尤其是他的《尼各马可伦理学》和《政治学》。依据郎霍姆(1992:118，132—135)仔细严谨的历史考据，正是圣方济各会的主教，黑尔斯的亚历山大，成为第一批把亚里士多德的哲学整合进传统基督教神学的主要拉丁学者之一，并且与本节主题尤其相关的是，也正是他，特别为商业活动和私人产权提供了合法性辩护。这一重要的研究进路很快为多明我会最伟大的主教托马斯·阿奎那进一步地发展并予以完善。

值得注意的是，伊斯兰学者伊本·鲁世德(阿威罗伊)(Ibn Rushd(Averroes))对亚里士多德的《尼各马可伦理学》所作的诸多注释和详解非常有影响，并成为黑尔斯的亚历山大对商业和所有权展开分析的起始点。[37]依据亚里士多德的理论，任何市民社会都建立在专业化和劳动分工的基础上，因此需要一整套交换体系。在选择某种职业时，每个人必然依赖于他人的服务和支持，因此，交换可以满足彼此的需要，符合双方的利益。这样，通过援引圣奥古斯丁传统神学对商业的忏悔，黑尔斯的亚历山大指出，商业活动本质上并非邪恶行为，而且事实上与自然法是相兼容的，这就如同任何其他职业活动也充满道德方面的危险一样。亚历山大把亚里士多德对交换的辩护与神学教义相融合，进而由托马斯·阿奎那对之加以扩展和推进，成为欧洲智识发展中的重要转折点，因为它在观念上为商业社会的蓬勃兴起彻底扫清了道路。

> 亚里士多德给中世纪的世界展现出一幅世俗社会的理想图景，其中充满着社会和谐以及不同职业从业者之间和彼此有需要的人之间的合作，这种图景若因个体的富裕而中断的话，将是十分愚蠢的，因为它不仅有悖于社会的本质，而且有悖于作为一种社会存在的人的本质。通过把这一理念与自然法中的法律—宗教概念相结合，黑尔斯的亚历山大首次向我们展示出一个独具特色的、关于道德参照系的三维概念框架，这个框架为所有来自经院哲学的典型的经济分析和思想方式提供支持。
>
> (Langholm，1992:135)

在希腊哲学家，尤其是亚里士多德(以及在一个较弱的程度上还包括德谟克利特)的伟大洞见引导下，就资源分配与效率的关系而言，托马斯·阿奎那为商业活动和私人产权制度发展出了一套强有力的辩护。[38]托马斯·阿奎那主张，虽然私人产权并非自然法固有的一部分，但却是其有益的补充，也因此与自然法相一致而非相互冲突。他认为，在自然法面前，人类本是一无所有，因为自然并没有为人类提供衣物以蔽体——衣物是人类通过技艺而自己发明出来的；与此相类，私人产权虽然本质上并非天然存在的，但却是人类为追求更好的生活而自行设计出来的。

在阿奎那《神学大全》第一、第二部分的第94问"论自然法"中，他首先援引亚里士多德在《尼各马可伦理学》中的论辞："与法一致之事物均是合理之存在"(Thomas Aquinas，[1267—1273]1947，第一、第二部分，94问，第四篇)。在此简要地探讨一下亚里士多德的法律正义概念，会是颇有助益的。在其致力于处理正义问题的伦理学卷五中，亚里士多德(同上：1129b)指出："因实在法所确定之事物是合法的，因此我们说这种确定是合理的"(转引自Thomas Aquinas，1964：387)。也就是说，法律正义是一种由法律所决定的正义。但是法律体系的目的何在呢？对此，亚里士多德的回答是："幸福以及可以增进公民共同体之幸福的那些事物"(同上)。就其本身而言，法律正义是一种完美的德性，而且，它包含了每一种德性，正如托马斯·阿奎那所阐发的那般："法律正义存在于与其他德性有关的实践中，与法律所规定的每一种德性相融"(同上：390；还可见同上：389，391)。[39]

接着，在同一问"论自然法"的第五篇中，托马斯·阿奎那继续指出：

> 可以从两方面说明某一事物属于自然法。首先，因为自然倾向于如此，例如，人们不应该伤害他人。第二，因为自然不会带来相反的事物，因此我们可以说，赤身裸体是符合自然法的，因为自然并没有赋予人以衣物，但是人的技艺发明了衣物。在这一意义上，共同占有所有事物和普遍的自由是符合自然法的，因为，换句话说，占有与奴隶制度并非自然所有，而是人类为谋求更好的生活依赖理智而设计的。
>
> (Thomas Aquinas，[1267—1273]1947，第一、第二部分，94问，第五篇)

然而，阿奎那对私人产权最强有力的亚里士多德式的辩护与颂扬，是受到了后者的《政治学》的激发。在第一、第二部分的66问"论偷窃和抢劫"中，通过明确地援引亚里士多德的《政治学》，托马斯·阿奎那在篇一中首次指出，"人占有外物是合乎自然的"，接着在第二篇中，阿奎那进一步指向核心的问题:“把外物据为己有是否合法?”

> 就人占有外物而言,需要具备两个条件。首先是获得并分配它们的力量,也正是在这一意义上,人占有财产是合法的。而且,这对于人类的生活而言是必要的,理由有三。其一,因每个人在获取仅为其所有的事物时,其细心的程度要高于在获取许多人或者所有人共同所有的事物时的细心程度:这是因为每个人在面对着关乎群体的事物时,会选择偷懒,把辛苦留给他人,正如已有许多仆人时会发生的那些情况。其二,因为如果每个人都可以对照顾自己的某些特定事物负责的话,那么人类的事务就可以处理得更有序,否则如果每个人都在无法确定的情况下照看任何事物,那最终只会导致一片混乱。其三,因为如果每个人都对自己的状况感到满意的话,就可以拥有一个更平和的世界。因此,历史证明,在那些事物归属没有分配的地方,纠纷的发生更为频繁。
>
> (Thomas Aquinas, [1267—1273]1947,第一、第二部分,66 问,第二篇)

显然,托马斯·阿奎那的第一点辩护似乎就是对亚里士多德《政治学》(见前文 2.1 节)中的观点所做的重新表述,它涉及私人产权体系在激励上的优越性,而其第二点辩护涉及生产效率方面的含义,第三点辩护涉及的是,由于资源分配或者“所占有的事物的分配”而带来的和谐,或者说“和平的世界”。由此,我们便可以得出以下结论:“所有权与自然法并不相悖,而是由人类理智设计出来的一个补充。”(Thomas Aquinas, [1267—1273]1947,第一、第二部分,66 问,第二篇)

需要予以指出的是,托马斯·阿奎那对私人产权的辩护建立在自然法这一原理的基础之上,这一思路根植于他认为人类在道德上并不完美这样一种信念,也就是说,如若不然,私人产权体系这种制度就没有了存在的必要。然而,假定人性会堕落,那么私人产权就不仅是必要的,而且是合乎自然的。而且,正是私人产权保证了社会的和平与秩序以及对资源的有效利用(Gordon, 1975:180)。

总而言之,在重商主义发展起来之前,经由伊斯兰哲学家们的媒介,拉丁经院哲学家们借助于对亚里士多德的“重新发现”,而对私人产权和商业活动所做的辩护,对于理解专业化经济学有着极其宝贵的价值。虽然他们没有直接从本质上关注劳动分工带来的递增报酬这一观念,但是,这些经院哲学家对私人产权体系和商业活动所做的强有力的合法性辩护，其价值显然不能被低估，因为这些正是劳动分工得以深入开展的基础性制度安排，而劳动分工在很大程度上正是由自愿的市场交易网络所决定。这不仅对于进一步从智识上对劳动分工进行探究十分重要，而且对于后来欧洲商业的蓬勃兴起，也同样意味深长。

注　释

① 孙广振(Sun, 2005)一书收录了一系列有关劳动分工的经典研究。

② 正如巴里·戈登(Barry Gordon)所指出的那样：

> 在一长串的思想家名单中，德谟克利特是第一个指出资源分配可以带来卓越效率的学者……从资源分配和劳动分工这两方面来说，经济活动的组织正是希腊社会思想论述中的主要特色。
>
> (1975:14)

还可参看哈里·兰德莱斯和大卫·柯兰德(Harry Landreth and David Colander, 2002:30—32)。

③ 在本书同一章，柏拉图还写道："每个人……终其一生都将在一个行当中谋生，在那里，他拥有一种*自然的才能*，并因此与他人区别了开来"(Plato, 1997:1013；斜体为本书所加)类似的观点还见诸于其他章节："每个人……被引导到他自然适于从事的行当，因此从事着他自己的事业，成为他自己，而非其他人"(同上，卷二，423d，见 Plato, 1997:1056)。还可见卷四，433a，见 Plato, 1997:1064；卷四，443c，见 Plato, 1997:1064；同上，1075；以及卷五，453b，同上，1080—1081。

④ 在这一点上，斯密的立场与儒家的现实主义思想家荀子(约公元前 289—公元前 238 年)的立场相当接近，后者言称，在不同阶层和职业相互依赖的网格之中，个体所处之位置并非源于天资或者才能的天然差异，而是"积'靡'使然也"(第八卷，《荀子·儒效》，见 Knoblock, 1990:82)。对于荀子和斯密思想之间相似性的进一步分析可见本书后文。

⑤ 与斯密的"自然平等"论相类，而与柏拉图—李嘉图的"天生不平等"论相反，詹姆斯·布坎南(Buchanan, 2005)分析了这一论题所具有的深刻的政策含义。

⑥ 值得强调的是，亚里士多德对货币职能的分析关注的是城邦中家庭之间的贸易，而非大量买主与卖主之间真正的市场交易。

⑦ 在此顺便说上两句，就个人的心智类型而言，柏拉图看起来更像一只"刺猬"，偏好的是向心的观念(centripetal ideas)，而亚里士多德看起来更像一只"狐狸"，偏好的是离心的观念(centrifugal ideas)，见以赛亚·伯林(Isaiah Berlin, 1993:3—4)。

⑧ 当然，就轴心时代为何会出现这一问题而言，从它一开始被提出来就充斥着各种各样的猜测。其中一个，是由许倬云和凯瑟琳·林德芙在研究古代中国周文明的发源时提出来的(Cho-Yun Hsu and Katheryn Linduff, 1988:64—66)。他们认为，公元前1 000年左右发生在地球上的冰冻(这已经为气象学家的研究所证实)引发了一场人类大迁徙，这场大迁徙从中亚出发，向整个亚欧大陆间的大草原地带扩散，尤其是向南部扩散。如果真是这样，那它必定与轴心时代现象的出现密切相关。

⑨ 就智识活动而言，这一状况堪与欧洲权力分散时期文艺复兴的发展相媲美(例如可参看 Eric Jones, 1981)。

⑩ 作为一个成功地在群雄并起的时代，借助一系列的政治和经济改革成就齐国霸主地位的宰相，管仲还在公共行政方面表现出了杰出的领袖才能，这与安尼·罗伯特·雅克·杜尔阁(Anne Robert Jacques Turgot)有些相似，后者同样兼具首相和在经济问题的研究上有深刻思想的学者这样的双重身份。

⑪ 更多的有关其对劳动分工与市场机制之间重要关系的分析可参看后文2.2.4节。

⑫ 见冯友兰(1937:195—196)与萧公权(1979:182—194)。

⑬ 注意一下管子和马歇尔之间有关知识溢出的观点那惊人的相似之处，可能会让人觉得格外有趣；管子认为，因为聚居，会有知识的溢出，马歇尔认为，专业化工人和厂商的集聚其主要好处之一就是知识的外溢。

> 产业的本地集中化有助于推动技能和格调的教育，以及技术知识的扩散。若一个地方的同一个行当中有着成千上万的工人，那他们将可以相互学习。这种工作所必备的技能和格调将无处不在，以至于孩子们也是在潜移默化之中逐渐成长。
>
> (Alfred Marshall and Mary Marshall, 1879/1994:53)

在马歇尔的那部经典名著里，这一观点再次得到微妙地阐发。当同一行当的从业者彼此成为邻居之后，

> 行业的秘密不再成为秘密，而似乎是公开的了，孩子们不知不觉地也学到许多秘密。优良的工作受到正确地赏识，机械上以及制造方法和企业的一般组织上的发明和改良之成绩，得到迅速的研究：如果一个人有了一种新思想，就为别人所采纳，并与别人的意见结合起来，因此，它就成为更新的思想之源泉。
>
> (Marshall, 1920/1936:271)。

⑭“生而相近，习相远(born similar but made different)”的观点在儒家之中有着悠久的传统，这种观点极为强调教育的重要性，它事实上可以追溯到孔子那里。“性相近也，习相远也”(By nature, men are nearly alike; by practice, they get to be wide apart)(《论语·阳货》；见 Legge，1994，第一卷：318)。但是，荀子在自己关于礼义的社会哲学中对此作出了实质性的发展。

⑮在中国哲学和文学中，世间万事万物均受制于道，而道可为人知的观点古已有之。例如在孔子所编的《诗经》中，就有诗言：“天生烝民，有物有则”(《烝民》；引自 Legge，1966：425)。其还可见儒家经典《大学》中的这句名言：“物有本末，事有终始。知所先后，则近道矣。”(引自 Legge，未注明出版日期：310)。还可见《尚书》(如 Waltham，1972：125—132)与《周易》(如 Rutt，1996，尤其是其注《大传》：404—433)。

⑯甚至在更早、可追溯到青铜器时代的文献中也可见到类似的观点。例如在《周易·系辞下》中，有辞云：“(神农氏)日中为市，致天下之民，聚天下之货，交易而退，各得其所”(Rutt，1996：421)。

⑰值得一提的是，管仲的一生阅历极丰，富有传奇色彩(他出生于一个贫穷的家庭，在其友推荐下最终高居齐国宰相之位前，曾一度在军队、商界和政界中潦倒度日)，他是一个十分现实的政治家，满怀热情，致力于经营他所在的齐国，以求使其从一个在他上任时仍然相当弱小的国家能够在群雄并起的环境中脱颖而出，成为一个经济和军事强国。此人作为一个成功的宰相，虽然因其对市场机制的理解和把握闻名于世，但也许更为人所知的则是他在盐铁的生产上所推行的国有垄断政策，以及通过控制货币供应来稳定价格的经济政策。同样引人注目的是他对对外贸易的强烈推崇。然而，我们并无意于此深入细致地考察这个思想复杂的重要历史人物，因为这远离了本书的主题。

⑱对司马迁生平的详细介绍可见波顿·华兹生(Burton Watson，1958)。

⑲关于道家思想对司马迁作品的深度影响，早已为人所知，且得到了证实，例如可参看罗伯特·克劳福德(Robert Crawford，1963)；约瑟夫·斯宾格勒(Joseph Spengler，1964)，尤其是该文中论述作为一个自由主义者的司马迁的第三节。

⑳尤其是里亚·布鲁在翻译“道”一词时加了一段思虑周详而又有趣的评论。“道之于‘原理’、‘路径’、‘方法’以及类似方面的意思均已得到翻译；但是当它指的是中国古代一种形而上的概念时，其含义尚未得到精确地翻译”(布鲁，1948：32，注60)。非常有意思的是，就那个著名隐喻——看不见的手——而言，根据彼得·哈里森(2011)最近就该术语的使用所进行的研究，我们知道，虽然斯密在他迄今为止为人所知的作品中总共仅使用了三次，但“看不见的

手”这个短语出现于17、18世纪不少欧洲和英国学者的作品中，且常常带有神学方面的意涵。斯密在使用该术语时可能也是出于同一目的（哈里森，2011：46）。也许对于司马迁和斯密而言，当他们面对的是诸如市场秩序一般复杂的自发秩序时，求之于某种神的旨意来阐释乃是自然而然的选择。

㉑ 近来旨在填补“大缺口”的研究文集可见加赞法（Ghazanfar，2003），其中主要的贡献者就是编者谢赫·加赞法及其合作者。哈米德·霍塞尼（Hamid Hosseini，2003）回顾了驳斥“大缺口”假说的相关研究。

㉒ 另一个简明易懂的文本是希提（Hitti，1948/1960）一书，这是希提在二战期间以及战后阿拉伯世界地位日益提升的背景下写给一般读者的作品。

㉓ 就伊斯兰世界的翻译运动是如何影响欧洲文明这个问题，希提在其他地方进一步谈论道：

> 这些翻译，经过阿拉伯学者若干世纪的努力得以日趋完善，不仅如此，还连带许多他们自己的新贡献，经由叙利亚、西班牙、西西里而传入欧洲，奠定了主导中世纪欧洲思想的经典作品的知识基础。而从文化史的视角看，传播的重要性并不弱于原创；想象一下，如果后世见不到亚里士多德、盖伦（Galen）、托勒密（Ptolemy）的作品，那世界将如同这些作品本来就不存在一般糟糕。
>
> （Hitti，2002：363）

还可以参见希提（Hitti，1948/1960：133—146）中的“对西方的贡献”一章。就黑暗时期从伊斯兰世界到基督教欧洲的智识传播的具体细节，包括传播、贸易与商业、翻译以及学术机构的扩散等，可参见加赞法（Ghazanfar，2003：第十章和第十一章）。

㉔ 这一小节和下一小节取用了Sun（2008）的引言中的部分内容。

㉕ 必须指出的是，在当时，不管是拉丁文学术界还是阿拉伯语学术界，在没有致以应有的谢意的情况下便取用相关智识资源是相当普遍的现象（参见Ghazanfar，2003，第十章：尤其是154页）。

㉖ 参见如埃德温·坎南（Edwin Cannan）所编辑的《国富论》第5页的脚注6和第7页的脚注12。

㉗ 对历史资料的仔细考察表明，哥白尼在他的行星运动模型里所使用的定理当中，只有两个不见于古希腊的著作。这两个定理，一个是纳瑟尔·艾得丁·图西的“图西双圆”（Tusi Couple），另一个归于13世纪的伊斯兰天文学家，大马士革的乌尔迪（Mu'ayyad al-Din al-'Urdi）。随着20世纪50年代中世纪伊斯兰世界的数学和天文学档案重见天日，一些学者，包括爱德华·肯尼迪（Edward Kennedy）、奥托·诺伊格鲍尔（Otto Neugebauer）、乔治·萨利巴（George Saliba）与诺尔·斯沃德罗（Noel Swedlow），在近几十年来极其

仔细地考证了到底在何种程度上哥白尼在他那本革命性著作中的发现已经由非基督教世界的学者捷足先登，甚或借之于基督教之外而没有致以应有的谢意。已有文献还讨论了哥白尼在获知中世纪伊斯兰世界的天文学家的作品方面所存在的可能途径(参见 Saliba，2002 及其文中的参考文献)。

㉘ 也许值得一提的是，法拉比、伊本·西纳、安萨里和图西都是波斯人，后两者甚至还都出生于图斯(Tus)。感谢哈米德·霍塞尼在私人通信中告知了笔者这一有趣的事实。

㉙"图西沉溺于条件式和三段式的论述，导致他不时写出一些几乎长达一页的句子"，这就使得翻译他的《伦理学》堪称一项极为辛苦的工作(Wickens，1964:16)。尽管如此，维肯斯还是对图西娴熟的逻辑建构能力表达了高度的赞赏，甚至可以说为之大是"心折"(moved)。

㉚ 正如本书的其他地方所展示的那样，类似的论题在柏拉图、孟子、伊本·赫勒敦、杜尔阁和斯密那里都可以找到。

㉛ 见维肯斯对图西(Tusi，1232)的注释 4 和 1874。

㉜ 注意，*Muqaddimah* 中的"利润"一词指的是总产出，见苏菲(Soofi，1995:391)。

㉝ 见伊本·赫勒敦(Ibn Khaldūn，1402/1958:347—351)。

㉞ 有意思的是，洛瑞(Lowry，2003b:21)指出，伊斯兰宗教传统中的个人主义和贸易精神可能影响到了欧洲的新教以及欧洲资本主义的兴起。

㉟ 作为证据之一，哈里·兰德莱斯和大卫·柯兰德(Harry Landreth and David Colander，2002:32—34)在他们编撰的那本颇有影响的经济思想史教科书的第四版中已经加入了几页有关中世纪阿拉伯—伊斯兰的经济学说，这在一定程度上表明，即使没有被彻底否定，熊彼特"大缺口"命题也已经被显著弱化。

㊱ 奥德·郎霍姆(Odd Langholm，1992，1998)全面回顾了中世纪欧洲学术界经济学知识的发展。

㊲ 基于罗伯特·格罗塞特斯特(Robert Grosseteste)的拉丁版《伦理学》(该版本在黑尔斯的亚历山大于 1245 年死去之后不久开始印行)，大阿尔伯特给出了一个对亚里士多德的交换理论的全面阐释。这意味着，黑尔斯的亚历山大阅读的版本源自阿威罗伊的拉丁解说版，而非格罗塞特斯特的这个版本。参见郎霍姆(Langholm，1992:135，133)。

㊳ 就托马斯·阿奎那对产权的亚里士多德式处理而言，理查德·施拉特(Richard Schlatter，1951:47—55)在其探讨私人所有权的观念演变的出色专著中提供了一个颇有见地的回顾。

㊴ 或许需要指出的是，在《尼各马可伦理学》中，对自愿的私人交易以及因此而来的货币的讨论是相似的，它们均被视为交换正义的内容，和人与人之间的交换相关(见 Thomas Aquinas，1964:398—416、423—428)。

3

重商主义者与劳动分工
政治经济学的演现

虽然古代希腊和中国的哲学家以及中世纪穆斯林的学者可以看作是斯密关于劳动分工的一些重要见解的先声，但斯密的劳动分工学说更为直接的先驱者们则是威廉·配第、伯纳德·曼德维尔、法国重农学派和法国百科全书学派这些人。对于当时为这些作者们提供了丰富思想养料的重要历史环境，我们在此不会大费笔墨详细交代，但还是值得我们稍微驻足，就见证了17和18世纪政治经济学体系演现的这一总的历史情境，探究一番。这将有助于我们理解，劳动分工这个概念是如何逐步在经济分析中占据如此重要的地位，并最终成为亚当·斯密宏伟的经济学研究计划中的核心概念的。

从17世纪到18世纪上半叶的这段时期，见证了西欧激动人心的巨大变迁。别的不论，其中有两个前所未有的变化，发生之后，基本上重新塑造了欧洲、乃至全世界的政治经济形势：一个是民族国家的显著发展，以及伴随而来的强权之间的竞争加剧，另外一个则是贸易和经济活动的重要性与复杂性在总体上的不断加强。无疑，随着封建的社会结构在这一地区逐渐衰退，以及市场在决定交易的条件上取代了封建习俗所扮演的角色，这两个变化彼此之间密切相关，共历共生。在国际贸易和军事竞赛的舞台上，崛起的民族国家所关心的一个主要事项就是保护和累积通过适当的贸易政策而获取的财富。因此，在英国——这个在当时国际事务中无可争议的最为强大的竞争者，涌现出了许多重商主义者的小册子作品，对可能采取的以便扩大这个国家势力和财富的最优政策，进行辩论。如果从托马斯·孟(1664)的《英国得自对外贸易的财富》(*England's Treasure by Foreign Trade*)这一经典的英国重商主义作品开始算起，最终到亚当·斯密的巨著《国民财富的性质和原因的研究》(1776)达到顶峰，自由放任的资本主义这一观念被广泛接受，这一过程持续了一百多年。就智识上的发展而言，一般来说，经济是由通过复杂的交换关系而彼此关联的不同部分组成的这样一种概念此时已经形成，由此也就取得了对市场的自我纠错机制的理解，在思想史上，这种概念化体系堪称一个真正的飞跃。可以理解，要完成对这一思想的系统发展和详尽阐释，需要花费许多年的光阴和数代学者的心血。然而，一旦由 18 世纪晚期的作者们——尤其是亚当·斯密——牢固地建立起这样的概念体系，那么，看不见的手那精妙而复杂的原理，连同在自然法理学中得到了发展的政治自由主义一起，就为经济上的自由放任政策提供了一个强有力的理论根据，为政治经济学这门科学打下了一个坚实的基础。①

3.1 威廉·配第的著作和重商主义者论贸易的小册子中的专业化与市场

要想理解在政治经济学这门学科的形成时期，专业化和劳动分工经济学这重要的一章是如何展开的，我们就要从威廉·配第开始谈起。威廉·配第完全可以被称作“一门新科学的奠基者”(Marx，[1859]1904：57，n.1)，“英国政治经济学之父”(同上：60)以及“第一流的经济理论家，在 1750 年之前曾经出现过的经济理论家中，他是最好的，或者是最好的之一”(Letwin，1963：114)。凭借着从事布料生意的家庭背景，配第([1676/1690]1683)用布料的生产作为例子，阐明了提高劳动专业化程度所带来的收益，这收益得益于海外贸易的市场扩大而得到了促进：

> 垄断海上贸易的人，由于所花运费比别人少，必须承担较大运费的人会获得较多的利润。原因是这样：譬如织布，一人梳清，一人纺纱，另一人织造，又一人拉引，再一人整理，最后又一人将其压平包装，这样分工生产，和只是单独一个人笨拙地担负上述全部操作比起来，所花的成本一定较低。
>
> (Petty, [1676/1690]1963:260)*

值得指出的是，在这里，配第观察到，劳动的垂直分工(*vertical division of labor*)的程度是取决于市场的。通过察看荷兰的船运业和造船业，为了给专业化的收益找到一个补充性的依据，他对这个例子进行了扩展：

> 垄断航海业的人，可以建造细长的船只，以载运桅樯、枞木、木板、梁木等物品，同时也可以建造短身的船只，以载运铅、铁、石块等物品。在开往不会有触礁危险的港口做买卖时，他们可以用一种船，而在航行十二小时内要搁浅二次的地方，他们又可以用另一种船。在平时或运载价廉的粗劣的物品时，他们用一种船和一种掌船的方法。战时或载运贵重物品时，他们又采用另一种船和另一种掌船的方法。在风浪大的海洋，他们用一种船，而在内江内河他们又用另一种船。在为了最先赶到市场要求迅速的情况下，他们用一种船和一种绳缆，而在不在乎时间相差五分之一或四分之一的情况下，他们又用另一种船和另一种绳缆。在远洋航行时用一种竖立桅杆的方式和系结绳缆的方式，而在沿海航行时，又用另一种竖立桅杆的方式和系结绳缆的方式。捕鱼时用一种船，贸易时又用另一种船；在同外国作战时用一种船，而在单纯运输货物时，又用另一种船。他们有的船用桨，有的船用帆，还有的船用人和马拖拉。有的船用于航行凝结着冰块的北方海洋，有的船用于航行需要不断和蛀船虫作斗争的南方海洋，诸如此类，不一而足。我认为上述各点是*荷兰人*所以能够以低于其邻国人的运费进行贸易的许多原因中的主要原因。也就是说，荷兰人能够适应各种特定业务的需要，使用特定种类的船只。
>
> (Petty, [1676/1690]1963:260—261；斜体为原书所加)**

* 中文译文见商务印书馆威廉·配第著《政治算术》一书第 24 页，由陈冬野先生译。——译者注

** 中文译文见商务印书馆威廉·配第著《政治算术》一书第 24—25 页。——译者注

荷兰之所以做得比它的邻居好，主要原因在于“荷兰人能够适应各种特定业务的需要，使用特定种类的船只”，这一点已为配第所观察到。[②]严格说来，“荷兰人能够适应各种特定业务的需要，使用特定种类的船只”所带来的收益，与得自劳动的专业化的收益并不是一回事。换言之，配第用来证明垄断海洋贸易会带来巨大利益的两个例子，即织布业和造船业，在不经意间揭示出了这类利益可能据以实现的两种不同方式。一个是深化工场手工业中的(垂直)劳动分工，另一个是用于特定用途的工具和机器的发展。前者是劳动的专业化，而后者则是机器(资本)的专业化。当然，借用一下爱德华·吉本·威克菲尔德(1835；参看下文第4章)所使用的术语，这就是指“职业的分工”(division of employment)或“操作工序的分工”(division of operations)。配第的航运业例子所含信息丰富，而且非常有意思：说它信息丰富，是因为和织布业不同，它反映出在那个时代决定国际权力斗争的是航运技术所发挥的作用；说它有意思，是因为配第可能也仅是偶然地预期到了以机器的广泛使用为特征的时代，这个时代已是呼之欲出。

在另外一个地方，配第还给出了关于繁盛的钟表制造行业的例子，将他那颇具穿透力的洞识，运用到了专业化的决定因素上来：

> 由于在较大的城市里手工制造业彼此之间相互联系颇为紧密，而且每一类手工制造业都会尽可能地被分解成很多的部分，因此每一个工匠的工作都是比较简单和容易的；举个例子，就譬如钟表的制造吧，如果一个人来制造齿轮，另一个人来制作发条，再有一人来镌刻表盘，又有一人来制作表体，那么制造出来的钟表比起全部工作都由某一个人承担来，质量会更好，而价钱也更加便宜。而且，我们还看到，在市镇以及大城市的街道上，所有的居民几乎都是专于一业的，专属于一地的产品也比其他地方制作得更为精良，价钱也更加便宜。
>
> (Petty，[1683]1963：473)

有关市场范围的这个理论，在斯密1776年的那部可称是自由放任学说“圣经”的著作中得到了更为透彻的探讨和阐发。[③]不过，必须予以指出的是，晚期重商主义的倡导者，尤其是尼古拉斯·巴尔本(Nicholas Barbon，1690)和达德利·诺思(Dudley North，1691)也已开始转而支持自由贸易。前者有一句名言，“贸易越自由，国家越繁荣昌盛”，这句话经常被引用来支持这样的观点，即巴尔本应该被视为第一位对早期重商主义学说进行“自由主义”反驳的学者，尽管他的商业自由观念尚且不够彻底，因为他是接受以关税这种形式进行贸易保护的。④达德利·诺思(1691)无疑要更为著名一些，也值得我们对他做出更大的赞誉，这里至少存在两个原因：第一，他对自由放任进行了有力的论证；第二，在他对自由贸易的利益所做的分析中，诺思使用了演绎推理这种新的论证方式。⑤在他的《贸易论》一书当中，有些关于自由贸易这一主题的段落，与斯密式的风格颇有几分神似：

> 任何贸易对公众不会没有好处，因为，如果有什么贸易证明对公众无益，人们就会抛开那种贸易；不论在哪里，只要商人兴旺了，公众也就兴旺起来，因为商人是公众的一部分……任何法律都不能规定贸易的价格，因为贸易的行情必然而且将会自行确定下来。但是，当这类法律确实碰巧抓得很紧的时候，这就对贸易是个非常大的障碍，因此是不利的……阻碍贸易的法律，不论是关于对外贸易或是国内贸易，不论是关于货币或其他商品，都不是使一个民族富裕、使货币和资本充裕的因素。但是如果获得和平，如果维持公正的司法制度，航行不被阻挠，勤勉得到鼓励，让勤勉的人得到荣誉，根据财富和品质在政府中就业，那么国家的资本就会增加，结果金银将会丰富，获利将会容易，货币不会缺乏……和平、勤劳和自由能促进贸易和财富，此外别无其他途径。
>
> (North，1691；转引自 Letwin，1963：200)*

值得注意的是，正如莱特文顿所正确地予以指出的那样(同上)，在上面这一段里，诺思实际上给出了自由放任基本学说的大致框架，尤其是他认识到了与贸易相关的那些政府职能的适当范围，那就是确保和平、公正与自由。考虑到这一点，当我们看到，有时候人们把他的小册子视作在斯密和其他18世纪晚期自由主义经济学家们之前，对自由市场所做的最为直率的*申辩书*(*apologia*)，也就不足为奇了。⑥对诺思的思想原初性和深刻的思考所给的赞誉，可能已经足够高了；但是，他对其他理论家的影响却非常有限，这一点

* 中文译文见商务印书馆《贸易论(三种)》一书的第97、119、123页，这本书汇集了托马斯·孟、尼古拉斯·巴尔本和达德利·诺思三人论贸易的小册子。其中本处所引达德利·诺思的部分由吴衡康先生译，祥槐校。——译者注

让人百思不得其解。⑦

亨利·马廷顿，那本著名且非常深刻的论东印度贸易的小册子（以《关于东印度贸易的一些思考》（*Considerations on the East-India Trade*）为题于1701年匿名出版⑧）的作者，同时也是一位自由贸易的重要倡导者，在关于专业化和贸易的思想史文献中，本应得到比现在更多的重视。在方法论上，他受威廉·配第的启发，利用经验数据给出自己观点的依据，而且，他还通过运用演绎推理而接绪达德利·诺思，马廷顿颇具说服力地给出了自由贸易有利于国际竞争的理由。在引入劳动分工对生产效率，以及市场范围对专业化的意义方面，马廷顿使用了织布业、钟表制造业和造船业的例子，这可能也是有意识地延续配第的风格。然而，马廷顿在对专业化的成因和后果的理解上则远胜配第，在对自由贸易的深远影响之认识上，也大大超过了诺思：

> *东印度贸易*所提供的产品，较之于在英国本土生产同类产品所必需的劳动，不但要少于后者，而且也更为便宜；因此，很可能是在工艺、工坊以及动力机械上的*发明这些原因*，节省了其他手工制造业中人力劳动的使用。这类发明不断涌现，只需要较少的人工劳动即可完成大量的工作；每一个人都必须不断地更新、提高他自己，或者不断地在其他人的发明基础上精益求精；如果我的邻居以极少的劳动而完成了更多的工作，他们的产品就会卖得更便宜，那么我就必须得努力卖得和他们一样便宜……因此，通过以更少的劳动、因之也就更便宜的劳动成本提供产品，东印度的贸易就成了迫使人们汲汲于工艺和动力机械发明的一种极其适当的方式，通过这种方式，其他的产品可能也会以更少的劳动和更低的成本而被生产出来，从而降低了手工制造业产品的价格，尽管工人的工资水平并没有下降。
>
> 此外，东印度的贸易为英国的手工制造业引入更多的能工巧匠、*更为严整的秩序和规则*，那些最没有市场价值、最无可获利的部分将被废弃不用；在这些地方工作的人们将会转而致力于其他部门，去做那些最平常、也更简易的工作，或者去完成其他那些工序最为繁多的手工制造业中某一个单一的工序；因为平常而且更简易的工作很快即可为人们所熟练，在这样的事情上人们表现得不但更加优秀，而且也更为快速有效……

在每种制造业中工匠们的类型越是繁多，单个人所需要掌握的技能就越是有限；每种工作的秩序和规则越是严整，完成同样的工作所需的时间也就越少，劳动力也必然越少，因此劳动力的价格也就越低，尽管工资水平并没有下降。

(Martyn, [1701]1968:66—68；斜体为本书所加)

这样，马廷顿辨明了更加自由的东印度贸易所能带来的三大利益：促进工艺和动力机械上的发明，为手工制造业带来更为严整的秩序和规则，以及提高劳动的专业化水平。可以肯定，配第和马廷顿都触及到了机器专业化这个问题。但是，后者似乎对其深远的影响认识得更为清楚，尤其是在“为手工制造业带来更为严整的秩序和规则”上，表现得更加突出，这个方面较常见的一个提法是“(生产的)标准化”。有关标准化以及与之相关的机械化这一主题，后来被查尔斯·巴贝奇、安德鲁·尤尔、约翰·斯图亚特·穆勒、卡尔·马克思以及其他一些人给予了更进一步的发展(参看下文第 5 章)。有意思的是，亨利·马廷顿更加不同寻常，因为他赋予了技术进步和机器的改良以更大的重要性，这两者都是被视为伴随自由贸易而来的现象。

3.2 恩斯特·路德维希·卡尔和体系化的出现[9]

现在，我们来看一位重要的人物，在一般的经济科学的历史、尤其是在劳动分工的经济分析史上，截止到目前，他基本上被大家忽略了，这位重要的人物就是恩斯特·路德维希·卡尔。作为一名于 18 世纪 20 年代生活在巴黎的德国人，卡尔在 1722—1723 年这段时间里写出了他唯一发表了的著作，一部三卷本、大约 1 500 页的专著，全书用法文写就，匿名出版，书名叫做 *Traité de la Richesse des Princes et de leurs Etats*，出版之后，几乎没有得到什么关注。[10]该书第一卷出版于 1722 年，第二和第三卷出版于 1723 年。这本专著是一部精彩的杰作，全书被精心地分成三个部分(卷)，内容主要包括：财富的概念和财富研究的基本学说(第一卷)；将第一部分介绍的原理应用到三个主要的经济部门中，这三个主要的经济部门是农业、制造业和商业(第二卷)；以及公共财政(第三卷)。可以这么说，在理查德·坎蒂隆之前，卡尔可称是第一位政治经济学的体系建构者，因为他的专著第一次对财富科学（政治经济学）进行了全面系统的处理，尽管他不像坎蒂隆那样，在把经济事务与伦理和政治主题相分离，以及在追求对经济活动进行实证研究方面走得那样远。[11]他从基本的概念和原理出发，再将这些扩展到对主要经济部门的活动进行的分析上，然后以对公共管理部门在提供公共服务和市场管制方面的原则与正确范围方面所做的研究而作结。

在这里，最为相关的是他关于专业化以及"职能的分离"（劳动分工）在其政治经济学分析体系中所扮演的基本角色这方面的洞识。[12]对于卡尔来说，财富取决于土地和劳动，经由专业化和劳动分工的深化而得以增加。有意思的是，卡尔的财富概念是主观的，是用必要性、便利性（愉悦性）和奢侈的事物来定义的。因此，对我们来说，只要有能力和自由从物品中得到快乐并享用它，那它们就可以被视作财富。然而，财富的生产和累积却只有在社会合作的情况下才有实现的可能，因为人类如果彼此之间不互相协助，就不能够变得富裕，事实上，如果没有这类相互间的协作，人类可能会"比动物更加悲惨"：

> 对一个人来说，累积财富并且享用它们，如若没有无穷多个其他个体的协作，绝对是不可能的事情。可以肯定，如果人群不能将他们的意志彼此相互结合，他是不可能达到其目的的。我们只需要看看生产一双鞋或者一枚扣针这类生活的必需品所牵涉到的人数之多，或者只需要算算一个人身上从上到下所穿的衣物得多少人相互协作来制成，即可明白这一点……如果这个链条中有一环断掉，整个链条就会陷入瘫痪，变得毫无用处。无论是谁，若想享用完整的财富，他的意志须在最为全面的程度上与众多其他个体们的意志相结合，这种结果是他无可回避的义务。这就要求他要对他人的需要有所贡献，这种贡献依据他的劳动程度而在比例上予以确定。
>
> （Carl，1722，I：17—18；转引自 Hutchison，1988：158）

卡尔用诸如鞋子和扣针这类必需品的生产作为例子，来阐释社会合作的必要性，因为"这样就使得造物主造就了社会中的个人"（Carl，I：107；Hutchison，见前引书：158）。在这部《专论》的第二卷，卡尔致力于对经济生产的三个主要部门——农业、制造业和商业——进行分析，他据此认为，专业化和劳动分工构成了财富增长的最终来源和方式。例如，关于农业中专业化的生产效果，卡尔观察到："一个农业工人，得土壤质量和适宜气候之利，再致力于自己最适合的具体作物的栽培，就可以生产出更多的产量，成本上也更节省"（Carl，1723，II：133；转引自 Hutchison，1988：160）。鉴于制针业模型在劳动分工思想的历史记述上具有着突出的地位，并且围绕这个模型还存在着诸多富有争议的插曲，我们注意到，卡尔也使用了这一模型，不仅用它来阐明互相协作的必要性，这一点丝毫不让人感到奇怪，而且正如上述引文中所提到的那样，他还用它来表达手工制造业中劳动分工的重要性，这都是非常有意思的现象。⑬同一种行当，在地理上、尤其是在大城市中的集聚所带来的收益，卡尔对此也有所论述："人口数量较大会带来大量不同的职业，这些职业将每一场交易都分成若干个分支来完成"（同上：242）。

此外，鉴于卡尔在《专论》中体现出来的思想内容，回想一下熊彼特就斯密在其政治经济学体系中对劳动分工的处理所做的广为人知的评论，是很有意思的：

> 该部分没有任何富有创见的东西，但却应该提到，有一点一直没有得到应有的注意，那就是，无论在斯密以前还是在斯密以后，都没有人想到要如此重视分工。在斯密看来，分工是导致经济进步的唯一原因。
>
> （Schumpeter，1954：187）*

根据卡尔在斯密之前对劳动分工的强调，基本上可以否定上述这段话里所表达的观点。除了认为在财富增长和主要经济部门中的生产方面劳动分工发挥了重要作用之外，卡尔还认为人口规模广大亦有其可取之处，这也是基于专业化收益的观点而做出的论断，因为人口增加会带来需求的增加，进而使得各种专业化职业有实现的可能。这些对于社会来说都是颇为有利的，因为：

> 一项技术所加诸的工作对象越是纤小和有限，这项技术就会变得越发简单，而且也会更为人所精通，生产出来的产量也就越大。这一点已经为无数的经验所证实……每个行业都会分成若干个支属，这就使得每

* 中文译文见商务印书馆 1991 年版熊彼特所著的《经济分析史（第一卷）》第 284—285 页，译者为朱泱等先生。——译者注

> 一个人的技艺都更加高超，一旦运用到单一的目标上去，就可以生产出数量极大的产品。
>
> (Carl, 1723, II:242；转引自 Hutchison, 1988:161)

这也就可以很自然地得出了这样的结论：如若一个城市的人口规模限制了需求或消费，那么也就限制了“每一个行业分化成各种分支”的程度，这也就是劳动分工的程度。另一方面，国际贸易通过不断深入的专业化也增加了需求，提高了生产能力。

卡尔还看到，和国内劳动分工中的个人一样，国家也应该在国际贸易体系中基于外生比较优势而进行专业化。从他这种视角所呈现出来的场景，与传统的重商主义学说形成了鲜明的对照，后者认为，国际贸易乃是一场零和博弈。

> 这个世界上所有国家的共同利益就在于要尽可能地与所有的民族进行贸易……每一次这种遍及世界的商业被中断，都会使所有的国家在财富上均遭受到一定程度的损失……每个国家都有其特殊的禀赋，要么是地理位置优越，要么是气候条件绝佳，要么就是世界初创时获得了初级原材料的天赐之福。其结果是，每一个国家总能将某些东西让与给它的邻国……所以，对于这个世界上的所有国家来说，不管是什么，只要是过剩的物品，就永远不要拒绝把它们让与给邻国，这真是一个普遍的真理。
>
> (Carl, 1723, III:254—257；转引自 Hutchison, 1988:162)

然而，必须要马上予以指出的是，我们还不能把卡尔看成是一位经济自由放任主义的明确倡导者，这还不仅仅是因为他认为，为了保护某些特殊的行业而对贸易加以限制有其必要性，除此而外，还有更深一层的保留意见。对于卡尔来说，不受约束的市场所存在的根本问题，是深深植根于他关于个人自利行为的悲观主义态度之上的，他认为，对于市场的稳定性和公共利益而言，个人的自利是有害的。换言之，市场体系在协调众多的个体追求其自我利益方面所具有的不可思议的能力，并没有被卡尔所认识到。在经济思想史中有一个颇为值得注意的事实，那就是，在经济自由主义能够扎下根来之前，卡尔所认同的霍布斯式的悲观主义，必然会让位于那场智识上的启蒙运动，这场运动基本上是受洛克一派的自然权利理论所激发而产生的。只有在经济自由主义真正站住了脚跟，政治经济学才能取得其系统的面貌。尽管如此，卡尔无疑仍值得我们比既往的文献给予更多的关注。

在约书亚·塔克尔(Josiah Tucker)的著作里，我们发现，对个人在经济活动中追求自利所发挥的作用以及这一点对政策的意义方面，这位著名的多产作家持有着与卡尔多少有些类似的态度。塔克尔在其有生之年取得了巨大的声望，著作所涉的范围极广，遍及政治、经济和宗教多个领域，但是，这些著作在思想史、尤其是在经济学领域当中，在其死后即湮没无闻。[14]在他的经济作品当中，最为系统、也是最好的著作当属《商业原理和税收理论》(*Elements of Commerce and Theory of Taxes*)，这本书作者一直未能完成，其中相当大一部分曾在1755年付印，但并未公开发行。在这本书中，他主张发展一门新的科学，来系统地研究经济生活的整个领域。因此，在其标题中“商业”这个词，他所指的含义即是现在我们一般所认为的经济活动。他这本书标题中的第一部分“商业原理”，意指“经济学原理”(Tucker, [1931] 1966:13)。塔克尔的研究是从他那两个关于人类本性的“原理”开始的，这两个原理即“人类对商业的天然倾向”和“人类天性中已知的原动力——自我关爱(self-love)”(同上:61)。从这两个原理出发可以得到这样的结论：“每一个立法机构都应该把这两个原理视为其将来工作的基础……这些立法机构无法在人类的天性中创造出新的力量或能力，但可以教化和改善这些早已存在的人性”(同上)。为了满足自己的需要和欲望，人类总是受其社会本能的驱使，而倾向于进行商业贸易，这一事实意味着专业化和劳动分工自有其必要性。在其《原理》的开篇几段中，塔克尔写道：

> 因此，人类在社会仁慈情感的影响下，为了满足这些社会本能，会很自然地谋求社会化的生活方式，就如同他们饥饿之时需要食物来裹口腹之欲一样。当人类一旦聚在一起，他们就会发现彼此之间相互协作具有着非常之多的好处，而在分离开来的独立的情形下他们相互之间原本是陌生之人。这样的结果就是社会的一般劳动分流到分离开来的不同部分。然后，每个个人选择了一种特定的生活方式，追求什么样的生活方式则随其生活环境或者天赋才能而相应地有所差异……所以，在人类各种群中，有些从事于几种衣物的生产，另外一些则从事着食品的供应，还有一些以准备原料、建造居所为业。这些都是人类基本的需要，即对

食物、服饰和居所的需求，通过将总体的劳动分成若干不同的分支来满足这些需要，较之于每个人只是依靠自己来单独地完成对它们的供应，要强上何止百倍。换言之，一般劳动的这些不同部分并不是其他什么，而是不同的行业和手工制造业；因此它们可以被视为第一推动力，或者商业的基本原理。

（摘自《商业原理和税收理论》的"基础篇"；见 Tucker，[1931]1966：57）

尽管塔克尔认为在使一个社会经济体正常运转成为可能这方面，劳动分工发挥着重要的作用，但是他显然有别于在他之前的伯纳德·曼德维尔大夫，也不同于他之后的亚当·斯密，因为他不相信，个人对自利的追求与公共利益之间彼此的调和，可以通过自我调适的市场机制来实现。诚然，和曼德维尔与斯密一样，塔克尔也相信是自利（self-interest）构成了经济活动的心理基础。除此之外，塔克尔还认识到仁慈的社会本能所发挥的作用。然而，他认为，人们对自我利益的追求，一般来说无法与公共利益相调和，而且还经常会与之相冲突，而我们的社会向着仁慈方面的冲力又太过弱小，无法实现对自我关爱（self-love）力量的校正。

仁慈的社会本能……力量是如此地微弱，以至于如果没有更为强大的约束来束缚住自我关爱之心，那么它完全无法遏制因过度自我关爱所引发的危害，因为根植于人类内心的对自我的关爱，远远要比对仁慈之爱强大得多。

（同上：58）

因此，塔克尔发现，为了使自我关爱能够有助于公共利益的实现，就需要借助政府管制以取得"更强的约束"，来对这类由自我关爱所带来的过度的冲力进行规制和引导。这一立场基本上塑造了作者对"具有一般和普适原理"的"新体系"的构思（作者为其手稿所写的"广告语"，同上：53）："自爱应该被引导来在促进他们自己利益的同时也能促进公共利益；在引导它们运用于这一方向上，国家政体是比刑事法律更为合适的办法。"（同上：62—63）。这样，对能够达成这一目标的适宜的国家政体进行研究，实际上就成了这门新科学关注的核心。这本书的标题所提到的主题——"商业和税收"，明确地把作者认为的"经济学"应该处理哪些问题这样的信息传递了出来，那就是公共财政和不同的政体，而不是商业（经济活动）的自我治理体系（self-governing system),这是作者所恪守的观念,它不仅可以由作者发表的那些作品予以证实,而且还可以由他那关于这部专著未完成部分、最终未能实现的写作计划所印证。[15]

尽管总体上来说对自由贸易机制和市场体制有着这般璀璨的卓识,但是,晚期重商主义的小册子作者,如诺思和马廷顿者流,以及第一代体系化的建构者,如卡尔和塔克尔等人,都没有直接的后继者。事实上,"政治经济学"的创生受到人文领域的研究的引领,其程度要比得自于这些各种论贸易的小册子、专著以及关于货币与信贷封闭体系的自我调适机制的零散短章大得多,而最终在 18 世纪最后三分之一的时间里,尤其是在亚当·斯密(1776)的手中,政治经济学取得了辉煌的成就。斯密把源于自然法理学和道德哲学的思想与对自协调价格体系的分析结合起来,发展出了一套关于自由放任经济学的学说,在这一学说中,市场的自由扩张与专业化的进步,扮演着重要的角色。事实上,后面这个要素是如此关键,以至于他的政治经济学体系基本上要依靠劳动分工的报酬递增才能建立起来,在斯密看来,"分工是导致经济进步的唯一原因",熊彼特(1954:187)曾这样正确地对斯密的政治经济学体系给出了一个整体上的评论。

在智识上,毫无疑问,将古典自由主义、以及把市场作为包括国际贸易在内的各类交换关系进行分析这样一个可以上溯到柏拉图的悠久传统,整合到一个统一的概念框架中去,确实标志着思想史上的一个转折点,具有着超出经济科学领域之外的深远意义。斯密所做的范式革新,不仅带来了更为一般性的认识一切经济活动的视角,以及对相互联系的经济系统更加一致的分析体系,而且还引发了这门学科关注主题的转移与研究领域的显著扩张。"贸易"这个术语(或者稍微不那么常用的"商业"一词)在 17 世纪晚期和 18 世纪早期大量小册子的标题中经常出现,其中包括孟、巴尔本、诺思、塔克尔,甚至是坎蒂隆的作品,这一点绝非偶然。[16]然而,从某种意义上来说,这些著作主要关心(国际)贸易和与之相关的生产,事实上却把后来对古典政治经济学变得极为重要的众多主题排除在外,比如资本理论和经济增长就是其例。另一方面,作为一门从伦理学、哲学和人文学科中分离出来的学科,政治经济学只是在 18 世纪后半叶的前半期才出现。它很自然地从古希腊—罗马的家政学(对家庭的管理)扩展开来,并致力于对国家(经济政策)管理的研究,所以它大体相当于亚里士多德主义政治学说的一部分(这部分可以参看本书2.1和2.3节关于亚里士多德和图西对伦理哲学的先驱性研究)。与初看之下不同,可能也并不那么让人感到意外的是,在18世纪的大部分时间里,经济科学的发展并不是沿着一种线性的方式进行的。再重复一遍,像达德利·诺思、亨利·马廷顿、恩斯特·路德维希·卡尔和理查德·坎蒂隆这些人,他们关于贸易和商业体系光彩夺目的分析并没有什么直接的继承者。另一方面,有几位在道德哲学方面提出了一些深刻思想、颇具原创性的思想家,也为一个强有力的分析框架的提出铺平了道路,在这个框架中,许多概念和经济活动的因果关系皆可以被巧妙而又一致地联系在一起。有时,为了最终的前行,人们需要驻足回望;对于18世纪的经济学,也当做如是观,摸索前行,目的是要发展一门成为更为综合、全面的学科,而不是狭隘的"对贸易的研究"。

3.3 伯纳德·曼德维尔大夫

众所周知,正是伯纳德·曼德维尔(Mandeville Bernard, 1714—1729),在他关于造船业和织布业的详细分析中,创造出了"劳动分工"这个词。[17]曼德维尔在他的解释里,发现了"能力平平的人类"在彼此之间的劳动分工中隐藏的秘密:

> 这些技艺从无到有地达到如此惊人的高度,乃是依靠心智与实践,依靠不断的努力劳作,再加上多少代人的共同经验,方才做到的。然而,这些人实在只是能力平平之徒。*
>
> (Mandeville, [1924]1966,第二卷:141)[18]

他把造船业作为例子对这一点进行说明,令人印象颇为深刻:

> 航行在大海上的第一流战舰,装备齐全、水手满员,是一台何等美丽、壮观而辉煌的机器啊!它的体积和重量都大大超过了人类创造的其

* 译者在阅读过中国社会科学出版社2002年由肖聿翻译的《蜜蜂的寓言》第340页的相应译文之后,对这段话进行了重译。——译者注

他任何运动体，因此，世上再没有其他发明能引起如此广泛多样的惊叹与赞美了。英国有许多造船能手的作业队，若有了合适的材料，用不了半年时间，便能够制造装配出一艘头等战舰并使之出海。但有一点却无可置疑，那就是：倘若不把造船业*一步步地划分成更多种不同的劳动作业*，那就无法完成造船的任务；同样，那些劳动作业只需要能力平常的工人去完成，这也是确定无疑的。

(Manderille，[1924]1966，第二卷：141—142；斜体为本书所加)*

作为从重商主义到完全成熟的经济自由主义过渡时期的重要人物，尤其是对于从演化的视角来理解社会和经济制度，并把个人主义哲学概括为自由放任的坚实基础这些方面，曼德维尔做出了十分重大的突破，在经济思想史中，他完全有资格占有着重要的地位。然而，就劳动分工的分析而言，除却创造了这个术语之外，曼德维尔关于这一主题的著作，文学上的魅力可能要比其内容上的原创性更加引人注目。在这方面，我们可以从曼德维尔那里援引一些段落，不要说经济"分析"史，纵然是经济思想史的传世之作，很少有如此辞藻华丽：

在世界的一些地方，需要多少忙碌、多少行业的能工巧匠才能做出一块上好的大红或深红的布料！这需要羊毛梳理工、纺纱工、织布工、织机工、洗布工、染布工、安装工、制图工和包装工的大量劳动。不仅是这些显而易见的劳动，而且还有另外一些与此距离更远、可能被看做毫不相干的劳动，例如工厂设计师、金属工匠和化学家，这些人以及大量的手工工匠亦统统不可或缺，因为他们必须为毛纺业制造工具、器用和其他用品。然而，这些工作均能在家中完成，并且不会使人过于疲劳或遇到危险。最可怕的场面还未提及，因为我们想到了人们在海外经历的那些艰辛与危险，想到了我们将要面对的广阔海洋，想到了我们将要经历的各种气候，想到了我们必须求助的一些国家。诚然，仅西班牙一个国家就能为我们提供制造最上等布料的羊毛；不过，要给这些料子染上那些美丽的颜色，却需要何等高超的技艺、何等艰苦的劳作、何等丰富的

* 中文译文见中国社会科学出版社2002年由肖聿翻译的《蜜蜂的寓言》第340—341页。——译者注

经验及熟练技术！需要将多少种分散在宇宙中的药物及其他成分汇聚在一个染缸中！

(Mandeville, [1924]1966，第二卷：356—357) *

20 世纪早期，人们重新对曼德维尔产生了兴趣，这基本上是 F.B.卡伊(F.B.Kaye, 1924)编辑出版了曼德维尔那值得传颂的两卷本著作所带来的结果，自此之后，人们经常发现，即便在曼德维尔对经济学所做出的最为重要的贡献里，他那句著名(或声名狼藉)的格言"私人的恶德，公共的利益"以及他对此所做的细致入微的阐发，还有他论证的威力，通常都被他那高超的文学才能给掩盖了。[19]尽管如此，我们还是要再次稍微驻足，对他关于自由放任的观点做一番密切的审视，这个观点一直都是争论的根源(例如可参看 Jacob Viner, [1953]1991，以及 Nathan Rosenberg, 1963)。不过，在这样做之前，有必要解释一下为什么我们应不辞辛苦，在一本明确地以劳动分工这一概念的历史作为研究对象的专著中，如此深入地钻研经济自由主义的兴起和发展。原因看起来可能很简单，但是却又非常重要：市场过程和劳动分工是紧密相联的，而市场的扩展在经济自由主义中得到了最为有力的支持和肯定(下一章我们在处理斯密的政治经济学体系时还会回到此点，要知道，他的体系是有名的建立在劳动分工这个概念之上的)。

如上所述，在曼德维尔之前，尤其是在晚期重商主义者的著作中，自由贸易已经受到部分著作家的倡导和分析。曼德维尔和他的这些前辈们的不同之处，并不在于他为自由贸易政策张目，从而对贸易政策或经济理论做出的某一具体的贡献，而在于他系统地阐明了哲学意义下的自由主义，并把它作为政治经济学这个学科整体的指导原则。曼德维尔在这方面的杰出贡献，很早之前即已由卡伊作了清晰的表述：

他的前辈们……并不认为作为一个整体的国家的福利与其个体居民的利益之间有什么必然的对应关系；曼德维尔则认为，个人的一己之利益，一般来说也是国家的利益。因此，曼德维尔不仅对因何要去除贸易管制进行了强有力的论证，而且还为贸易中的个人主义提供了一套真

* 中文译文见中国社会科学出版社 2002 年由肖聿翻译的《蜜蜂的寓言》第 225—226 页。——译者注

> 正的哲学。这是意义极为深远的重要一步。到目前为止,除了极少的几个尝试性、非系统的预感之外,为*自由放任*所做的辩护,多为临时起意,而非出于一套一般性的原理。是曼德维尔使之变得具有了*体系性*。通过他详尽地心理和政治分析,个人主义成为了一种经济哲学。
>
> (Kaye, [1924]1966,第一卷:cii—ciii;斜体为原文所加)

由于曼德维尔的自由放任学说牢固地建立在自由主义哲学之上,因此,他的学说较之于他的前辈们,不仅更为明确,也要深刻得多。对曼德维尔来说,个人的利己之情是如此地结构微妙,以至于经由人们之间的彼此互动,它们竟然可以相互引导,而与公共利益和谐一致。而政府不必要的干预则容易打乱这种微妙的调节:

> 在一切国家的复合体当中,各阶层人的数量应当彼此维持一定的比例,这才能使整个社会成为一个比例恰当的混合体。这个恰当比例,是不同素质者之间的差异的自然结果,是这些人之间的兴衰交替的自然后果,因此,不干预这种自然比例,便是获得并维持它的最好办法。由此我们可以知道:那些或许本意善良的人,其短视的智慧却有可能夺去我们的一种福分,而只要没有人试图改变或阻碍那种福分的潮流,它就会从每个大型社会本身自然地涌现出来。*
>
> (Mandeville, 1924,第二卷:353)⑳

的确,正是曼德维尔的个人主义经济哲学使得他对自由放任的表述更为系统。正如卡伊所观察到的那样,他的阐述,对于后世作者有着极大的影响:

> 还应该注意的是,直到亚当·斯密在其《国富论》中使自由放任的立场成为经典之前,曼德维尔对个人主义立场的表述,是最为光彩夺目、最为完备无遗、也最富挑衅性,同时也是最为著名的,这一点无与伦比。亚当·斯密自己就是这样一个具体的例子,它表明曼德维尔的影响不仅只是一种可能,而是实实在在发生了的事情。
>
> (Kaye, [1924]1966,第一卷:cxl—cxli)㉑

如前所述,曼德维尔的这种写作风格,尤其是他对于似是而非的隽语(para-

* 中文译文见中国社会科学出版社 2002 年由肖聿翻译的《蜜蜂的寓言》第 522 页。——译者注

doxes)这种修辞手法的偏爱和其思想本身所具有的复杂性,在对他的阐述进行解释上,以及在如何为其在思想史上进行定位方面,很自然也就招来了诸多的争议。特别是他对自由放任的态度,长久以来一直是经济思想史文献中争论的焦点。最有意思、同时可能也最富有深刻见地的争论,发生在以维纳为一方与以罗森伯格和哈耶克为另一方的两方之间。在他那极有影响的《国际贸易理论研究》(*Studies in the Theory of International Trade*)(1937)一书中,维纳把曼德维尔描述成一位在个人主义和自由放任方面具有开创性的思想家,是亚当·斯密的一位重要的先驱:"曼德维尔为亚当·斯密做好了铺垫,其中较为重要的铺垫是他在支持个人主义和自由放任方面所做的更为精巧的推理,这一推理乃是基于诸如'贪婪'和侈靡这样的'私人恶德'是'公众的利益'这一著名的观点而做出的"(Viner, 1937:99)。然而,十多年之后,维纳(1953)在他的《对曼德维尔"给 Dion 的一封信(1732)"所做的介绍》中,竟戏剧性地彻底改变了他的态度,所以如此,他是这样解释的:他后来认识到,在 1937 年之前他受到了"卡伊过度的影响"。[22]这让维纳(1937)自己成了他所谴责的对象之一,因为他曾这样指责道:曼德维尔的学说"几乎普遍被人误解了。很多学者,包括应该对他更好地加以理解的经济学家,都把曼德维尔视为经济学领域中自由放任个人主义的开山祖师,堪称亚当·斯密的先知先觉者"(Viner, [1953]1991:182—183)。

就"应该对他更好地加以理解的"经济学家所持的占支配地位的解释,维纳的驳斥取决于两个彼此分离的要点。第一点,曼德维尔重复使用过诸如"聪明的政治家娴熟的管理技能"这样的措辞,比如,"通过老到的政治家精巧的管理,私人恶德可以被转化为公共的利益"等等。[23]第二点与曼德维尔以及英国重商主义者们关于"立法者"或"政治家"在社会经济生活中扮演的角色之微妙的态度有关,这种微妙的态度很容易被人所忽略,同时它还与就干预主义和自由放任的典型代表之间所做的泾渭分明的传统界限划分的局限性有关。在这两点上,维纳看起来似乎没有充分地认识到,演化这个统摄全局的概念是如何塑造了曼德维尔的个人主义哲学及其"自由放任"学说的。事实上,曼德维尔的"自由放任"思想,与传统上在同一标签下的那些观念相比,要复杂不少。罗森伯格强调曼德维尔经济思想中的那些制度层面,据此他认为曼德维尔是一类非常特殊的"干预主义者",并不是很适合维纳([1953]1991)将他所划入的具有自由主义色彩的英国重商主义这个范畴。维纳和罗森伯格两个人都对干预主义与自由主义的这种简单粗暴的范畴划分颇不满意，尤其是把这样的标签贴在斯密之前的那些作者身上时更是如此，尽管如此，他们对曼德维尔的解释仍然是迥然有异的。对罗森伯格来说，曼德维尔的立场是：

> 政治家的职能是设立适当的“博弈规则”，是以这样一种方式来构建奖惩体系：追求私利的个人将由之被引导来采取于社会有益的行为。
>
> (Rosenberg，1963：190)

而且，“一旦适当的法律体系得以建立，社会也就确实可以自我运行下去……政府对日常的经济活动所做的干预也会降到最低的限度”(同上：192)。因此，曼德维尔再三使用过的“(政府的)精巧管理”一语，指的并不是一般意义上的干预主义——也即自由放任的对立面，而是对“明智法律的框架的创造”(同上：191)㉔。所以，可以这样说，罗森伯格把曼德维尔视为一个“宪政干预主义者”(constitutional interventionist)，因为在这里立法者的正确角色就是引入法律和制度这些“博弈规则”的合适框架，本质上不是对这场博弈的日常过程进行微调。

然而，如果更为细致地加以考察，在维纳为一方与罗森伯格和哈耶克为另一方的两方之间，我们会发现，这其中还存在着一个更为基本的分歧。这两种对曼德维尔的个人主义自由放任学说所做的互相对立的解释，总体来看是与这些作者们对伯纳德·曼德维尔思想中演化这一概念所扮演的角色之不同理解紧密相关的。㉕对于哈耶克来说，曼德维尔在思想史上的重要性，取决于他“在演化和自发秩序这*两个孪生概念*的现代思想上做出的明显突破”(Hayek，[1967]1978：250；斜体为本书所加)。㉖对罗森伯格而言，曼德维尔透过“帮助人们建立良法的不是天才而是经验”(Mandeville，1924，第二卷：319)类似这样的话所意欲传递的信息，本质上是“把智慧纳入到制度的结构中去”(Rosenberg，1963：192)。上文已经证明，在解释某些技艺因何会“从无到有地达到如此惊人的高度”，以及这又是如何达到的这些方面，曼德维尔发现答案在于“能力平平之人”彼此之间的劳动分工，并且认为是“依靠不断的努力劳作，再加上多少代人的共同经验，方才做到的”(Mandeville，1924，第二卷：141)。因此，制度体现了从代复一代的芸芸众生通过不断试错的过程累积出来的经验和行为中所得到的那些智慧。所以，一旦明智法律的框架经由立法者“精巧的管理”而得以创设，那么“对官员们才智的要求就会被降到最低的限度”(Rosenberg, 1963:192)。看起来,正是维纳在理解和领会曼德维尔社会经济思想中演化这一概念所扮演的核心角色上,一直不得要领,才导致他把曼德维尔错误地解释成了一位干预主义者。㉗

就曼德维尔有关演化的观点而言,即便他还不能称得上是18世纪和19世纪早期唯一一位在一般性的哲学和社会思想领域里,为查尔斯·达尔文于19世纪盛行于世关于自然选择的进化论铺平道路的“达尔文之前的达尔文主义者”,也至少是其中的一位杰出代表。㉘尽管哈耶克确信曼德维尔通过休谟而对达尔文产生了重要的间接影响(Hayek, [1967]1978:264—265),但是,他仍然就曼德维尔与达尔文之间存在直接关系的可能性抱有着怀疑的态度。有意思的是,斯蒂芬·奥尔特(Stephen Alter, 2008)近来基于其煞费苦心地细心查阅达尔文的《阅读笔记》(*Reading Notebooks*)所做的一项研究向我们揭示,达尔文不仅在1840年阅读过《蜜蜂的寓言》第二卷,而且还确曾受到过曼德维尔对假设历史的讨论之启发,而这段时期正是在他第一次乘坐海军勘探船“贝格尔号”完成为期五年的旅行之后不久进行范围广泛、程度密集的阅读阶段。达尔文还特别称赞曼德维尔(用船作为)例子,说明从一代又一代普通人的经验中如何能够带来技艺上令人赞叹的进步与完善。休谟也曾借用这个船的例子,并对它进一步进行详细说明,来解释逐渐累积起来的历史经验是如何可以为当时流行的有神论的设计理论(theistic design theory),提供另外一个更加令人信服的选择的。达尔文对这个类比印象颇深,以至于他在其《物种起源》(*On the Origin of Species*)(1859)一书的最后一章中就用到了这个关于船的故事:

> 当我们不再像未开化人把船看做是完全不可理解的东西那样地来看生物的时候;当我们把自然界的每一产品看成是都具有悠久历史的时候;当我们把每一种复杂的构造和本能看成是各各对于所有者都有用处的设计的综合,有如任何伟大的机械发明是无数工人的劳动、经验、理性以及甚至错误的综合的时候;当我们这样观察每一生物的时候,博物学的研究将变得——我根据经验来说——多么更加有趣呀!
>
> (Darwin, [1859]1964:485—486) *

* 中文译文见商务版《物种起源》第553—554页,由周建人、叶笃庄、方宗熙三位先生翻译,叶笃庄先生修订。——译者注

3.4 法国百科全书学派

斯密那值得称颂的劳动分工原理在多大程度上直接受到了法国百科全书学派的启发，长久以来一直有争论。[29]不能否认，斯密（Smith，1776，第一章）给出的三条劳动专业化的主要好处——劳动者的技巧因业专而日进；由一种工作转到另一种工作，通常须损失不少时间，有了分工，就可以免除这种损失；许多简化劳动和缩减劳动的机械的发明（技术进步）——在《百科全书》（*Encyclopédie*）（1751）的"技艺"（art）词条中曾给出过清楚地表述：

> 至于工作的进速和工艺的娴熟，则仅取决于所参与的工人数目。当一项手工制造业的生产过程雇用了许多的工人时，每一道工序就会由一个不同的工人来担负其责任。一个特定的工人会毕生操作一道单一的工序；因此，*每一道工序都可以被又快又好地予以完成，而且制造得最为精良的产品也是价格最为低廉的*。此外，一旦汇集了为数众多的工人，则产品的格调和工艺就必然会得到提高，这是因为总会有一些工人将诸般情况综合进行思考，从而找到超过其同伴们的唯一途径：他们必定在材料使用上更加节省，更好地利用时间，或者在发明创造上胜过他人。*通过引入新的机器或者一种更为实用的程序*，他们完全可以做到这一点。
>
> （Diderot and d'Alembert，1751：17—18；斜体为本书所加）

特别是其中还提到了那个斯密用来说明劳动分工的效率含义的扣针生产的著名例子，对此，埃德温·坎南曾正确地加以评论道：

> 在亚当·斯密的《讲义》（第 164 页）中，和这里一样，他把扣针制造分成 18 道工序。无疑，这个数目取自《百科全书》，tom. v（出版于 1755 年），s. v. Épingle。这个条目当归在 M Delaire 名下，'qui décrivait la fabrication de l'épingle dans les ateliers même des ouvriers，'第 807 页。在一些工厂里，这一分工还要更加细密。E. Chambers，*Cyclopedia*，vol. ii，2nd ed.，1738，and 4th ed.，1741，s. v.，Pin.，所分成的工序数目高达 25 个。
>
> （Smith，[1776]1937：5，埃德温·坎南（Edwin Cannan）所做的脚注 6）

的确,在构建其著名的劳动分工理论上,关于扣针生产这个亚当·斯密巧妙加以利用的例子到底源于何处,对于后世的经济思想史学者来说,从来都是一个有趣的话题。事实上,配第、马廷顿、曼德维尔,乃至柏拉图和色诺芬的开创性分析中的诸多原理,都曾被创造性地融入到了斯密的著作当中。在他使用的法国百科全书学派关于制针工艺的文章上,表现得更为明显。和当时大多数同代学者一样,斯密在举例和援引数据时并不总是给出出处。这自然就留下了猜度的空间,有时候还会受到剽窃的指控,而且这还并不限于他关于专业化和劳动分工的论题这一个方面。作为一个著名的折中主义者,一个在众多学科领域都有着惊人涉猎面的读者,一个在把表面上看起来相互冲突的众多要素组织成一个浑然一体的思想体系方面的大师,这可能也是他所必须付出的代价吧。[30]

另一方面,"太阳底下无新事"这句谚语用在亚当·斯密身上也不会有例外。正如洛夫(Lough, 1970:17)所正确指出的那样,要想弄明白狄德罗和他的法国百科全书学派的同事们在多大程度上,比如说从英国的百科全书编纂者那里利用了他们的材料,又有多少这样的材料进而源自于非英语世界,实在是一件极端复杂的事情。艾弗瑞姆·钱伯斯(Ephraim Chambers, 1741)的《百科全书》(*Cyclopedia*)极有可能是法国百科全书的一个材料来源。然而,要注意,正如前一章所提到的,在安萨里的制针例子里,扣针生产所要经历的制作工序其数目也是25,这与钱伯斯的故事有着极为有趣的巧合。扣针生产这个插曲还有另外一个有趣的面向。就在几十年之前,法国百科全书中扣针生产的例子,以及取自于它的劳动分工原理,在德国学者恩斯特·路德维希·卡尔(1682—1743)的三卷本《专论》(1722—1723)(本章前面对之进行过讨论)中,可以找到其原初的出处。扣针在思想史上的这场奇遇,贯穿于若干世纪当中不同文明的多位大师级的才智之士的文本,满可以写上一篇文章,甚至都可以写一本长度适中的书,来对它大书特书。

注 释

① 参看威廉姆·莱特文顿(William Letwin, 1963:221—228),可以看到对亚当·斯密作为一名科学的体系建构者(scientific systematizer)所做的令人信

服的分析，其中尤其是在将自然法的观念和市场自发秩序的思想充分地相互结合，为自由放任学说发展了一套合理的依据这方面，斯密的表现最为突出。有关重商主义在18世纪50年代的衰落，雅各布·维纳(Jacob Viner)注意到：

> 对它进行批评的一个主要根源，来自于一种完全崭新的个人主义信条，这种个人主义信条从伦理、政治以及经济的角度，赞扬个人摆脱国家的繁琐管制，解放自身，追求自由的价值。于此，英国的亚当·斯密，法国的达根松(d'Argenson)侯爵、重农学派诸君子以及杜尔阁，都曾发出过一些重要的呼声。再有，当时的知识分子对过去几乎常年战争和备战这样的经历普遍表示强烈的反感，他们把这一切归咎于过往的机制。
>
> ([1968]1991:272)

② 配第曾作为一名年轻的医学学生，在荷兰有过切身的生活体验，这无疑对他的经济思想和著作有着很大的影响，例如可参看威廉姆·莱特文顿(Letwin, 1963:115—116)和特伦斯·哈奇森(Terrence Hutchison, 1988:27)。

③ 值得强调的是，在斯密的经济学体系中，自由放任是立足于劳动分工所带来的巨大利益之上的。有关于此更为详尽的阐述，可参看下一章的内容。

④ 例如可参看威廉·J.阿什利(William J.Ashley, 1897:356—359)。

⑤ 对此，莱特文顿称："他的《贸易论》本应标志着经济理论的诞生"(Letwin, 1963:204)。

⑥ 例如，莱特文顿关于所引这一段的评论是："如此尖锐地进行辩解，18世纪的自由主义者无人可比。"(Letwin, 1963:200)

⑦ 例如，我们可以回想一下，托马斯·巴斌顿·麦考莱(Thomas Babington Macaulay)在其著名的《英国史》(*History of England*)对达德利·诺思的思想优先权所给出的评论中认为：

> 达德利·诺思是他那个时代最精明能干之辈……在与外界缺乏交流的独处之中，他对贸易哲学精思深虑，构想出了一整套完备且令人敬佩的理论，与一百年之后亚当·斯密所详细阐释的理论几乎相同。
>
> (Macaulay, 1849:351)

在将诺思推为一位具有高度原创性的思想家过程中，约翰·R.麦克库洛赫经过不懈努力，确立了诺思在经济思想史上的地位，厥功甚伟。他这样满怀激情地写道：诺思的《贸易论》(1691)

> 比当时已有的正规商业原理，包含了更多有价值的论述。他从头到尾是个商业自由伟大原理的有见解的拥护者。不像他那些有名的前辈们只懂得某一方面，而对另一方面，则错误重重。他的体系是前后一

致和完整的。他指出，在商业事务中，国家和个人有同样的利益；他有力地揭露了那些认为对个人有利的商业必定对社会有害的说法的荒谬前提。

(McCulloch, 1880:28)(中文译文见商务印书馆出版的麦克库洛赫所著的《政治经济学原理》第24页，译者为郭家麟先生。——译者注)

⑧ 对于这本被广泛阅读的小册子作者到底是谁，克里斯汀·马克列奥德(Christine MacLeod, 1983)给出了一个令人信服的论证，最终确定是亨利·马廷顿。

⑨ 本节论述卡尔的大部分内容，本书作者皆受惠于特伦斯·哈奇森(Terence Hutchison, 1988，第九章)，他较为广泛地利用了安东·陶世尔(Anton Tautscher)在20世纪30年代和40年代早期论述卡尔的德文著作(参看Hutchison, 1988:396，第九章的注释1)。

⑩ 列奥博德·卡茨舍尔(Leopold Katscher, 1901)受德国经济学家维克多·鲍姆特(Victor Böhmert)的启发，似乎是用英文首次给出了对这部专著的详细描述，这就是哈奇森(Hutchison, 1988:396, n.1)所称的"独有的一篇(英文写就论卡尔的)文章"。安东·陶世尔，这位格拉兹大学的经济学教授和法学学者，重新发现了卡尔，并出版了若干研究著作，他极力推重卡尔，认为正是卡尔奠立了经济科学的基础，并且宣称亚当·斯密那著名的劳动分工思想是从卡尔的书中借用而来的(可参看Tautscher, 1939, 1940)。尽管卡尔在对专业化经济学方面有着原创性地处理，而且也认识到了劳动分工在经济生活中的核心地位，这些方面皆可称道，但是，陶世尔认为的斯密从卡尔处借用颇多这一判断，似乎并不太能站得住脚，因为有关这一主题斯密有很多可资利用的来源，他更可能是从其他地方获取了灵感(参看Hutchison, 1988:163)。

⑪ 参看哈奇森(Hutchison, 1988:156、158)。

⑫ 正如哈奇森所言：

他毫无疑问是一位最有意义和最富原创性的思想家，他发展了劳动分工这一最为重要而又基础的思想，较之于亚当·斯密之前的其他学者，他较早地阐明了劳动分工的某些意义所在，也更为全面(在某些方面他和亚当·斯密这位苏格兰的经济学大师一样全面而充分)。

(Hutchison, 1988:156)

⑬ 关于卡尔和亚当·斯密著作中对劳动分工主题，特别是制针业模型的处理，有一个细致入微的比较，参看陶世尔(Tautscher, 1944)。

⑭ 作为多部辩论性小册子的作者，塔克尔的作品时效性很强，基本上都是对当时的时事和争论的评述。因此，这也就毫不奇怪，一旦时过境迁，那个时代

的公众们发现这些事件与己无涉，也就对它们失去了兴趣，实际上，他所有那些偏实务性的文章基本上也就丧失了意义。造成塔克尔最终湮没无闻的，还有一个因素，那就是他的文笔缺乏文采："他自己也承认，他缺乏对精美的艺术品的评鉴能力，尽管在多个领域他的作品都被广泛地传阅，但是他终究不在文人雅士之列"(Robert Schuyler, [1931]1966：4)。在舒勒([1931]1966)的"绪言"中，他对塔克尔多姿多彩的一生和著作，给出了一个令人颇受启发的记述。

⑮ 对这部未完成的作品，还是值得我们对它的内容做一番检视的，这部作品原本打算写五个部分，但是只完成了第一部分和第二部分的一半。第一部分是论述带来人口增长的国家政体的。第二部分"包括带来商业上的扩展和改良的某些政体"，要比第一部分更为重要，但是却没有完成。根据作者草拟的关于这部作品余下部分的纲要，我们可知，第三部分是"关于传续和提高良好的道德行为的政体之体系的"，第四部分则意在探讨"遏制懒散、侈靡等行为，而促进良好的道德行为，并提高国民劳动的生产效率以及财富和繁荣的税收体系的"，最后一部分致力于"各种各样的思考和观察结果"(Tucker, 1931：214—219)。

⑯ 参看莱特文顿(Letwin, 1963：214—217)，可以找到对这一有趣现象的杰出分析。还应该注意的是，这一现象并未逃出古典政治经济学早期那些大师们的法眼。比如说，斯密(1776：403)就曾评论道："孟的著作的标题《英国得自对外贸易的财富》，已经成为政治经济学里的一句基本的准则，所限并不止于英国，而且还包括所有其他商业国家。"

⑰ F.B.卡伊(F.B.Kaye, 1924，第一卷：cxxxiv—cxxxv)给出了关于曼德维尔对劳动分工的处理是如何可以被看做对亚当·斯密产生了特殊影响的"一个来源"的简要分析。还有一个有趣的文献，分析了曼德维尔从柏拉图那里获得其劳动分工原理这个问题具有多大的可能性，以及亚当·斯密的劳动分工理论至少有一部分直接来源于柏拉图的可能性，参看沃纳·佛莱(Foley, 1974)，特别是第 235—238 页。

⑱ 有意思的是，正如本书第 4 章将要详述的那样，"劳动分工"这一术语常被指称职业或任务的分工——在上文引述的曼德维尔的文字中即是如此——结果，这个术语就包含了劳动的结合这样一种观念。在给亚当·斯密的巨著进行注解时，爱德华·威克菲尔德曾以"劳动分工"和"职业分工"这两个术语之间的微妙差别为出发点，阐释了市场的范围与劳动分工彼此之间的相互依赖关系。在思想史上，专门的用语有时候会或有助于彰显思想的差异。参看本书后文第 4 章。

⑲ 例如可以参看由卡伊所做的评论，他是曼德维尔学术思想的权威研究者，也

是一位真心实意的拥趸,他是这样评论的:“曼德维尔的很多原创思想都隐含在其表述的方式当中”(Kaye, 1924,第一卷:cvii)。对于以斯密为代表的古典政治经济学出现之前曼德维尔在详细阐发自由放任学说方面可作为一位先驱性人物这一认识,已故的雅各布·维纳是最有影响力的批评者,即便是他,也极为钦佩曼德维尔的文学才能和他对社会经济演化的洞见。在其于1969年12月2日私下写给戈登·维舍特(Gordon Vichert)的通信里,维纳曾这样写道:“曼德维尔值得敬佩……这部分是因为他的假设历史的演化特征,但主要还是他在其充满嘲讽意味的作品中所表现出来的才华、精妙和娱乐性”(转引自 Douglas A. Irwin, 1991:23;斜体为本书所加)。然而,还应注意的是,曼德维尔的杰出文学才能在使他那的确有些复杂而微妙的观点易于为人理解方面并不总是有所助益的,这一点纳森·罗森伯格曾予以指出:

> 曼德维尔自己对语言所做的选择,因为夸大了其观点的干预主义意涵,也应在一定程度上受到责备……他的语言所表现出来的,乃是将其所认为的基本演化过程与其他内容叠缩在一起从而令人难以辨识的这样一种不幸的表达方式——所以称其为不幸,是因为演化层面的整体性质都被无法充分传递其内心想表达的意思的这样一种专用词语的使用给遮蔽了。
>
> (1963:194)

⑳ 有一点很有意思的,我们前一章曾分析过的中国古代历史学家司马迁(Si-Ma Qian,约公元前145年—公元前90年),在很久之前也为自发市场秩序的存在而辩护过,但是他是从其道家的立场出发这么做的。尽管如此,我们还是要说,司马迁的学说与曼德维尔赞成的个人主义哲学是极为不同的,这种个人主义哲学为西欧的启蒙运动奠定了方向。

㉑ 有关这类影响的证据,他做了一个冗长的检视,可以参看卡伊(Kaye, 1924,第一卷:cxi)以及该页那个很长的脚注3。

㉒ 1963年7月23日维纳给罗森伯格的通信;转引自欧文(Irwin, 1991:22)。

㉓ 参看哈耶克(Hayek, [1967]1978:259)。

㉔ 这也是哈耶克的态度(参看 Hayek, [1967]1978:259)。

㉕ 对曼德维尔的经济思想之各种互相冲突的解释,有一个简短但内容丰富的综述,参看哈里·兰德莱斯(Harry Landreth, 1975:193—195)。

㉖ 有关自发秩序思想演化的更为复杂的分析,见本书后文第6章。

㉗ 在他通过个人通信而对罗森伯格的批评所做的回应(时间为1963年7月23日)当中,维纳抱怨道:“(哈耶克)尤为看重而且赞扬了(我想这是对的)曼德维尔对社会制度演化特征的强调,但是他却从这种观点中总体上推出

了(我想这是错误的)自由放任,而且还可能据此把它解释成了曼德维尔自由放任思想的一个证据"(转引自 Irwin, 1991:23)。对维纳来说,演化思想不应该被视为哈耶克所提出的自发秩序的一个所谓的"孪生思想"。在他回应罗森伯格的评论之前一年,他曾在给西山千明(Chiaki Nishiyama)(时间为 1962 年 7 月 23 日)的通信里表达过同样的观点:"我钦佩曼德维尔在社会制度的发展过程上所做的演化解释方面取得的伟大成就……但是,我却看不到这和哈耶克所看到的'自由'之间有着什么样的联系"(同上:脚注 62, 23—24)。

㉘ 在英、法、德等国人类社会的进步观念是如何激发了生物进化的达尔文主义理论的,有一个堪称简洁的阐述,见彼得·J.博勒(Peter J.Bowler, 1989,第 4 章)。长久以来,T.罗伯特·马尔萨斯的人口论在达尔文形成其划时代的自然选择思想方面给了他灵感这种说法,一直广为人们所接受。

㉙ 例如,可以参看约翰·洛夫(John Lough, 1970)。在有关这一主题的众多分析中,这位作者(1970:13—14)给出了证据,证明亚当·斯密在《国富论》(1776)和《法理学讲义》(1763—1764;重印于《法理学讲义,报告日期为 1766》(Smith, 1978))中所援引的制针业的例子来自于法国的《百科全书》。

㉚ 由让-路易斯·皮奥赛利(Jean-Louis Peaucelle)(2006)所做的一项较近的研究认为,根据对斯密文本(包括他那部巨著《1776》和其他一些作品)和其他法国文本(包括上面所引的狄德罗和达朗贝尔的"技艺"条目)所做的细致比较,可以发现,斯密在其给出自己的例子来解释劳动分工在提高生产效率上的巨大作用时,使用了这些法国作家对扣针生产的详尽研究是非常可能的。

第二部分

劳动分工的斯密经济学

4

劳动分工和市场过程的斯密经济学:基本原理

4.1 自然自由、商业社会与劳动分工:亚当·斯密的整体分析

现在,我们转向劳动分工经济学的大师——亚当·斯密。毋庸置疑,他的著作被后来的读者阅读得最为广泛,他的影响力更是无人可及。的确,有关亚当·斯密的著作与生平,已经发表的文章和书籍可谓汗牛充栋,因此,似乎对于这个主题,几乎不可能再有什么有新意或者有意思的观点需要阐发的了。尽管如此,在劳动分工以及其他与分工内在相关的各种重要原理的思想史上,如果我们打算对斯密的地位进行一番评说的话,那么他在这方面所做的分析性工作或许还是可以给我们提供一些新的认识。有所争议的关键之处,在于确定和评价斯密关于劳动分工学说最为重要的贡献是什么,并由此来理解为什么这些内容当得起"劳动分工的斯密经济学"这一称号;要知道,直到今天,在研究社会经济生活的众多重要现象时,它仍然不失为我们的一项指导性原理。就此而言,我们必须首先要注意的是,斯密主要的劳动分工学说貌似简单,

本身实则极具欺骗性,而众多有关劳动分工的流行读物、甚至很多经济思想史教科书,也往往中计,把斯密的理论描绘得过于简单。实际上,斯密对这一主题的思考和分析,比起这种简化来说,远为丰赡、全面和深刻。

从本书前面几章我们已经知道,斯密的劳动分工经济学所来有自。的确,围绕斯密在这个主题上取得的卓越成就,曾发生过许多广为人知的争论,有人甚至指控斯密著述中涉嫌不端行为。①斯密写作其主要著作的时期,是在18世纪后半叶的前半段,这使得他有机会对这个领域已经由前人做出的那些重要进展有所借鉴。尤其是在以下三个方面,前人的成就为斯密的工作做出了重要的铺垫。首先,作为一个独特学科的主题,关于财富的性质和原因的研究早在重商主义者的小册子里就已经出现了。重商主义者和其他一些人希望严密地处理有关财富的各种主题,为此所进行的尝试,很自然地引导着他们去分析"商业哲学"的多个面向,举凡国际贸易的收益、市场交换的功能、货币供给与利率、外汇汇率、价格的决定因素,均在被涉及之列,不一而足。其次,在斯密之前,有一些"体系建构者"(systematizers)曾试图建立一个概念性和分析性的框架,从而使各种有关经济的思想与观点能够在这套框架中得到一致的组织。这些人当中,不但有法国的重农主义者和像理查德·坎蒂隆这样在标准的经济思想史教科书中声名显赫之辈,而且还有像恩斯特·路德维希·卡尔这样也对这一目标做出过实质性推进的籍籍无名之徒。正如前一章所述,卡尔在亚当·斯密出生之前就已经在他的政治经济学体系中赋予劳动分工极大的重要性。第三,而且这也可能是对理解斯密在思想史上独有的历史地位最为紧密的一条,那就是在雨果·格劳秀斯、萨缪尔·普芬道夫和约翰·洛克手中发展出来的自然法理学。斯密在18世纪60年代早期去欧洲大陆进行为期两年的旅行之前,曾就这一学科开设过若干年的讲座课程;这为斯密提供了一个宽广的视角和概念性的体系,让他能够凭借它来理解他那个时代物质文明的长期增长,由此也使他可以从事系统地分析商业社会的性质与发展这项极富挑战性的工作。②在这样做的过程中,斯密发展出了一套他自己的自然自由体系,劳动分工与市场的内在秩序在这个体系里发挥着核心的作用。这套自然自由体系,主要通过增添历史的维度,使他能够系统性地阐发社会中财富的生产、流通和分配,也反过来极大地丰富了自然法理学。从某种重要意义上讲,斯密的《国民财富的性质和原因的研究》这部巨著,可以作为一项关于商业社会的发展之性质和原因的研究来进行阅读。

毋庸说,斯密自己对他在其关于政治经济学的主要著作里(Smith, 1776)所从事的这项伟大的研究任务,是心知肚明的。部分是由于20世纪70、80年代人们对苏格兰启蒙运动再阐释的兴趣有所复苏(例如可参看Winch, 1978; Haakonssen, 1981; Hont和Ignatieff, 1983),今天的学术界已经公认,斯密在试图发展一套这样的自然自由体系:这个体系最重要面向的是伦理学、法理学和政治经济学,沿着对商业社会的性质这条综合分析路线,给出一套关于人类社会如何从农业文明过渡到商业文明的系统解释。从这个角度来看,像他那样把劳动分工这一主题作为其毕生工作,尤其是作为他的政治经济学体系的核心角色,实在是再自然不过了。

斯密用了长达12年的时间来写他关于政治经济学的这部主要著作,其中有将近9年他是在精神高度集中的状况下进行工作的。可以毫不夸张地说,早在1763年,斯密就已经开始打算写一本系统性地处理他在格拉斯哥大学法理学讲座中所涵盖的政治经济学内容的书了。从他的《早期草稿》(Early Draft)(《国富论》的一部分)和他手稿的组织方式中,[③]我们可以明显地看到他的这种意图。大约一年以后,即在1764年,作为一位年轻公爵的家庭教师,斯密来到图卢兹之后不久,就给他的密友大卫·休谟写信称,他已经开始了一项研究计划,正是这项研究计划最终使他完成了那部流芳于世的巨著(1776):“为了消磨时光,我开始写一本书”(《给大卫·休谟的信》,Smith, 1977:102)。然而,只是在返回英国两年之后,他才开始严肃地开展这项研究计划。在从法兰西返国之后的十年间,斯密广泛利用他关于法理学讲座的那些笔记,由此构思形成了他的那部鸿篇巨制。他一直生活在苏格兰科卡尔迪的家乡,日子过得很平静,但是,在为这部多卷本的著作进行准备的过程中,他工作非常辛劳,斯密曾这样写道:

> 在我回到不列颠后,我归隐苏格兰我出生的小镇里,在那里我一直在十分清静和几乎完全隐居的环境中生活了六年。在这段时间里,我用以自娱的主要是写我的关于国家财富的探究,同时研究植物学(在这方面没有取得很多进步)和别的几种科学(对那些,我以前未曾加以注

意)。……(1773 年春天)之后的四年间伦敦成为我的主要住地,在那里我完成并出版了我的书。

(《致一位友人安德烈亚斯·霍尔特的信》,
1780 年 10 月 26 日;Smith, 1977:252) *

值得一提的是,斯密自己承认他可绝对不是一个写作的快手:"我是个迟钝、非常迟钝的作者,每一篇作品在我能勉强满意它之前,至少要写上六七遍。"(《致一个出版商托马斯·卡德尔的信》,1788 年 3 月;同上:311)。** 煞费苦心地写上这么一部开辟之作,对于作者而言,可以这样说,既让人无比兴奋,又让人精疲力竭。在开始此书写作两年多之后,我们的作者感到自己整个身心都被这项工作给占据了,而且预感他将永远也看不到大功告成的那一天:"按照我现在的处境,我应该说无事可做,但是我自己的研究计划使我极少空闲,我的研究继续下去很像永远做不完,我看不到这项工作有到达尽头的可能性。"(《致黑尔斯勋爵的信,寄自科卡尔迪》,1769 年 1 月;同上:140)。*** 三年半之后,由于长期在这个项目上辛苦劳作,斯密病倒了,他这样写道:"拙作原以为入冬之前能一切就绪,可以付印。但由于修改工作不时中断,现在看来只得推迟几个月出版。这中断的原因,一部分是没有娱乐再加上长期专注于一个问题,健康状况不好"(《致一个朋友威廉·约翰斯通(普尔特尼)的信,寄自科卡尔迪》,1772 年 9 月;同上:164)。**** 当然,斯密为这项工作努力追求的那种精细入微、全面通彻,以及在这个过程中所体现出来的无比耐心,都使得要想最终完成这部大书,还要再花去不知凡几的岁月,历史的事实是,此后又过了大约三年的时光,这部巨著才告完工。

---

* 这是格拉斯哥版亚当·斯密通信集中的第 208 封通信,安德烈亚斯·霍尔特是丹麦贸易和经济委员会的委员。这里的译文参考了商务印书馆出版的《亚当·斯密通信集》第 346 页的译文,商务印书馆的译文中把 4 年翻译成了 10 年,是一个很明显的错误,这里进行了订正。——译者注

** 这是格拉斯哥版亚当·斯密通信集中的第 276 封信,这段话见商务印书馆出版的《亚当·斯密通信集》第 428 页。——译者注

*** 这段话来自第 115 封信,见商务印书馆出版的《亚当·斯密通信集》第 196 页。——译者注

**** 这段话来自第 132 封信,见商务印书馆出版的《亚当·斯密通信集》第 220 页。——译者注

斯密劳动分工理论的基本要旨看起来似乎并不复杂。拆解到底，不过由两大思想构成：得自劳动分工的收益非常之大，且构成了劳动生产力增进的最大来源；通过功能健全的市场体系，这些收益可以最为切实而有效地得到实现。正如本书第一部分所表明的那样，这两大思想没有一个是斯密原创。前文已经提到，熊彼特(1954:187)关于斯密著作有一段流传颇广的评断("有一点一直没有得到应有的注意，但却应该提到，那就是，无论在斯密以前还是在斯密以后，都没有人想到要如此重视分工。"*)，这段话是需要做一下澄清的。因为恩斯特·路德维希·卡尔(1722—1723)早在斯密这样做之前半个多世纪，就已经全然这样做过。不过，斯密对这一主题的处理，不同寻常和意义非凡之处在于他精妙的综合、深刻的洞察，以及最为重要的，是他主要在自然法理学的精神下对劳动分工所做的整体性分析。这一点让斯密的理论变得独一无二，因为它使得发展一个取决于劳动分工的宏大理论框架成为可能；而且在这样的框架里，政治经济学的任何重要议题实际上都可以得到处理。可以毫不夸张地说，本质而言，从此以后在这个主题上所做的任何有意义的进步，基本上都不过是斯密学说的扩展、复兴或创造性的批判罢了。甚至到今天，在很多重要的方面，我们依然走不出斯密那些学说的身影，在继续推进斯密未竟的学术遗产方面，还有大量从科学上看极有收益前景的工作要做。④然而，必须要说，在这一主题上斯密之所言绝不都是正确无误或新颖独到的。

和很多早期思想家一样(参看本书第2章和第3章)，斯密将劳动分工看做是文明的根基，把它当作自己整个政治经济学体系的起始之点。他的这部杰作开篇几章专门讲述劳动分工这一主题，毫不旁骛，要知道，这部著作可是决定性地开创了智力探究领域一门新的独立学科——政治经济学的。斯密把劳动分工作为财富科学的核心主题来处理，概略地给出了该书后文要详加阐释的基本原理；在其著作的后文当中，一旦分析到很多重要议题时，这一基本原理就会被广泛地加以运用。他利用并综合了无数先驱们在这方面的工作，但在发展一套自洽而系统的分析，从而可以对劳动分工原理的深远内涵进行更为深邃的洞察方

---

* 这段话原文见于《经济分析史》，中文见于该书商务印书馆出版的第一卷第293页。——译者注

面，斯密又远迈前人。斯密的新框架除了它所带来的这些众多且重要的贡献而外，能够把许多旧有的思想组织进一套奇妙而且自洽的科学理论体系之内，本身就是一项无比重要的成就，值得高度赞扬。

在我们进入斯密的分析框架时，须将他关于专业化与交换之间的内在依赖性和联动关系的深刻思想铭记在心。这两者——即主要发生在生产领域的专业化和交换关系所可达致的范围——可谓是一枚硬币的一体两面。斯密围绕劳动分工（人的劳动的专业化）和劳动组合（经由市场机制而在经济的各部分之间将不断分离的劳动予以整合）的概念，组织起了他的政治经济学体系。前者决定了生产力，也因之决定了在与它物交换时一个人可以处理多少剩余，后者则是通过便利交换而提升整个社会吸收每个局部生产和供给之剩余的能力。由此，大大缓解了稀缺所带给人类的局限。经济发展，从这个术语最为宽泛的意义上来说，乃是起于分工（专业化）与劳动和职业二者结合之间相互的动态强化，这个过程经由自由市场体系可以最为切实地得到实现。通过这种办法，可以为整个社会带来一种非常值得期待的结果。但是，这样的互动得以发生的方式，却是极端复杂的。这将会是一场漫长的智识探索旅程，它从斯密始，但绝不会至斯密终，目的就是要正确地理解这种互动的性质、范围和后果。实际上，以多种方式来理解这种互动的企图，本身也就构成了经济学这门科学，这是一门在它的研究领域之内不断探察超乎寻常的复杂性的科学。为了理解这场旅程截至斯密当然也包括斯密的贡献这一部分，我们需要密切关注在他的文本上，以确保我们事后诸葛般地试图就他在劳动分工这一主题上的工作进行理解和发挥时可能犯下的错误，能够减到最低的程度，要知道，这个主题在社会经济生活中无处不在，遍及于社会科学的各类重要议题。

为便于行文，也为了与那些明确地集中阐述劳动分工主题下斯密经济学的各种路数保持一致，我们会与微积分做一类比。通过这种类比，我们把斯密的理论重新组织成“微分学”（the differential calculus）和“积分学”（the integral calculus）这样两个部分。前者主要关注劳动的专业化以及由此在劳动生产力上产生的后果。后者致力于分析市场范围的各种决定因素和内在意涵，以及劳动分工是如何通过一个有效率的市场体系，而与那些对于发展和公正而言至关重要的宽广议题相联系的。斯密对这一主题的整体处理，使得他在这方面的学说异常丰赡、深奥精微而又广富影响。当然,这两个部分彼此是内在关联,经常是难以界分的;而且正如我们将在后文所看到的那样,在某些具体的议题上,二者会同时在斯密的分析中发挥作用。

我们这里使用的术语,会让人联想起阿尔弗雷德·马歇尔有关产业劳动分工的著名原理:"微分法"(differentiation)和"积分法"(integration)。* 正如下文(在本节以及接下来几节)将会详示的那样,它们彼此关联,但是却又相当不同。马歇尔利用达尔文的进化生物学,来突出创新的持久重要性,目的是为了分析产业的"有机体"(organism),而达尔文的进化生物学是在斯密死后几十年才出现和大行其道的。与之相对,斯密的劳动分工理论,乃是由其意欲为综合伦理学、法理学和政治经济学的宏大研究计划奠立基础这样的雄心而引发出来的。为了达到这一目的,斯密在很大程度上借助了法理学的传统来发展他的"自然自由"体系。在这一体系里,对劳动分工的性质、决定因素和意涵的分析,构成了其中引人注目的一面。就此而论,斯密对这一主题的整体处理,较之于马歇尔,要全面和彻底得多。不幸的是,斯密著作中明确地处理劳动分工的这前三章,被过于经常地解释为斯密在这一主题上意欲或/和实际表达的全部,这个错误产生了这样一个严重的后果:它使得斯密的众多拥护者忽略了斯密以一个较此要宽广得多的视角在这个主题上所做的论述,这种视角在该书第三到第五卷表现得最为突出。某种意义上说,这部著作可以被视为商业社会的"宪章",根据假设历史发展模型可知,这种商业社会乃是由未开化的野蛮社会演化而来。的确,斯密曾不断地诉诸这样一种多阶段的假设历史,为的是在其著作中组织观察和进行分析,而贯穿斯密此书的统一原理和核心主题就是劳动分工的报酬递增。因此,这部"宪章"的第一"条款"就是被人引述最多,可能也是最常被阅读的《国富论》的前三章。然而,这三章只不过是一场异常宏富的长篇大论的开篇而

* 这是马歇尔在其《经济学原理》中使用的专业术语,在该书第四篇第八章中首次明确提及,并解释道:"'微分法'在工业上表现为分工、专业技能、知识和机械的发展等形式;而'积分法'——就是工业有机体的各部分之间的关系的密切性和稳固性的增加——表现为商业信用的保障之增大,海上和陆路、铁道和电报、邮政和印刷机等交通工具和习惯的增加等形式。"(见商务印书馆出版的《经济学原理》上册第257页,朱志泰译。)——译者注

已，这部书大开大合，枝枝蔓蔓，莫不以一种微妙的方式向我们揭示：劳动分工才是这整篇故事的真正主角。它常像一只看不见的手那样运行，没有耐心和/或不够老练的读者，是无法得识其真面目的。

4.1.1 劳动分工的主要好处

我们现在来看斯密关于这个主题的“微分学”部分，从开头第一句读起，这句话即向我们强调了斯密认为什么才应该是政治经济学中的核心论题。在那里，斯密写道：“劳动生产力上最大的增进，以及运用劳动时所表现的更大的熟练、技巧和判断力，似乎都是分工的结果”(Smith, [1776]1937:3)。* 接着，他使用了一个扣针生产的例子来说明这一点，扣针生产的工序被分为18道之多，每一道都由不同的工人完成，最终制成的针数，较之于一个工人完成所有这些道工序的情况，又何止要高出百倍，甚或要高出数千倍以上。形成劳动生产力上巨大收益的原因有三⑤：

> 第一，劳动者的技巧因业专而日进；第二，由一种工作转到另一种工作，通常须损失不少时间，有了分工，就可以免除这种损失；第三，许多简化劳动和缩减劳动的机械的发明，使一个人能够做很多人的工作。
>
> (Smith, [1776]1937:7)**

前两个好处均全部来自因专业化而得到的生产效率上的得益。然而，和第一个相比，第二个好处，即工作岗位转换之间在时间上的节省，看起来似乎相对微不足道。最后一个好处，以及在某种较弱的程度上还包括技巧日进这一条，是与知识的增长相关联的。知识增长对于商业社会至关重要，而商业社会的一个突出特征便是个体之间的异质性与整个社会的集体智识携手共进，对此我们后文还要回过来进行讨论。

这样，在开篇这一章简要地(重新)叙述了工序上的分工所带来的生产效率之收益后，斯密紧接着在下一章(这一章很短，但却引入了他在全书中加以充实的若干重要思想，)问道：那么，劳动分工的根源何在呢？斯密把它归结为人类“互通有无，物物交换，互相交易的倾向”，这种倾向又似乎“是理

---

* 中文见商务印书馆出版的《国富论》上册第5页。——译者注

** 中文见商务印书馆出版的《国富论》上册第8页。——译者注

性和语言能力的必然结果”(同上:13)。尽管如此,他还是声明,“这不属于我们现在研究的范围”(同上)。在当时,这一观察结论本身并不新,在斯密之前早已有人说过同样的话。⑥然而,关于斯密对人类社会中劳动分工的最终根源所做的简明处理,其卓尔不凡之处乃在于把人类这种“互通有无,物物交换,互相交易”商品和劳务的倾向认定为劳动分工根源的这种方式。

首先,在这一章的起首第一句里,他就开门见山地说道,在一个漫长的时期当中,不是人类设计,而是人类的行动,逐渐实现了这些对社会的个体成员或族群有利,但却又不为他们所预期或计划的结果(同上:13)。这一观察结论当然是根植于自发秩序这个包罗万象的概念之上的。自发秩序理论于苏格兰启蒙诸子手里逐渐成形,主要贡献来自于大卫·休谟、亚当·斯密和亚当·弗格森。⑦

其次,根据斯密的观点,仁慈或德性本身一般来说是无法带来社会合作的结果的。倒是自我关爱(self-love)构成了商业的驱动力量,并进而带来合作,因此也就使得文明社会成为可能。

> 一个人尽毕生之力,亦难博得几个人的好感,而他在文明社会中,随时有取得多数人的协作和援助的必要……但人类几乎随时随地都需要同胞的协助,要想仅仅依赖他人的恩惠,那是一定不行的。他如果能够刺激他们的利己心,使有利于他,并告诉他们,给他做事,是对他们自己有利的,他要达到目的就容易得多了。
>
> (同上:14)*

那么,这个关键的问题取决于我们“如何”才能取得他人的帮助,答案就在有效的自由市场体系那“看不见的手”之中。

第三,劳动分工与个人之间的差异是很自然地关联在一起的,因此也就与事后的不平等联系了起来。有关前者这个主题,斯密认为:

> 人们天赋才能的差异,实际上并不像我们所感觉的那么大。人们壮年时在不同职业上表现出来的极不相同的才能,在多数场合,与其说是分工的原因,倒不如说是分工的结果。
>
> (同上:15)**

---

* 见商务印书馆出版的《国富论》上册第13页。——译者注

** 见商务印书馆出版的《国富论》上册第15页。——译者注

为了说明这一点，他举了一个把哲学家和街上的挑夫相比较的例子，生动地表明了二者之间的巨大差别主要起因于“习惯、风俗与教育”，而非起因于“天性”(同上:15)。斯密认为，是不同交易中的学习和实践，造成了这种差异。

这听起来可能很简单，但是，有关源于职业选择的人际差异却是斯密不断加以强调的一个理念，而且在他的自然自由体系中这也发挥着重要的作用。早至1763—1764年，在于格拉斯哥大学所做的法理学讲座中，斯密已经清楚地表明，就“物物交换”(barter)和“不同的天赋才能”之间的因果关系而言，在他的脑海中是一番什么样的情况，他写道：

> 人类喜欢把东西互相交换的癖性，并不是基于各人天资和才能的不同。到底人们的天资和才能是否不同，很有疑问，至少其不同的程度，远比我们所感觉的为小。与其说分工是才能的结果，不如说才能是分工的结果。
>
> (《法理学讲义》，日期标注为1766年*，Smith，1978:493)⑧

这些差异为何以商业社会比“野蛮”或“粗野”社会更为优胜提供了关键的洞识，所以优胜，原因在于它更好地满足了工薪劳动者们的基本需要，同时也带来了更大的不平等。这样，长期困扰斯密的前辈和同代学人的根本顾虑即随之迎刃而解。⑨若无个体成员之间这样的差异存在，则社会仍将处于贫穷的状态而无法自拔，而处于这种贫穷的社会里，可以得到的总体知识和才能是非常有限的(关于此点后文还要详述)。

互通有无，物物交换，互相交易的倾向，通过劳动分工而带来了这诸般差异，⑩它对于斯密另外一个广为流传的命题——即劳动分工受到市场范围的限制——是非常重要的。正是通过交换关系，才使得不同才能所生产出来的产品得以转化为社会的利益。因此，交换关系的规模大体上决定了这种源于微分法并通过积分法而得以实现的社会收益的规模。正如斯密所述：

> 分工起因于交换能力，分工的程度，因此总要受交换能力大小的限制，换言之，要受市场广狭的限制。
>
> (同上:17)**

* 这里本书作者标注的页码是格拉斯哥版《亚当·斯密全集》第五卷《法理学讲义》的页码，中文见于商务印书馆出版的《关于法律、警察、岁入及军备的演讲》第185页，这个译本所使用的是早年坎南编的本子，译者是陈福生、陈振骅。——译者注

** 这段话的页码标注应为(Smith，[1776]1937:17)，中文见于商务印书馆出版的《国富论》上册第17页。——译者注

然而,劳动分工和市场范围之间的关系并不是一种简单的单向因果关系;它要更加丰富和复杂,而且对于宽泛意义上的经济发展之理解,它也是至关重要的。

4.1.2 商业社会的兴起和城乡之间的劳动分工

劳动分工和市场范围这一对孪生概念,[11]尤其是关于发展而言,可由第三卷(Smith, 1776)中的历史性事例来加以充实并具体化。在这一卷里,斯密试图应对的是这样一个问题:在一个商业社会中,城市中的商业和制造业如何与农村劳动力的生产效率富有有效地互动。这可以从最明显的观察结果开始讨论,城市和乡村地区为彼此的剩余产品提供了出路,由此促进了二者之间和二者内部的劳动分工。然而,有关劳动分工的报酬递增,我们一般观察到的情况是助益于城市的要多过农村。结果,城市发展得更快,也由此实现了城市化及其发展。不过,正如斯密煞费苦心地所表述的那样,潜隐在城市化进程背后的情况非常复杂,在这里,我们可以把他的讨论视为劳动分工积分学的分析威力的一个见证。

在第三卷的第一章"论财富的自然的发展"里,斯密以文明社会起源于城乡之间的劳动分工和交换开始了他的表述。"文明社会的重要商业,就是都市居民和农村居民通商。这种商业,有的是以原生产物与制造品直接交换"(同上:356)。* 与斯密假设历史中的畜牧业社会和农业社会相对照[12],文明社会源于城乡分离这一观察结论,只不过是下面这个一般性原理的一个例子而已:人类文明乃是经由劳动分工和通过"互通有无,物物交换,互相交易"使居民彼此之间相互依赖而成为可能的。尽管如此,由于它对最宽泛意义上经济发展的性质具有深刻的意涵,所以它又是一个极端重要的例子。首先,我们再重复一下,这类交换为市场提供了来自城市和农村的产品,由此促进了劳动分工。因此,它并不是一个零和博弈,因为新的财富可藉此产生。正如斯密所述:

> 我们不要认为都市的利得即是农村的损失。它们有相互的利害关系。这里,分工的结果,像其他方面的分工一样,对双方从事各种职业的居民都有利益。
>
> (同上:356)**

* 中文见于商务印书馆出版的《国富论》上册第 345 页。——译者注

** 同前译者注。——译者注

而且，“乡民和市民是互相服务的”（同上：358）。由于其产品的性质，制造业和商业是“不一定有固定地址的”（同上），所以人与人之间频繁地有赖于相互交换，由此带来了城市的增长。

在这个过程中，尤为重要的是城市的发展使乡村受益的方式。在这个主题上，斯密有很多话要讲，他用了很多章来加以论述（[1776]1937，第三卷，第I章，第III章，尤其是第IV章）。他写道：“工商业都市的增加与富裕，对所属农村的改良与开发，有所贡献，其贡献的途径有三。”（第三卷，第IV章：384）。* 第一条途径，也是最显而易见的，是城市为农村的剩余产品提供了市场，由此改进了农耕。第二，农村中未开垦的土地反过来又为城市中那些比乡绅们更有野心和能力来改良土地和提高生产效率的商人们，提供了投资的出路；这些商人们所以能够做到土地的改良和生产效率的提高，乃是由于他们在勤奋而积极地追求利润方面的习惯和精神使然。使用李嘉图的术语，我们可以宽泛地将前者和后者分别看成是城市的发展对农村耕作的集约式（intensive）和广延式（extensive）（边际）效应。

尽管这些好处很重要，但是，斯密着重强调，并且极为关注的则是另外一种对农村发展的影响，而这一影响基本上被人们忽略了，它是由城市中商业和制造业的发展而带来的影响。⑬

> 第三，也是最后一条，农村居民一向处在与其邻人的战争和对其上司的依附状态中。但工商业的发达，却逐渐使他们*享有秩序，拥有优良的地方治理以及个人的安全和自由。这一种效果，是最重要的*，但却不为世人所注意。
>
> （同上：385；斜体为本书所加）**

城市里的商业和制造业的发展，如何能带来乡村中的“个人自由与安全”呢？斯密的答案决非那么一目了然，它是以市场扩展的显著威力为基础的。为什么“秩序和良好的治理”会从城市扩展到乡村，其基本原因归根结底与秩序和优良治理首先在城市里发展起来的原因相同。商业和制造业，乃是城

* 中文见于商务印书馆出版的《国富论》上册第370页。——译者注

** 中文见于商务印书馆出版的《国富论》上册第370页，本处本书作者对之进行了修改。——译者注

市赖以存在的基础，需要一套运行良好的保护产权、维护和促进劳动分工的司法体系。在大规模商业和精良的制造业兴起之前，大量的奴仆、侍从和佃农赖以安身立命的，乃是那些大领主们。这种依托关系，进而不仅导致了国王在司法权和行政权方面对大领主们的授权，而且还使他们从国王那里得到了建立民兵武装的权利，最终只能导致秩序的紊乱和周期性的暴力冲突。斯密认为，封建制度在这个问题上只能起到缓解作用，而无从在根本上予以解决。这个问题如何才能得到解决，在历史当中事实上又是如何得到解决的呢？斯密找到了答案，千头万绪汇为数语，答案就在"商业和制造业"之中。他认为：

> 封建法制凭一切强制力量所办不到的事，却由国外商业和制造业潜移默化，逐渐实现。国外商业与制造业的兴起，渐使大领主得以其土地的全部剩余产物与他物交换。由此而得的物品，于是无须与佃农和家奴共享，而完全由自己消费。
>
> （同上：388）*

商业和制造业上的发展所带来的巨大变迁，无论如何强调都不为过。为数众多的个人，其数量远远超乎每个参与者的想象，基于他们在商业事务中直接与人交往的个体经历，形成了密不可分的交换关系。由于扩展的市场便利了更加精细的专业化，所以，每个人的劳动生产力都在提升。然而，还有另外一个同样重要的好处我们没有提及，那就是个人之间的关系无论在程度上还是性质上也都因此发生了巨大的变化。在高级的市场商业出现之前，土地所有者和依附在这些土地之上的农民，就像彼此孤立的岛屿，与经济体中其他部分几乎没什么联系，因此，也就缺乏激励动机来提高他们劳动和土地的生产力。一旦商业活动的大潮使得农村中的"岛屿"与城市中的制造业者之间建立各种广泛的经常联系成为可能，形势就会发生根本性的改变，既带来了人际之间的相互依赖（即每个人都从商业活动的这个"大海"中获取满足自己的需要的主要部分，又把自己大量的产品提供给它），也带来了更大的个人独立性（因为商业上的相互依赖带来了政治和社会学意义上的独立性）。有关这一点是如何成为可能的，在这里，值得对斯密的原话详

* 中文见于商务印书馆出版的《国富论》上册第 375 页。——译者注

加引述：

在无国外贸易又无精制造业的国家，每年有一万镑收入的人，除了以这一万镑养活一千家人家使其俯首听命以外，也许就没有其他的消费方法。但在现在的欧洲，每年有一万镑收入的人，不必直接养活二十人，不必直接使唤无使唤价值的仆役十多人，却可消费其全部收入。事实上，他通常也是这样做。他间接维持的人，也许和往昔消费方法所雇用的一样多或是更多。他以全部收入所换得的宝物量，也许很少，但为采集制造这宝物而被雇用的工人，却必然很多。这种宝物的昂贵价格，大都由于这些工人的工资及其直接雇主的利润所造成。他直接支付宝物的价格，即间接支付这一切工资与利润，从而间接维持了这些工人及其雇主的生活。不过他对他们各人的贡献，却只是他们全年生活费的极小部分。他们各人每年的生活费，来自他一个人的，少数占全部的十分之一，许多占全部的百分之一，有些则尚不及千分之一，万分之一。他虽然对维持他们全体的生活有所贡献，但他们全体的生活，都不一定要他维持，所以，对于他，他们就多少是独立自主的了。

在大地主以地租维持佃农和门客的生活时，他们是各自维持各自的佃农和门客的生活。但在他们以地租维持商人工匠时，他们全体所能养活的人数也许和往昔一样多，而且由于乡村式的款客方法难免浪费，现在所能养的，也许比往昔还多。但是，分开计算，他们每个人对这较大人数中每个人的生活费所贡献的往往极微。每个商人或工匠的生活费，都不是得自一个顾客，而是得自千百个不同的顾客。他在某种程度上，虽要仰给予他们中每一个人，但不绝对仰赖他们中任何一个人。

(Smith, [1776]1937：389—390) *

这样，在比现代经济学教科书中标准（静态）价格理论所普遍揭示的更为宽广的意义上来看，商业体系那看不见的手，带来的影响是非常之多的。首先，地主合起来可以养活为数众多的工人，而在维持每一个工人的生计上，单个地主只能起到相当微小的作用。工人们的独立性就这样得到了保证。现在，领主们也就有了很大的激励通过减少佃农和仆役的数量来节省

* 中文见于商务印书馆出版的《国富论》上册第375—376页。——译者注

人力成本，来使他们的土地得到更好的耕种，这在过去是不曾有过的，他们的目的无非是为了尽可能地对那些更为精良的制造品保有购买力。这样一来，缔结土地长期租约，既符合领主们的利益，也符合佃农们的利益，因为"土地进一步改良，佃农就要增加费用，如果租佃期限不够长，不足以使他收回这增加的费用及其利润，他决不会同意地主加租的要求。"（同上：390）*。长期租佃这一制度的后果是革命性的，因为就商业的性质而言，它决定性地终结了佃农对领主的依附关系。他们相互依赖，而又彼此独立："他们彼此所得的金钱上的利益，是相互的，是平等的。可随意退租的佃农，不会牺牲生命与财产来为地主服务"（同上）**。

同样意义深远的，还在于由此所引起的作为整体之社会在秩序和良好治理方面的改良。因为所有人皆以与城市中类似的方式而彼此相互依赖，所以领主们之前对领地所拥有的管辖权被显著地予以削弱，淹没在分散的商业活动的大海之中。⑭斯密对这个主题这样解释道：

> 佃农即已独立，门客又已打发掉，大领主就不能再干涉法律的正常的执行，不能再扰乱地方的治安了。他们那与生俱存的权利已经卖掉，然而，出卖的目的，不是像以往那样为了饥饿，为了必需，却仅仅为了耳目玩好，仅仅为了为儿童所玩乐而非成人所应追求的宝石钻戒。因此，他们就像城市中的殷实市民或商人一样平凡了。于是，在城市，在乡村，都设立了正常的政府。没有谁能扰乱都市的政治，也没有谁能扰乱乡村的政治了。
>
> （同上：390—391）***

这样，根据假设历史的四个阶段，商业社会在保卫其成员——尤其是最贫穷的那些人——的和平和正义方面要比农业社会强大得多，在财富和个人自由方面同样如此。这样一种结果，并不是因为某些群体的人们的仁慈所致，而是源自于每个人对于自利的追求，尤其源自于"两个全然不顾公众幸福的阶级"的自逐利行为。由于受到商业这只看不见的手的指引，这些自利

---

* 中文见于商务印书馆出版的《国富论》上册第 377 页。——译者注

** 同前译者注。

*** 中文见商务印书馆出版的《国富论》上册第 377 页，本处本书作者有改动。——译者注

行为自发地带来了一种秩序体系(Smith,[1776]1937:391)。斯密这样来描述这两个群体:

> 满足最幼稚的虚荣心,是大领主的唯一动机。至于商人工匠,虽不像那样可笑,但他们也只为一己的利益行事。他们所求的,只是到一个可赚钱的地方去赚一个钱。大领主的痴愚,商人工匠的勤劳,终于把这次革命逐渐完成了,但他们对于这次革命,却既不了解,亦未预见。*
>
> (同上:391—392)⑮

这样,从市场的大规模扩张和劳动分工的不断深化当中,生发出了城乡之间彼此受益的相互作用。在这种相互作用中,领主和商人们发挥了重要影响,也正是这种相互作用带来了"对于公众幸福来说最为重要的一场革命"(同上:391)。

从历史上来看,只是在市镇(towns)和城市(cities)兴起之后,乡村农业才有可能进行切实的改良。再强调一遍,最为要紧之处,在于商业和制造业的显著发展;"在欧洲大部分地方,城市工商业是农村改良与开发的原因,而不是它的结果。"(同上:392)商业和制造业引发的农村改良和开发,国与国之间是不同的,主要取决于法律和制度安排,其中最主要的是那些有关土地使用权的法律和制度。结果,由城市中商业的兴起而带来的进步,并没有在欧洲不同国家之间保持同样的前进步伐;的确,情况甚至迥然相对。根据斯密的观点,英格兰的自耕农体制相对于欧洲大陆的农业经济而言,最显著的优势在于它为佃农提供了安全、长期租约、政治独立性以及由此而来对于土地改良的强劲激励,而这是英格兰在欧洲诸经济体中鹤立鸡群的关键因素(尽管英国农业的进步要慢于"事物的自然趋势"(同上:392—394))。在英格兰,斯密写道:

> 佃户的安全等于地主。此外,英格兰又规定,每年纳租四十先令以上的终身租地权就是终身保有的不动产,有选举国会议员的权利,耕农既大部分有这种终身不动产,所以政治上的势力也不小,地主因此更不敢轻视他们。我相信,欧洲除了英格兰,没有一个地方的佃农,未立租地权约,便出资财建筑仓廪,不怕为地主所夺的。这种十分有利于农民的法律风俗,所起的促进现代英格兰伟大光荣的作用,也许比为商业而定

* 中文见商务印书馆出版的《国富论》上册第378页。——译者注

立的所有各种夸大条例所起的作用还要大得多。

(同上:368—369)*

作为这种制度差异的结果,在与苏格兰和欧洲大陆国家诸如法国、葡萄牙和西班牙进行对比时,可以发现:

[英格兰的法律]不仅由保护商业而间接鼓励农业,且有若干对农业直接加以奖励……而最重要的是英格兰法律对于国内农民曾竭尽所能使其安定独立而受人尊敬。没有国家……比英格兰更加鼓励农业的了。

(同上:393—394)**

这样一来,商业不仅变换了交换的图景,也改变了生产领域的景象,尤其是在将农产品统一整合到世界市场上去这个方面,商业更是厥功甚伟。细布的贸易和生产就是这样一个例子。

例如,一匹精制呢绒,虽仅重八十磅,但所含价格,却不仅是八十磅羊毛的价格,而且,有时,还包含着几千磅谷物,即各种工人及其直接雇主的生活资料的价格。这种谷物,如果以谷物的原形运往海外,定然是极困难的。但若以精制品的形态运往,则虽运往最远的角落亦很容易。

(同上:383)***

这样,市镇和城市中的商业和制造业,作为一种强大的媒介,将乡村以及事实上的社会的所有阶层,都纳入到了贸易和劳动分工的巨大网络之中,在这一网络内,产生了影响深远的个人自由和独立。自由与独立反过来不仅为个人的福利,也为社会的良好秩序,带来了相当大的改善,因为:

使人类陷于堕落的,无过于依赖;反之,独立则会提高人的诚实性格。建立商业和制造业是防止犯罪的最好政策,因为商业和制造业有助于增进人们的自立能力。一般地说,从商业和制造业所赚的工资,比从任何其他方面赚得的工资来得高,结果人们就变得更诚实。****

(《法理学讲义,报告日期为1766年》,见 Smith, 1978:486—487)⑯

---

* 中文见商务印书馆出版的《国富论》上册第357—359页。——译者注

** 中文见商务印书馆出版的《国富论》上册第380页。——译者注

*** 中文见商务印书馆出版的《国富论》上册第370页。——译者注

**** 中文见商务印书馆出版的《关于法律、警察、岁入及军备的演讲》第173页。——译者注

另一方面，要使商业和制造业能够繁荣发达，良好的政府治理不可或缺，其目的在于维护正义和秩序。着重借助于自然法理学的传统，斯密反复论证，产权及其保护乃是民权政府存在的主要原因。[17]因此，斯密进一步主张，民权政府所要求的人民的服从，随着财产价值的增加而增大。

> 一个民权政府，必先取得人民的服从。民权政府的必要程度，既是逐渐随财产价值的增大而增大，所以使人民自然服从的主要原因，也是逐渐随财产价值的增长而发展。
>
> (Smith，[1776]1937：670) *

在处理复杂的交换和契约关系这样一些在商业和制造业社会中必然伴随财富的巨大增长而生的问题上，进一步强调司法的恰当原则，那是再自然不过的了。

用来说明意在维护良序政府的制度所起到的基本作用时，各个不同的殖民地的表现尤其是英国的那些殖民地和美洲大陆不同政权的表现，是一个很有代表性的例子。我们要记住，一般而言，对于18世纪英国和法国的著作家们，包括像斯密这样的苏格兰人，这些"粗鄙野蛮未开化之邦"的历史与发展，在其社会经济思想中占据重要地位。[18]美洲大陆上的新殖民地很可以看作是建立和发展各种有效制度的一场自然实验，这些有效制度当中最为关键的是良好的政府(good government)和法律。我们还可以通过为进行殖民化所采取的制度以及每一个殖民地中制度发展的不同程度，来解释新殖民地在绩效上的不同表现。归根结底，由于英国殖民地的政治制度，能够比诸如西班牙、葡萄牙和法国这些欧陆国家提供更大的安全、独立和自由，所以取得了相对而言要成功得多的发展，尽管欧陆国家的殖民地就自然条件而言占据优势。[19]

司法权的有效实施，本身即可以由复杂的工作和任务分工来得到相当地改善，同时又以市场的范围为条件。斯密写道：

> 司法权和行政权的划分，原始似乎是由于社会进步、社会事务因而增加的结果。社会事务日益加多，司法行政变得那么麻烦复杂，于是担

---

* 中文见商务印书馆出版的《国富论》下册第273页，他们把civil government译为"民政政府"，我认为似乎"民权政府"更为恰切一些。——译者注

当这任务的人,就不能再分心注意到其他方面。

(同上:680)*

然而,值得强调的是,此处的劳动分工使获取社会收益的渠道并不局限于专业化,因为权力的划分不仅与制造业阶段的划分在性质上不同,而且对于公民社会而言其重要性也有着极高的深远意涵,这一点自不待言。在确保司法权与行政权的彼此独立上,关键之处在于:

司法权如不脱离行政权而独立,要想公道不为世俗所谓政治势力所牺牲,那就千难万难了。肩负国家重任的人,纵无何等腐败观念,有时也会认为,为了国家的重大利害关系,必须牺牲个人的权利。但是,各个人的自由,各个人对于自己所抱的安全感,全赖有公平的司法行政。为使各国人感到自己一切应有权利,全有保障,司法权不但有与行政权分离的必要,且有完全脱离行政权而独立的必要。审判官不应由行政当局任意罢免,审判官的报酬也不应随行政当局的意向或经济政策而变更。

(同上:681)**

4.1.3 看不见的手与资本存量和劳动的使用

很清楚,斯密指陈的劳动分工的三个优势来自专业化引起的生产效率的改进。当然,这些优势尚未能穷尽从当前的职业和工序看似无止境的分工中可以获取的全部收益,更不用说在社会经济生活中不断出现的新产品了。与劳动分工的进展联系得特别紧密的一个要素,就是资本存量。本质上正是劳动分工的发展才使得这个要素变得不可或缺的,然后,它又反过来将工序上的分工深化到了生产管理的现有方式的各个不同的部分上去,甚或还会引入新的工序。只有在交换关系和劳动分工业已发展到某一水平时,出于交换的原因,储备商品和材料,以及某一套工具设备,对于我们来说才变得必要起来。正如斯密所述:

在无分工,少交换,自己所需要的一切物品都由自己供给的原始社会状态下,要经营社会事业,无须预储资财。人人都力图依靠自己的劳

* 中文见商务印书馆出版的《国富论》下册第283页。——译者注

** 中文见商务印书馆出版的《国富论》下册第284页。——译者注

动来满足自身随时发生的需要。

(同上:259)*

另一方面,“按照事物的本性,资财的蓄积,必须在分工以前。预蓄的资财愈丰裕,分工就能按比例地愈细密”(同上:260)**这种更为细密的劳动分工,使得生产过程的每一个阶段,更有秩序、更简洁和更加的标准化,由此也就使得新机器的引入——也即技术进步——成为可能:

而分工越细密,同一数量工人所能加工的材料,就能按更大的比例增加。每个工人所担任的操作,既渐趋简单,便有各种新机械发明使操作更为简便迅速。

(同上)***

这样,在资本积累和与某些密集使用资本的产业增长相联的劳动分工的发展之间,这种互相强化的趋势一旦形成,便再也难以改变。

而且,尽管看起来斯密似乎并没有充分地意识到广泛使用机器和大规模生产对经济组织的巨大影响,以及伴随而生的劳动分工的“新原理”,⑳但是,他还是察觉到了资本在描绘一幅新的图景方面所发挥的关键性作用,在这幅新图景里,一旦它作为一种革命性的要素浮出历史的地平线,职业的分工就会越来越细密。对于斯密来说,资本存量的积累不但通过直接提高劳动生产率,而且还通过促进劳动分工和市场范围,带来了经济发展,后一点是同样重要的。正如他所说:

要增加同数受雇劳动者的生产力,唯有增加那便利劳动、缩减劳动的机械和工具,或者把它们改良。不然,就是使工作的分配,更为适当。但无论怎样,都有增加资本的必要。要改良机器,少不了增加资本;要改良工作的分配,亦少不了增加资本。把工作分成许多部分,使每个工人一直专做一种工作,比由一个人兼任各种工作,定须增加不少资本。

(同上:326)****

考虑到对于“[商业]社会的全部劳动”资本所具有的核心重要性,㉑还有一个有待回答的重要问题:对于一个社会整体而言,什么才是决定资本使用

* 见商务印书馆出版的《国富论》上册第252页。——译者注

** 见商务印书馆出版的《国富论》上册第252—253页。——译者注

*** 同前译者注。

**** 见商务印书馆出版的《国富论》上册第315—316页。——译者注

的最佳方式呢？答案可以在个人处理其自己资本的自由选择中找到，这就是斯密所提到的那个著名的隐喻:“看不见的手”。也就是说，如果用现代经济学的语言加以改述的话，可以这么来表达它:如果资本“自行”流动，那么，为了向社会提供最可欲的结果，资本所赖以引入的微观经济机制就可以得到实现。对于宣扬通过关税、甚或禁止进口某些重要商品，从而使之在国内生产这样的重商主义学说，斯密明确地表达了不同意见，他认为:“第一，每个人都想把他的资本投在尽可能接近他家乡的地方，因而都尽可能把资本用来维持国内产业”，以图使其避免出口的风险与麻烦(Smith, [1776]1937: 421)。而且更重要的是，在这样做的过程中，个人经由个人选择而对自利的追求，却在致力达成一种对社会来说有益的结果。有关“看不见的手”，值得在这里详尽引述斯密明确表达此意的那一段话:

> 但每个社会的年收入，总是与其产业的全部年产物的交换价值恰好相等，或者无宁说，和那种交换价值恰好是同一样东西。所以，由于每个个人都努力把他的资本尽可能用来支持国内产业，都努力管理国内产业，使其生产物的价值能达到最高程度，他就必然竭力使社会的年收入尽量增大起来。确实，他通常既不打算促进公共的利益，也不知道他自己是在什么程度上促进那种利益。由于宁愿投资支持国内产业而不支持国外产业，他只是盘算他自己的安全；由于他管理产业的方式目的在于使其生产物的价值能达到最大程度，他所盘算的也只是他自己的利益。在这场合，像在其他许多场合一样，他受着一只看不见的手的指导，去尽力达到一个并非他本意想要达到的目的。也并不因为事非出于本意，就对社会有害。他追求自己的利益，往往使他能比在真正出于本意的情况下更有效地促进社会的利益。我从来没有听说过，那些假装为公众幸福而经营贸易的人做了多少好事。
>
> (同上:423) *

为什么个人拥有的资本会“自行”流动而且还产生了一个社会可欲的结果，其原因在于没有其他人能比拥有和按自己意愿控制资本的人，对资本的使用做出更明智的选择的了。那些并不拥有这些资本的人，一来缺乏激励明

* 见商务印书馆出版的《国富论》下册第 27 页。——译者注

智地使用它们,二来也对资本所处的具体情况缺乏认识。斯密认为:

> 关于可以把资本用在什么种类的国内产业上面,其生产物能有最大价值这一问题,每一个人处在他当地的地位,显然能判断得比政治家或立法家好得多。*
>
> (同上:423;斜体为本书所加)㉒

当然,"看不见的手"并不仅是在配置资本和引导劳动积极性方面发挥作用,正如斯密曾明确指出的那样,还在于个人"所盘算的也只是他自己的利益,在这场合,像在其他许多场合一样,他受着一只看不见的手的指导,去尽力达到一个并非他本意想要达到的目的。"㉓正是竞争,在一套正确运行的制度体系下的竞争,将无数个人的逐利行为引到某种社会可欲的秩序之中。所以如此,乃是因为竞争会迫使个人倾尽全力来运用所在环境的信息,并最优地利用这个社会经济体制中各个不同部分之间相互受益的可能交易机会。政府对交换关系主体行为的干预,经常是出于某些特权群体的利益考虑,对竞争

---

* 译者这里给出的是郭大力、王亚南的《国富论》译本(商务印书馆 1974 年版)下册第 27 页的译文。译者还比较了其他几个译本。台湾谢宗林、李华夏译本(《国富论》,中央编译出版社 2011 年版)中把这一段译为:

> 就每个人来说,他的资本能雇用哪一种国内勤劳,以及哪一种勤劳的产出可能有最大的价值,每一个身历其境的人自己能下的判断,显然要优于任何高高在上的政治家或立法者能为他下的判断。

唐日松等(《国富论》,华夏出版社 2005 年版)的相关译文为:

> 关于把资本用于哪类能够生产最有价值产品的国内产业上面这一问题,显然每一个身临其境的人都能做出比政治家或立法家更好的判断。

杨敬年(《国富论》(中文珍藏版),陕西人民出版社 2006 年版)的相关译文为:

> 很显然,每一个人的资本应投入何种本国劳动,何种劳动产品具有最大的价值,他根据自己的当地情况,可以比任何政治家或立法家作出更好的判断。

谢祖钧(《国富论》(修订本),中华书局 2012 年版)的译本中相关的译文为:

> 他的资金能够投入国内什么劳动,而且其产物又可能具有最大的价值,显然每一个人根据自己的当地环境能够比任何政治家或立法家为他作出更好的判断。

比较这里的这些译文可以发现,台湾谢宗林、李华夏本把 industry 翻译成勤劳,似较妥当;杨敬年本和谢祖钧本译作劳动,也是可以的。唐日松等人译本和郭大力、王亚南译本相近,但翻译成产业,辩之以斯密本意,似为不妥。本书作者认为,斯密的本意是想说资本可以激活和引导国人的劳动。——译者注

横加阻抑,从而消解了其他极具威力的(看不见的手的)力量。如此干涉之下,用斯密的话说就是,“狡猾的动物即世俗所谓政治家或政客”(同上:425)犯下了双重罪过。显然,这会造成资源的浪费,但同样重要的是:

> 禁止人民大众制造他们所能制造的全部物品,不能按照自己的判断,把自己的资财与劳动,投在自己认为最有利的用途上,这显然是侵犯了最神圣的人权。*
>
> (同上:549)[24]

还值得注意的是,在研究劳动分工的起源时,斯密多次强调,它源于使交换在社会中有望实现的我们自己的需要,而非仁慈的美德。尽管如此,这样一种自利的倾向还是达成了一个很多人可以从中受益的无意识的结果。在其他地方,斯密还给出了这样的例子:“傲慢而无情的地主”尽管只是追求“所有不同的珠宝首饰”,但还是通过无意识地保障了穷人的生活而增进了社会的利益:

> 富人只是从这大量的产品中选用了最贵重和最中意的东西。他们的消费量比穷人少;尽管他们的天性是自私的和贪婪的,虽然他们只图自己方便,虽然他们雇用千百人来为自己劳动的唯一目的是满足自己无聊而又贪得无厌的欲望,但是他们还是同穷人一样分享他们所作一切改良的成果。一只看不见的手引导他们对生活必需品作出几乎同土地在平均分配给全体居民的情况下所能作出的一样的分配,从而不知不觉地增进了社会利益,并为不断增多的人口提供生活资料。
>
> (Smith, 1759:184—185)**

然而,遗憾的是,斯密并不怎么经常使用“看不见的手”这个词(或者,也许同样让人遗憾的是,他干嘛劳神动用这个比喻!),因为在他关于政治经济学的主要作品中,使用这个术语仅有一次。这可能误导了一些读者,使他们认为斯密意在特指一种非常具体的情境,在这种情境里,而且也只有在这种情境里,看不见的神奇之手才真正地在发挥作用。我们当然不能把它局限在资本或者土地的所有者身上,这一点透过斯密的巨著和其他一些作品,已经呈现得极为显明。[25]它也没有蕴含着政府无需发挥作用这层意思:司法以及其他一些政府职责(参看下文 4.1.4 小节)对于一个繁荣和文明的社会来

---

* 见商务印书馆出版的《国富论》下册第 153 页。——译者注

** 见商务印书馆出版的《道德情操论》第 229—230 页,蒋自强等译。——译者注

说当然是极其重要的。但是行政权力，当它试图支配交换和生产体系的个体参与者的选择时，其表现往往难如人意，它会阻碍而不是提高这只对社会有益的看不见的手赖以运行的微妙机制。

4.1.4 斯密继承并加以扩展的自然法学传统

斯密的“看不见的手”当然绝不仅仅是一个华丽的修辞手法，而必须放在他的自然自由体系里才能透彻理解，这一点早已为众多学者所广泛地认识到。正如洪特和伊格纳惕夫(Hont and Ignatieff, 1983)观察到的那样，斯密从雨果・格劳秀斯、萨缪尔・普芬道夫，尤其是约翰・洛克的自然法学传统中吸收了很多自由主义的原则，并将它们与他自己关于商业社会的本质和复杂性所做的观察整合在一起，不仅为财富的生成和经济的增长，而且还为公平正义，发展出一套具有强大解释力的框架。为了理解和领会斯密伟大的理论构造，有必要对斯密自己的自然自由理论所由之而来的自然权利传统之发展史，做一回顾。

尽管有过一些尝试，包括托马斯・阿奎那对私人财产的必要性和正当性所做的亚里士多德主义的正式辩护，但是仍然可以这样说，正是雨果・格劳秀斯的《战争与和平法三书》(*Three Books on the Law of War and Peace*)，发起了自然权利概念的智识运动，无可争议地成为17和18世纪最为重要的思想发展之一。格劳秀斯吸纳了亚里士多德主义和托马斯主义传统下为财产的私人占有所做的辩护，出发点即把私人财产的起源予以理论化，在本质上把它归结为人们之间的共同所有制。然而，随着人们需要的增长，争端也自然开始出现，为了解决这些冲突，在人与人之间就私有财产达成协议就有必要了。换言之，在格劳秀斯的理论中，私人财产的引入是通过契约而不是自然法做到的。这样，私人所有权就是人法(human law)的一个结果，基于私人所有权的人们彼此之间的自由贸易和商业行为所拥有的合法性也是这样。如果在穷苦之人亟需帮助之时，这种人法就应该由私人所有权回归到共同所有权。格劳秀斯对自然状态下共同所有权的假设，显然是取自亚里士多德主义的传统，这让他的理论较容易受到多方面的攻击。这种假设的结果是，他需要借助个人之间的契约来建立私人所有权，这样，这一制度就被放置在了很不坚实的基础之上。

与格劳秀斯关于自然状态下共同所有权的概念不同，托马斯・霍布斯(1651)的出发点是这样的：在自然状态下，所有人对所有事物都有权利。换言之，这不是源自共同所有权的权利，而是(在共同所有的事物上)个人权利的交叠,这些个人权利才是自然状态下的所有权形态。这些彼此交叠在一起的权利所带来的冲突后果,即是著名的"一切人反对一切人"的霍布斯战争状态。为了克服这种不断争战的状态,人们彼此达成协议,建立政治上的权威,人们把权利让渡给这个权威,从而以权威认为合理的方式来决定财产的(重新)分配。也就是说,在霍布斯的理论里,私人财产是人类创造的次生秩序,为此需要引入绝对主权假设,以脱离一切人反对一切人的战争状态。

尽管在自然状态下财产所有权的性质和私人财产得以建立的途径上,霍布斯和格劳秀斯之间存在着尖锐的对立,但是,他们之间却有一个非同一般的共同基础,那就是他们都把一个积极社区(positive community)作为分析的出发点,在这个社区当中,所有人都对共同所有的事物拥有权利,而无论这些权利是集体的(格劳秀斯),还是彼此交叠在一起的(霍布斯)。萨缪尔·普芬道夫(1672)为自然权利理论所做的发展,迈出了革命性的一步,他认为,在自然状态下,无物属于任何人。也就是说,普芬道夫(Pufendorf, [1672]1729,尤其见第四卷)引入了消极社区(negative communities)这个全新概念,并对消极社区和积极社区给出了明确的区分。根据他的观点,在自然状态当中,就财产或领地(property or dominion)而言,[26]生活在消极社区的人,没有共同权利,也没有人对任何事物拥有权利。正如普芬道夫所言:

> 共有(communion)这个词既可作消极解,也可作积极解。就前者而言,在任何人类约定或协议就某物属于这个人而不是那个人做出宣示之前,即可称某物为公共之物。这样一来,在同样的意义上,称某物为无主之物,是消极而非积极的,即它们仍然未曾分配给任何具体的人,而非它们不能被这样分配。
>
> (Pufendorf, [1672]1729:4.4.2)

当然,当个人之间达成某种协议时,这些可以、并且也会被赋予给某些特定的人们,但是绝不是在自然状态之下,因为,

> 在人们达成任何约定或协议之前,世间万物皆为共有;这可不是我们之前所取的那种积极意味,而这是具有消极意味的共有;也就是说,对于那些将会使用它们的人来说,任何人均可自由取用这些物品,而且没有任何一个人凌驾于他人享有优先权。
>
> (同上:4.4.5)

这样,就可以得出如下结论:在自然状态下,谈论财产或领地是私有或者共

有，并没有什么真正的意义存焉。私人财产只能在社会发展使其成为必要时，才会出现。[27]值得强调的是，在对领地（不包括财产权利）从自然状态“使用某物”的权利中逐渐兴起所做的解释上，普芬道夫完全不接受将财产看成是人与物之间的关系这样的概念，而接受这样的观点：领地（财产）只能以人与人之间的关系来理解。关于财产所有权所达成的协议，是逐渐建立起来的，“其所依据的似乎是人类社会对和平的要求”（同上：4.4.4），这样的协议所安排的人与人之间的关系，以某种方式解决了权利的冲突，而这类冲突随着人类的蕃盛自然而然就会出现。这样，他对此点进行了详细说明：

> 亚当对万物的权利和这种领地是不同类的，后者现今是在人与人之间确立的：我们可以称它是一种不明确的领地，未经正式占有，但却绝对容许使用；不是实际上存在的，而是潜在地隐含着的……但是，当之后人类愈加蕃盛时，它是有资格逐渐变成领地的。
>
> （同上：4.4.3）[28]

尽管从本质上来说并非构成自然法的一部分，然而这样一种制度安排，仍然是通过改善人类环境的自然法精神下的协议和习俗而建立起来的。

从某种意义上来说，普芬道夫是在尝试走一条格劳秀斯和霍布斯之间的中间路径，但是在推动自然权利理论继续发展方面，他的立场显然与前者更为接近。霍布斯的理论有一个特殊之处，即君主决定了财产的分配，在普芬道夫那里，财产是先于君主而存在的，而君主的首要目的就是要保护人民，使之不要受到彼此之间所带来的可能的伤害。这一显著差别的意涵的确意义深远，这一点很早即已为人所察知，[29]这体现在从普芬道夫对财产和政府的起源所做的论述当中引入的政府应该何为以及不该何为的一种自由理论，因为：

> 统治者必定不能仅仅从公民们的财产中征收一部分来作为维持国家运行所必需的资金就万事大吉。因为国家的力量还由公民的德性和财富构成，因此统治者必须采取一切他能采取的手段，确保公民个人的富足。
>
> （同上，第二卷，11.11）

尽管如此，普芬道夫还是没有建立起一套完备的自然权利理论。简洁地说，就是仍然需要有一个协议来保护个体已经到手的财产。这样，作为源自人与人之间协议的一种习俗，就需要一些制度来保证实施这种一致的意见。随着“人口繁衍，开始种植那些为我们带来衣食的作物”，人们逐渐认识到有必要引入财产所有权（Pufendorf，[1673]1991，第一卷，12.2）。

为了避免纷争，形成良好秩序，甚至可以被用来生产的东西也分给了众人，每个人都有自己的一份。因此这样一个惯例[convention]就被确定下来……所以，按照上帝的意志、先占者的同意[consensus]和至少是默示的契约[pactum]，对物权[proprietas rerum]或所有权[dominium]就产生了。

（同上：12.2）*

---

* 这段中译和前面脚注 157 中对此处的引文均见商务印书馆 2009 年出版的由鞠成伟翻译的普芬道夫的《人和公民的自然法义务》第 103 页。关于普芬道夫这一作品，国内最近集中地出版了三个版本。下面是 2010 年北京大学出版社出版的由支振锋翻译的《论人与公民在自然法上的责任》第 100—101 页，也包含了前面脚注 63 的引文之中译：

> 但是，在最开始时，所有这些东西都被认为是上帝造来为所有人无差别地拥有的，因此它们就不会属于这个人多于属于那个人。对此的限制是，人们在这样对待其他物种时，必须根据人类种群的自身的条件，满足维护和平、宁静与良好秩序的需要。因此，当世界上的人还非常少时，人们的认识是，一个人为个人利用之目的而占有的任何东西都应该属于他，任何人不得剥夺；但是，当时实际产出了那些东西的母体[corpora]不能被任何个人据为己有，而依然应该留存下来使所有人都能够利用。……为了避免冲突及构建良好秩序，人们开始分配他们所持有的资源，每个人都按照合适的份额分到了一份儿；于是，一个惯例开始确立起来……以此方式，对物的财产权[proprietas rerum]或者所有权[dominium]就通过上帝的意志及人们一开始就表示出的同意[consensus]与至少是一个默示的协议[pactum]，而被引入人世了。

吉林人民出版社 2011 年还出版了由祝杰与韦洪发合译的《论人和公民的自然法义务》，他们的这段译文见于该书第 59 页：

> 但最初人们认为上帝让所有事物平等地属于所有人，所以它们属于此人的程度不多于彼人。附带条件是，人类应当对它们作出人类情形及保持和平、安宁及良好秩序所要求的安排。因此当世界上人的数量还很少时，人们认为，一个人以自己之利用为意图而攫取的任何东西都是他的，其他人不应从他那里将其拿走，但产生这些东西的实际的动植物体[copora]还是所有人都可利用的，而不特别地属于任何人。……为了避免冲突并创立良好的秩序，他们采取了在他们中间分割动植物体的措施，并且每个人都分到了他恰当的份额；并且他们还订立约定……这样，上帝的意志就为人类引入财产权[proprietas rerum]或所有权[dominium]的观念，它从最初就得到了人们的同意[consensus]，至少伴有一种默会的同意[pactum]。

学术翻译向来不易，读者们可以比较阅读。——译者注如此一来，在普芬道夫的法理学中，财产专属权也还不是作为公民的一项神圣权利而建立在自然法的基础之上，在这方面，是约翰·洛克迈出了关键的一步。虽然是这样，普芬道夫还是在不经意间对人类劳动在先前充裕而后由于人口的繁衍增多而变得稀缺这一过程中，于私人财产的厘定中所发挥的决定性作用做出过评论，为自然权利的洛克主义理论开辟了道路（Pufendorf，[1672]1729，4.4.6）。

古典自然权利理论的发展，最终在约翰·洛克的著作（John Locke，[1690]1975）中达到了顶峰。和普芬道夫一样，洛克假设在自然状态中存在着的是所有权的消极社区，于其中没有人享有任何物的所有权。然而，洛克还一并废去了在私人所有权从自然状态中演现方面一致同意的必要性，我们今天或许会事后诸葛亮般地认为这不过是自然而然的平常之事，但是，洛克的确是迈出了关键的一步。洛克的这关键一步，是把他认为的每个人皆不可让与的、造物主或“大自然”赋予给他们的权利——劳动，置于其自然权利理论的核心当中，由此（恰当地）绕开了私人财产起源的契约理论，尤其是绕开了在格劳秀斯和普芬道夫的理论构造中长期悬而未决的所有问题。实际上，洛克在第二卷（政府论）第五章“论财产”的开篇一节即明确地为自己定下了这样的任务：“我将设法说明，在上帝给予人类为人类所共有的东西之中，人们如何能使其中的某些部分称为他们的财产，并且这还不必经过全体世人的明确协议。”*（[1690]1975，2.5.25）。

洛克认为，劳动如同生命一样，是每个人天然即有的财产。如果没有得到他人的同意，任何人都没有权利攫取他人劳动所得到的果实。同样，当他（她）将其劳动与（普芬道夫意义上的）社区所消极拥有的事物结合在一起时，在不经他人同意的情况下，其结果如私人财产一样，任何人皆可对之进行权利主张。因此，这个人可以恰当地将他（她）劳动所得来的成果归为己有，通过阻止其他人取得占有它的权利来将之变为私人财产。这样，财产权利就其与劳动的内在联系而言，就是天然的权利。为了使他以劳动为基础的财产权理论具备合法性，洛克假设在自然状态下土地和其他自然资源是

* 见商务印书馆出版的《政府论·下篇》第17页，译者叶启芳、瞿菊农。——译者注

相对丰裕的:

土地和一切低等动物为一切人所共有,但是每人对他自己的人身享有一种所有权,除他以外任何人都没有这种权利。他的身体所从事的劳动和他的双手所进行的工作,我们可以说,是正当地属于他的。所以只要他使任何东西脱离自然所提供的和那个东西所处的状态,他就已经掺进他的劳动,在这上面参加他自己所有的某些东西,因而使它成为他的财产。既然是由他来使这件东西脱离自然所安排给它的一般状态,那么在这上面就由他的劳动加上了一些东西,从而排斥了其他人的共同权利。因为,既然劳动是劳动者的无可争议的所有物,那么对于这一有所增益的东西,除他以外就没有人能够享有权利,至少在还留有足够的同样好的东西给其他人所共有的情况下,事情就是如此。

劳动使它们同公共的东西有所区别,劳动在万物之母的自然所已完成的作业上面加上一些东西,这样它们就成为他的私有的权利了。

一个人能耕耘、播种、改良、栽培多少土地和能用多少土地的产品,这多少土地就是他的财产。这好像是他用他的劳动从公地圈来的那样。即使说旁人对此都有同等权利,所以如果没有取得他的全体共有人、即全人类的同意,他就不能拨归私用、不能圈用土地,这样的说法也不能使他的权利失效。

(Locke, [1690]1975, 2.5.27, 2.5.28, 2.5.32)*

作为上帝"将世界给予全人类所共有","也要命令人们从事劳动"(同上:2.5.32)这一事实,再加上"'劳动'是劳动者无可置疑的财产"(同上:2.5.27)这一观念的结果,在洛克的自由政治哲学中,财产便与生命和自由一道成为了不可让与的天赋人权。然而,把私人财产的出现解释为个人对其劳动果实具有神圣权利的结果,却不构成对以下这一问题的答案,甚至都没有为之提供一个线索,这个问题就是:为什么它对于一个要建立的政治权威(政府)来说是必不可少的,以及政府活动的界限何在?通过将自然状态视为物产丰腴的乐土,洛克成功地把他的产权理论置于自然法的基础之上,而毋需借助于个人之间或隐或显的协议。但是,随着人口的蕃盛,土地开始变

* 中文见商务印书馆出版的《政府论·下篇》第18—20页。——译者注

得稀缺，对私人财产的保护，使得创生一个政治体制，从而解决源自个人之间勤奋程度和能力差异所自然带来的不平等，变得必要起来。这样一来，相对于人口增加而造成的资源的稀缺，在普芬道夫的理论中，带来的是财产个人化的协议，但是，在洛克的理论中，它所带来的则是统治者权威的建立。正如巴尔贝拉克在他关于普芬道夫(1672)的著名解读笔记中所阐明的那样，洛克把为制度的创生而在人与人之间达成协议的必要性，在历史的时间上做出了推迟，不像普芬道夫，洛克认为源自劳动的财产，其排他性权利可以直接从自然法中得来。尽管如此，这一理论仍然就人与人之间就建立统治权威以便解决源于不平等的冲突而达成必要协议这一点做出了妥协。简而言之，财产权出自天然，但是政治制度则是人们创造和选择的结果。[30]

洛克的产权理论深刻地昭示了他的政府理论，强调这一点非常重要。的确，也正是主要出于这一原因，他的自由主义政治哲学才受到了如许推崇。洛克认为，那些可以被正确地称之为“财产”的东西，基本上都是劳动的结果：

> 因为正是劳动使一切东西具有不同的价值。如果任何人考虑一下一英亩种植烟草或甘蔗、播种小麦或大麦的土地同一英亩公有的、未加任何垦殖的土地之间的差别，他就会知道劳动的改进作用造成价值的绝大部分。我认为，如果说在有利于人生的土地产品中，十分之九是劳动的结果，这不过是个极保守的计算。如果我们正确地把供我们使用的东西加以估计并计算有关它们的各项费用——哪些纯然是得自自然的，哪些是从劳动得来的——我们就会发现，在绝大多数的东西中，百分之九十九全然要归之于劳动……所以，在最初，只要有人愿意对于原来共有的东西施加劳动，劳动就给予财产权。
>
> (Locke，[1690]1975：2.5.40，2.5.45)*

由此可知，政府在分配正义(distributive justice)方面的实践应该受到严格的限制。尤其是在一个商业社会，一个人若没有财产，就会被排除在这个社会外，那么，在这种情况下，要想满足自己哪怕最基本的生存需要，可能都会面临极大的困难，最妥当的办法不是借助于在富人和穷人之间进行“馅饼”的再分配，而是通过因对私产的保护而得到促进的交换正义(commutative jus-

* 中文见商务印书馆出版的《政府论·下篇》第26、28—29页。——译者注

tice),来改善劳动和土地的生产力,从而使这个"馅饼"变得更大。这可能可以通过将英国与其北美殖民地进行比较,来得到最佳的说明,后者的自然禀赋得天独厚,但是在保护私产的制度方面却远为落后:

> 关于这一点,没有比美洲几个部落的情况更能作为明显的例证。这些部落土地富足而生活上的一切享受却是贫困的。自然对他们也同对任何其他民族一样,充分地提供了丰富的物资——那就是能生产丰富的供衣食享用之需的东西的肥沃土地——但是由于不用劳动去进行改进,他们没有我们所享受的需用品的百分之一。在那里,一个拥有广大肥沃土地的统治者,在衣食住方面还不如英国的一个粗工。
>
> (同上:2.5.41)*

洛克对未开化或原始社会里的国王与像英国这样的商业文明社会的一个日工进行的对比,不但和亨利·马廷顿(1701)在其支持东印度公司贸易的著名的匿名小册子里叙述过的情形相呼应,而且也与最有名的斯密(1776)中的观点彼此因应。[31]要想理解是什么使得商业社会中的劳动阶级(即"英国的日工们")能够享受到这样相对较高的生活水准——尽管在这样的社会,与其先前的社会相比贫富差距要大得多——其中最为重要的线索就在于劳动分工的扩大对生产力所造成的巨大影响。也就是说,就像斯密干净利落地指出的那样,"高昂的劳动/工资,低廉的商品"这种现象,乃是由于劳动的专业化和分工所致,这会使生活的舒适度得到快速而有效地倍增,而且也因此使得生活用品非常低廉。东印度贸易之所以值得提倡,就在于它扩展了市场的范围,增强了制造业中的竞争,因之也就促进了劳动的专业化和生产效率。[32]

正如洪特和伊格纳惕夫(Hont and Ignatieff, 1983:特别是41—44页)所指出的那样,通过创造性地把前辈学者有关财富的生成和流通的思想,融合到主要由普芬道夫和洛克所发展的自然法理学的总体框架当中,斯密建立了他自己的自然自由体系。当然,他自己的贡献不但难以尽数,而且十分重要,极富影响力。毋庸置疑,在这方面有所建树的学者当中,斯密在政治经济学史上可拔头筹,而且是最为成功的集大成者。斯密藉以成名的自然自由体系,其核心思想常被称作"看不见的手",对于那些并不十分了解斯密学

* 中文见商务印书馆出版的《政府论·下篇》第26—27页。——译者注

术的人，这个词可能会造成误导，让他们以为斯密拥护的是一个政府并不发挥什么作用的竞争性市场经济。鉴于斯密是对洛克的自然法理学体系进行的扩展，因此他的自然自由体系决不可能拒斥关于政府的理念。相反，民权政府(civil government)还是其自然自由体系的一个重要组成部分，尤其是在践行正义方面，更是如此。

然而，应当与上述内容予以清楚地划分的是，在洛克的自然法理学当中，一旦社会发展到一定程度，在财产方面它就会出现不平等的现象，这使得引入统治权威来解决社会成员或群体之间的冲突成为必要。就民权政府在践行正义方面的基本功能而言，斯密自己的自然法理学，通过将它在一个多阶段假设历史框架中进行系统地阐发，并且清楚地界定商业社会中政府活动的适当范围，而切实地发展了洛克的政府理论。为了达到这一目标，斯密(Smith，[1776]1937，第五卷，第一章)在“论司法经费”一节中对民权政府的起源和演化进行了历史性的阐述。在狩猎社会，“几乎谈不到有什么财产……当然用不着何等固定的审判官，或者何等经常的司法行政机构”*(Smith，[1776]1937：669)，因为“普遍的贫乏，造成了普遍平等的局面”**(同前：672)。但是，在社会发展的第二个阶段——农耕社会***，情况变得不一样了，因为这个社会允许存在较大的不平等。斯密写道：

> 财产上的不平等，开始于游牧时代，即社会发达的第二期。接着，它就带来了人与人之间过去不可能存在的某种程度的权力和服从，而因此又带来了保持权力和服从所必要的某种程度的民政组织……就保障财产的安全说，民政组织的建立，实际就是保护富者来抵抗贫者，或者说，保护有产者来抵抗无产者。
>
> (同上：674)****

---

* 中文见商务印书馆出版的《国富论》下册第272页。——译者注

** 中文见商务印书馆出版的《国富论》下册第275页。——译者注

*** 此处原文使用的英文词是“agrarian”，这种说法并不是一个严谨的指称，本书作者亦向译者坦陈这种讲法并不严谨，虽然适合于随笔之类的文章，但终还是不太适合学术文体，当然这样做也并非就是错误之举。鉴于英文原书当中已然是这样，此处译者不做删除处理，姑且予以保留，在此提请有心的读者加以留意。——译者注

**** 中文见商务印书馆出版的《国富论》下册第277页。——译者注

在商业社会，商业往来的增多进一步使得将司法实践与行政权力相分离并获得独立之地位成为必要，以便确保“每个人感到自己一切应有权利，全有保障”(同上：681)。* 每个人的独立和自由只有在其财产由司法的实施而获得保障时才能得到保证。保护私人财产的重要性就这样由民权政府得到了维护，也就是说，对社会中每个成员的财产进行保护，使其免于其他成员、甚至是统治者自身所带来的可能的侵犯，其重要性无论如何高估都不为过。

然而，在商业社会中，只是保护财产，维护司法的实施，对于确保经济体系的有效运行来说尚且并不足够。同样必不可少的是，统治者以及公众，要对民权政府的权力所能达致的限制范围有清楚的认识。换言之，只有当民权政府就社会整体而言在事务分工中仅就其中一部分——无可争议的基础部分——予以较好地处理时，劳动分工的合意社会秩序才有可能实现。像前文所述的那样，司法与行政权力的分离，仅仅是政府理论的一个方面。更为重要的则是，自然自由体系是如何主要通过促进竞争以及利用得自劳动分工的收益，而自行实现效率和公平的。正是在这一关键点上，斯密对于自然法理学，尤其是就政治经济学这个维度而言，做出了他最为重要的贡献。[33]

除了我们已经给出的斯密关于在这一方面、尤其是在自然自由体系下经济系统有效运行方面的思想之外，在斯密政治经济学体系，以及更为一般地来说，在他的社会思想体系中，就劳动分工所扮演的核心角色，我们可能还需再多加两个评论。准确地说，正是因为这整个经济系统是由为数众多的成员组成，他们在劳动的社会分工网络中从事数目广大的不同工作，故而至于没有人拥有足够的信息——更不用说能力——来判断对于个体成员、也因之对于整个社会而言，什么才是有效运行的最佳方式。这样，自然自由就成了唯一的一种选择，因为“法律应该让人民自己照应各自的利益，人民是当事人，定然比立法者更能了解自己的利益”(同上：497)。** 斯密所开出的自然自由体系这个方子，既有政治伦理原则的考虑，又有逻辑上的原因。正如4.1.3小节所评论的那样，斯密认为，禁止人们不能按照自己的判断，把自己的资财与劳动或他们所能制造的产品，投在自己认为最有利的用途上，“显

* 中文见商务印书馆出版的《国富论》下册第284页。——译者注

** 中文见商务印书馆出版的《国富论》下册第102页。——译者注

然是侵犯了最神圣的人权”(同上:549)。* 此外,对于君主、政治家或者特殊群体而言,这样的情况也揭示出了一个致命的缺陷:

> 一切特惠或限制的制度,一经完全废除,最明白最单纯的自然自由制度就会树立起来。每一个人,在他不违反正义的法律时,都应听其完全自由,让他采用自己的方法,追求自己的利益,以其劳动及资本和任何其他人或其他阶级相竞争。这样君主们就被完全解除了监督私人产业、指导私人产业、使之最适合于社会利益的义务。要履行这种义务,君主们极易陷于错误;要行之得当,恐怕不是人间智慧或知识所能作到的。(同上:651)**

斯密对于自然自由体系威力的深刻洞识与坚定信念,使得他强烈地拥护自由放任主义哲学,并对重商主义者的学说进行了摧毁性的打击。关于英国谷物贸易的“奖励金政策”(bounty policy),重商主义者的支持者使公众相信这才是英联邦发展的原因,斯密令人信服地论证道,这样一个贸易政策非但没有促成、实际上还阻碍了英国的繁荣。为什么在贸易管制被英联邦所接纳之后,而没有被诸如西班牙和葡萄牙这样的国家接受,我们仍然可以观察到英国社会的进步与繁荣,其原因只不过是因为在英国存在广泛的自由和产业上的安全,这种自由与安全足够强悍,以至于可以抵御这样恶劣的政策。㉞

自然自由体系的惊人后果,是由在利用个人的劳动和资源上尊重个人的选择而带来的,即文明社会中得自劳动分工的收益可以扩展到社会的各个阶层,这就不仅改善了劳动阶级的福利,同时也增进了上层阶级的福利。斯密写道:“在一个政治修明的社会里,造成普及到*最下层人民*的那种普遍富裕情况的,是各行各业的产量由于分工而大增。”(同上:11,斜体为本书所加)。***为了公平地看待斯密的卓尔不凡,也为了驳斥那些认为正是斯密1764至1766年间在法国期间于这一重要主题上可能受到了法国人影响的指控,我们需要铭记,至迟到1762年,斯密即已完全认识到了劳动分工在解

* 这一整句,均可见商务印书馆出版的《国富论》下册第153页。——译者注

** 中文见商务印书馆出版的《国富论》下册第253页。——译者注

*** 中文见商务印书馆出版的《国富论》上册第11页。——译者注

决不平等和"最下层人民"的贫困之间矛盾的威力。和他的同代人一样,斯密也面对这样一个看似极其令人困惑的现象:在一个文明社会,贫富不均一般来说并非由勤劳、节俭等之类的差异所造成,但是却比劳动分工并不发达的野蛮社会中所观察到的不平等要严重得多,然而,文明社会中即便是一个穷人,其生活也比野蛮社会里的富人要舒适得多。斯密认为,如果从劳动分工的优势观之,这一令人费解的难题即可迎刃而解。他写道:

> 在如此严重的不平等当中,与最受尊敬和最勤谨的野蛮人所能达到的生活相比,在文明社会,即便最低等、最卑贱的成员也普遍享受着丰裕和富足,对此我们该作何解释呢?劳动分工,把每个个人限制在某种特定的工作之上,可以独立地解释这种出现在文明社会中的丰裕之状,尽管有着财产上的不平等,但是它却可以将这种富足扩展到社会中的最低等成员身上。
>
> (《国富论》的《早期草稿》部分(1762);见 Smith, 1978:564)

结果,

> 正是以这种方式,在富足的商业社会,劳动力变得很昂贵,而生活费用反而比较低廉,而这两件事在世俗的偏见和浅薄的思虑看来是难以兼容的,但是凭借经验可以知道,这两者是可以完美地彼此一致地出现的。
>
> (同上:567)

随着劳动分工的深入和市场范围的扩大(交易双方从事交换的潜在利益也随之增加),财富以比投入到生产过程的劳动更大的比例被生产出来。正如斯密所言:"如果劳动是这样分工的,以致一个人能生产出这么多的产品,那么,超过维持生活所需的部分的剩余产品将是巨大的……这样,产品将便宜得多,而劳动却昂贵得多"(《法理学讲义,报告日期为 1766 年》,见 Smith, 1978:490—491)。* 这就毫不奇怪,一个文明社会中的普通日工可能要比野蛮国家的国王还要富足,而亚当·斯密的下述论断,如前文所示,不过是约翰·洛克(John Locke, [1690]1975, 2.5.41)和亨利·马廷顿(Henry Martyn, [1701]1968:72—73)思想部分的重新表述而已:

* 中文见商务印书馆出版的《亚当·斯密关于法律、警察、岁入及军备的演讲》第180页。——译者注

在劳动没有分工的野蛮国家，一切东西全是为了满足人类的自然需要。但在国家已经开化，劳动已经分工以后，人们所分配的给养就更加丰富。正由于这个原因，不列颠普通日工的生活享受，比印第安酋长更优裕。

(Smith，同前：489) *

在亚当·斯密赋予给商业社会公共部门的那些主要职能中，除了国防和司法之外，还有两个职能也值得关注：一是有助于促进那些出于明显的原因而对文明社会不可或缺的商业活动之职能，二是关于人民的教育之职能。后面这个职能，可以被看成是统治当局的一项主要责任，正是它与斯密关于商业社会性质的深刻理解密切相关，下一节我们将着力于此。

4.1.5 商业社会的集体智能

我们现在转过来讨论斯密学说中论述劳动分工的一个面向，正是在此，也许是他的经济著作最令人困惑的结论，呈现了出来：斯密对专业化的优劣分析似乎存有彼此不一致的地方。正如稍后将会看到的那样，专业化的不利影响不但全然与斯密理论中劳动分工的收益相一致，它们内在里存在深刻的联系。因此，除非以一种内在统一的方式对之进行检视和处理，否则斯密对劳动分工的阐述不可能被认为是完备的。

首先，要注意斯密关于专业化利弊得失的表述所呈现出来的悖论，内在里是与其对商业社会性质的理解密切相关的，而商业社会是人类文明的一个不同寻常的阶段，它从之前的社会——狩猎与采集、畜牧与农耕——演化而来，但又与它们截然不同。解决这一悖论的关键之处，在于随商业社会劳动分工而来的是知识的数量及其可自我持续的增长。[35]此外，在对斯密关于劳动分工的第三个优点所做的表述进行评价时，我们应当小心谨慎才是，这第三个优点就是劳动分工会带来新发明。斯密是从“简化劳动和节省劳动的那些机械的发明，看来也是起因于分工”来开始其阐述的([1776]1937：9)。讨论了长期关注某一简单工序及其目标自然会带来工人们对它们的改良之

* 中文见商务印书馆出版的《亚当·斯密关于法律、警察、岁入及军备的演讲》第177页。——译者注

后[36]，斯密着重指出，随着社会的进步，这会发生相当大的变化：

> 可是，一切机械的改良，决不是全由机械使用者发明。有许多改良，是出自专门机械制造师的智巧；还有一些改良，是出自哲学家或思想家的智能。哲学家或思想家的任务，不在于制造任何实物，而在于观察一切事物，所以他们常常能够结合利用各种完全没有关系而且极不类似的物力。*随着社会的进步*，哲学或推想也像其他各种职业那样，成为某一特定阶级人民的主要业务和专门工作。
>
> （[1776]1937：10；斜体为本书所加）*

当然，一旦“哲学家和思想家”在历史当中出现，劳动分工的原理也同样可以运用到这些新的职业上来，因为在这一新职业内的进一步劳动分工可以带来劳动效率的整体提高：

> 此外，这种业务或工作，也像其他职业那样，分成了许多部门，每个部门，又各成为一种哲学家的行业。哲学上这种分工，像产业上的分工那样，增进了技巧，并节省了时间。
>
> （同上：10）**

但是，这种改进的结果却影响深远，因为它们极大地丰富了作为整体的社会之集体智能：“各人擅长各人的特殊工作，不但增加全体的成就，而且大大增进科学的内容”（同上：10）。也就是说，尽管处在“哲学家和思想家”交易中的每个个人可能被局限在某一特定的知识分支，但是社会所获得的知识（“科学的数量”）在总体上变得非常之广。这进而意味着，哲学职业的不同分支上的从业者彼此之间的智识异质性程度，随着社会不断向劳动分工的深化而进步时，变得越来越高。

斯密强调历史的变迁，由此使得发明的任务不再局限于工人，而是逐步变成专业人员的领域，这对于理解他把劳动分工作为一个无所不包的主题来予以综合处理的努力而言，是至关重要的。通过这样的努力，他巧妙地把他的政治经济学体系和法理学统一起来。在一个文明的制造业和商业社会，斯密写道：

* 中文见商务印书馆出版的《国富论》上册第10—11页。——译者注

** 中文见商务印书馆出版的《国富论》上册第11页。——译者注

在文明社会，虽然大部分个人的职业，几乎没有何等变化，但社会全体的职业，则种类多至不可胜数。这各种各样的职业，对于那些自己未从事何等特定职业，有闲暇有意志去研讨他人职业的人，可以说提供无限的研究对象。像这样又多又杂的对象的观察，必然会迫使观察者不断运用心思，比较着、组合着，从而使他的智能，变得异常敏锐，异常广泛。

(Smith, [1776]1937：735—736) *

与此形成对照的是，在先前的未开化社会(狩猎和畜牧社会)或野蛮社会(农耕社会)，尽管每个人都要干不同职业上的活计，也因此掌握了为数不少的技巧和知识，但是这些职业和知识总是多多少少有些同质，对社会总体而言，对整体的知识推进甚少。

文明社会繁荣、富足的奥秘，最终在于职业的广泛性以及其个体成员较高的异质性程度，这些成员几乎每个人都专门从事于一门或很少的几门职业。然而，经由劳动分工的逐步深化而取得的工序上的专门化和固定化，也是有其代价的，这要由“人们当中的大部分”来承担。斯密认为，劳动分工扩展之结果，是个人：

变成了最愚钝最无知的人。他精神上这种无感觉的状态，不但使他不能领会或参加一切合理的谈话，而且使他不能怀抱一切宽宏的、高尚的、温顺的情感。其结果，对于许多私人日常生活上的平常义务，他也没有能力来作适当的判断……这样看来，他对自身特定职业所掌握的技巧和熟练，可以说是由牺牲他的智能、他的交际能力、他的尚武品德而获得的。

(同上：734—735)㊲

这反过来会带来失序和不谐，更不用说一个稳定而运行良好的文明社会只能由有责任感、受人尊敬和富有理性的个体公民组成这样的事实了。这样，公共教育，与有序、良好的治理一起，都在必需之列。

我们回想一下，当叙述到商业和制造业对农村“到目前为止最为重要的影响”时，斯密指出，商业和制造业把“享有秩序，拥有优良的地方治理以及个人的安全和自由”这些带给了这个社会(Smith, [1776]1937：385；参看本

* 中文见商务印书馆出版的《国富论》下册第340页。——译者注

书 4.1.2 节)。主要就一个运行良好的丰裕社会如何才有可能实现这同一问题,斯密转过来讨论,为了利用劳动分工发展所能带给整个社会的巨大利益,需要采取哪些有效措施来解决这一发展所带来的不利影响。[38]与劳动分工远尚不足的社会相比,因此也就是与知识和技能的散布和传播远非不可或缺的社会相比,文明社会中的教育可以带来更为广大的好处:

> 国家即使由下级人民的教育,得不到何等利益,这教育仍值得国家注意,使下级人民不至陷入全无教育的状况。何况,这般人民有了教育,国家可受益不浅呢……有教育有知识的人,常比无知识而愚笨的人,更知礼节,更守秩序。他们各个人都觉得自己的人格更高尚,自己更可能得到法律上、长上的尊敬,因而他们就更加尊敬那些长上……在自由国家中,政府的安全,大大依存于人民对政府行动所持的友好意见,人民倾向于不轻率地、不任性地判断政府的行动,对政府确是一件非常重要的事。
>
> (同上:740)*

顺带再提一句,值得注意的是,斯密不但提倡效率,同时也倡导公平,这与他的自然自由体系是一致的,并且他还认为自由社会中平民对其政府行为的明智判别是“最最重要的”,在这样的社会里,所有阶层的人们,包括工资劳动者,不必奴颜婢膝,从而也就担当得起公民的职责和权利。

4.2 劳动分工、报酬递增和市场过程:从斯密(Smith, 1776)到施蒂格勒(Stigler, 1951)思想的演化

在亚当·斯密对劳动分工经济学的众多重要贡献当中,特别有意思的一项工作是他经常被引用的关于劳动分工和市场范围之间关系的分析。不过,在阿尔弗雷德·马歇尔、艾伦·杨格、乔治·施蒂格勒和其他一些理论家步其后尘作了重要拓展的大背景下,斯密对于这一主题所做的原创性和恒久性贡献实在有遭到低估之虞。

* 中文见商务印书馆出版的《国富论》下册第 345 页。——译者注

正如上文所述，劳动分工受到市场范围的限制这一思想，在斯密之前老早即出现在色诺芬、柏拉图、伊本·赫勒敦以及其他一众作家的作品里。顺带说一句，这些作家，和斯密以及不少其他古典政治经济学家一样，都将人口的规模——尤其是城市中人口的规模——与职业分工的程度相联系。此外，诺思（North，1691）、马廷顿（Martyn，1701）和曼德维尔（Mandeville，1714/1729）都意识到（对外）贸易对（国内）生产中劳动分工的重要性，也因此对经济发展至关重要。

尽管如此，斯密似乎仍然是第一个全面地认识到这枚硬币的另外一面的作家：劳动分工在决定市场范围上发挥着关键作用，这一点爱德华·吉本·威克菲尔德（Edward Gibbon Wakefield，1835）对斯密的《国富论》进行精读时曾予以指出：

> 在一个政治修明的社会里，造成普及到最下层人民的那种普遍富裕情况的，是各行各业的产量由于分工而大增。各劳动者，除自身所需要的以外，还有大量产物可以出卖；同时，因为一切其他劳动者的处境相同，各个人*都能以*自身生产的大量产物，换得其他劳动者生产的大量产物，换言之，都能换得其他劳动者大量产物的价格。别人所需的物品，他*能与以充分供给*；他自身所需的，别人亦*能与以充分供给*。于是，社会各阶级普遍富裕。
>
> （Smith，[1776]1937：11；转引自 Wakefield，1835：81；斜体为威克菲尔德所加）

在他对斯密巨著的第四版所做的扩展性注释，以及在他为北美和澳大利亚的系统殖民所做的政策设计里，较之于在生产范围内决定经济发展上劳动分工的重要性方面，威克菲尔德试图赋予市场的范围和扩张更加重要的地位。与此同时，威克菲尔德并没有否认它们之间存在着相互依赖的关系。在这样做的过程中，威克菲尔德受到了另外一位学者——理查德·惠特利（Richard Whately）——的启迪，他称此人是“一位深刻的思想家和强有力的理论家”（Wakefield，1835：77）。惠特利的职业生涯相当丰富，作为都柏林的圣公会大主教和道德哲学家产生的影响力，遮盖了其牛津大学政治经济学教授的声名。这个教职，他毕竟仅担当过一段很短的时期。正是惠特利，创造了“交易学”（catallactics）（关于交换的科学）这一术语，并主要根据斯密主义的传统奠立了交易学的基本原理(尽管惠特利有时会强调他与斯密在某些重要议题上的不同之处,偶尔还不免有所夸大)。我们在回顾惠特利对斯密劳动分工学说的阐述之前,有必要对这位有趣人物所创造的交易学概念进行一番检视。

理查德·惠特利正是从亚当·斯密与他所探究的这门科学的名称——政治经济学——开始入手的。从词源上讲,"政治经济学"(political economy)这一术语源于希腊语中政治(*politica*)和家政学(*oeconomicus*)二者的结合,分别关注的是对城邦(polis)和家庭(oikos)的管理,"一个是处理联邦的事务和管理,另一个至少从其起源上讲是关于私人家庭事务的管理的"(Whately,1832:4)。对于门外汉来说,"政治经济学"这个术语可能会让他们联想到给定收入约束下的家政打理,显得这门学科处理的议题十分狭窄。除了术语上的考量,更严重的是这门学科的研究对象问题。出于这一原因,惠特利主张:

> 我个人觉得,最有描述性、总体上来说也最少引发反对意见的是交易学(CATALLACTICS),或者"交换的科学"(*Science of Exchange*)这一名称。可以这样来定义人:人,就是"会从事交换的动物"。即便在其他方面极为接近理性,显然也没有其他任何动物存有哪怕一点有关以物易物的概念,或以任何方式与其他动物交换某物的想法。
>
> (同上:6;斜体为原文所加)

对于熟悉斯密著作的读者来说,这种观点当然是老生常谈。[39]这位作者马上澄清他与斯密就"政治经济学"这一术语的使用所存在的分歧并不像初看起来那样显著:

> 这种看法与亚当·斯密的观点基本上没有什么不同;因为在这一科学中,财富这一术语被限制在*可交换的*商品之上;此门科学正是根据商品作为交换对象或者被设计成为交换对象的程度,来对它们进行处理的。
>
> (同上:7;斜体为原文所加)

然而,从"国民财富"到交换这一微妙的转换,对于经济学中若干后斯密主义的研究路向而言,却至关重要。首先,也是最重要的是,交易学原理蕴含着主观价值理论。对于那些可被交换之物,人们彼此之间做出的价值评估必然各各不同。"我一再认为,使用这个术语(交易学)来表达这种情况,实在是不二之选；同一件事物，对于不同的人来说是不一样的。”(同上:8;斜体为原文所加)。在惠特利那尚不够完善的新概念框架里，“财富”一词作为该框架的一个核心主题，被局限在可交换这个含义之下，他甚至认为，“总体上来说，将政治经济学描述为普遍而专门性地以*交换*为研究对象，用交易学来表示更加方便。”(同上:9;斜体为原文所加)。[40]不过，交换之物的前提条件是对财产安全的保障。很多作家都曾给出过这一观察结论，即人类文明是建立在劳动分工体系之上的，因此财产权同样必不可少。上述判断所言非虚，因为否则的话，对于社会的不同部分而言，劳动分成不同职业，彼此进行交换，就将无法变成现实。如果我们像惠特利那样站在交易学这个角度来看取的话，那么，文明社会的两个基本支柱就会变得更加一目了然。

> 我一向把*财产保护*看成是最为本质的一点，因为尽管没有劳动分工就不可能取得任何进步，但是如果没有对财产的保护，劳动分工就不会存在，而且劳动分工也不可能不与财产保护一同出现。很明显，除非生产出来的产品归生产它的人所有，任由他来处置，否则不会有哪个人可以通过全部或部分地投入到某一种产品的生产，将他其他方面的需要全部交由邻居们生产，然后与他们交换，而可以勉强度日的。另一方面，一旦财产得以建立并受到保护，那么劳动分工就会是一个自然而然的结果；因为劳动分工对于每一个个人，在每一个具体的情况下，总会得到那些具有相当远见之人的关注。
>
> (Whately, 1832:133;斜体为原文所加)

劳动分工和受到保护的财产之交换，二者之间的相互强化，促成了文明社会的整体进步。这一点使得惠特利得出了市场循环效应的重要观察结论，这一结论也成了威克菲尔德阐释斯密市场过程理论的出发点。惠特利写道：

> 劳动分工的深化会带来交易的增加，而这又会带来对货币的使用；后者的进步，反过来促进了前者。所有这一切，将会诱使社会对公路、水运，以及海上交通和其他运送商品和人员的交通方式进行投入和改进；这不但使得一国之内的交往更为便利，也使得与外国的往来更加便捷，再一次强化了其最初的动因，对于从中涌现出来的资本，促使其增长不断加快。
>
> (同上:161)

凭借惠特利对斯密的政治经济学所做的修正，即将其解释为交换的科学,爱德华·吉本·威克菲尔德把劳动分工和市场范围间互相强化的理论在相当程度上进行了充实。他自己的推理本身也很有意思,可以扼要地总结如下:正如被广泛理解的那样,劳动分工取决于市场范围,也即取决于"交换的力量"。不过,威克菲尔德认为,后者"取决于那些与维持生活的手段相联的劳动岗位的生产效率",也就是农业的生产效率。但是,农业的生产效率反过来主要取决于土壤的天然肥沃程度和天气的情况,而这些是"超出人力控制的因素",此外再加上运用到农业上去的劳动技能(Wakefield, 1835:79—80)。威克菲尔德观察到,在他所处的那个时代,三分之一的英国人口从事的是农业产业,而在法国和葡萄牙,这个数字则为三分之二和五分之四。在就业结构上的这一显著差异,以及由此而带来的交换力量上的差别,当然不可全然归于土壤和天气这样的非人为因素。相反,他认为:

> 正是通过劳动力应用到农业上去的较高的技能水平,才使得英国享有着比葡萄牙和法国更为强大的交换的力量……在法国和爱尔兰,如我们所看到的,土地的固定使用期限对劳动简单组合以及职业分工下的劳动复杂组合都制造了障碍,而这类组合却是英国农业得以远胜其他国家的原因所在。就比例而言,农业中的职业分成很多不同的部分,并与其他职业的完全分离,极大地提高了对农业的生产。
>
> (Wakefield, 1835:80—81)

这样,我们就得到了一个重要命题,"职业的分工受制于市场的范围,同时,在很大程度上市场的范围也同样受制于职业的分工"(同上:81)。

威克菲尔德决不认为他对这一主题的处理,是对一项颇有前景的科学研究给出的盖棺之论。相反,他呼吁,为了理解交易经济(交换的过程),我们应该对之进行更加系统的研究。

> 就像在走路的过程中需要两条腿共用一样,在政治经济学中,职业的分工和交换的力量是提高人类福利的彼此相互依赖的方式。然而,我们同时也必须得承认,在这一主题上,交换的力量还没有被哪一位作家进行过透彻的分析。这种复杂的力量有哪些因素构成,在什么样的环境下它会增强或减弱;这些都是有待解决的问题,在全面论述政治经济学原理的著作中,它们应当占据着较大的篇幅。
>
> (同上:82)

值得注意的是，威克菲尔德认为，“劳动分工”这个由曼德维尔首先使用、在斯密的著作中无处无之的术语颇具误导性，在这一点上他完全不认同斯密。他建议，这个术语应该用“职业分工”(division of employment)或“工序分工”(division of operations)来取而代之，这样就必定蕴含了斯密所指称的“劳动分工”这一社会现象的另一重要面向：“劳动的联合”(union of labor)，或者更为一般地说，就是“合作”。如此一来，威克菲尔德早已预见到了阿尔弗雷德·马歇尔的“积分法”思想，用来指称不同部分之间不断增长的相互关联和交互依赖性，这一思想马歇尔是作为“微分法”的对照补充而把它创造出来，所谓“微分法”，指的是不断细化的职业和/或工序分工以及专业化的深化。[41]威克菲尔德的与众不同之处在于，他将他的“合作原理”投入到了他那著名的殖民实验的实践中去，约翰·斯图亚特·穆勒在阐述他自己有关劳动分工背后的“合作原理”时，曾对这项成就(Mill, [1848]1940，第八章：116—122，尤其是第121页)给予了极高的评价。[42]

马歇尔使用了生物学类比来表述他的“微分学”与“积分学”思想(Marshall, [1920]1936，第四篇，第八章)。[43]一方面是劳动技能、知识和机器不断深化的专业化(“微分法”)，另一方面是被他称为“工业有机组织”(industrial organism)的不同部门之间更加紧密的联系(“积分法”)，这种更加紧密的联系乃是由市场使之更为便利，而得到加强的。

> 这种机能的再分之增加，或称为“微分法”，在工业上表现为分工、专门机能、知识和机械的发展等形式：而“积分法”——就是工业有机体的各部分之间的关系的密切性和稳固性的增加——表现为商业信用的保障之增大，海上和陆路、铁道和电报、邮政和印刷机等交通工具和习惯的增加等形式。
>
> (Marshall, [1920]1936：241) *

这很自然把我们带到了报酬递增理论的后续发展当中一个非常重要的主题上来，即对这类工业有机组织(尤其是对于一个个体企业而言)的生产效率方面意涵的关注。有鉴于此，马歇尔引入了“外部经济”(external economies)的概念，这是一个在20世纪20年代曾被热烈讨论的概念。他写道：

* 中文见商务印书馆出版的《经济学原理》上册第257页。——译者注

> 在通常被认为是只有很大的工厂才能获得的专门的技能与机械之使用上的那些经济之中,有许多并不决定于个别工厂的大小。有些决定于种类相近的生产的总量;而有些——尤其是与知识的发展和艺术的进步有关的那些经济——主要是决定于整个文明世界的生产总量。
>
> (同上:265—266)*

为了描述这类在劳动技能和机械上进行专业化,"有赖于这工业的一般发达"的经济,马歇尔创设了一个名词,亦即"外部经济"(同上:266)。尽管在他的著作中,外部经济这个概念有些语焉不详,但正如乔治·施蒂格勒(Stigler, 1941:69)所指出的那样,马歇尔的外部经济概念主要的含义源自地理上的专业化[44],因为:

> 当一种工业已这样选择了自己的地方时,它是会长久设在那里的:因此,从事同样的需要技能的行业的人,互相从邻近的地方所得到的利益是很大的。行业的秘密不再成为秘密;而似乎是公开了,孩子们不知不觉地也学到很多秘密。优良的工作受到正确地赏识,机械上以及制造方法和企业的一般组织上的发明和改良之成绩,得到迅速的研究:如果一个人有了一种新思想,就为别人所采用,并与别人的意见结合起来,因此,它就成为更新的思想之源泉。不久,辅助的行业就在附近的地方产生了,供给上述工业以工具和原料,为它组织运输,而在许多方面有助于它的原料的经济。
>
> 其次,在同一种类的生产的总量很大的区域里,即使用于这个行业的个别的资本不很大,高价机械的经济使用,有时也能达到很高的程度。因为,辅助工业从事于生产过程中的一个小的部门,为许多邻近的工业进行工作,这些辅助工业就能不断地使用具有高度专门性质的机械,虽然这种机械的原价也许很高,折旧率也许很大,但也能够本。
>
> (Marshall, 1920:271)**

虽然是这样,马歇尔并没有将他的外部经济概念专门局限在产业活动的地理集聚上面。他尤其着重地关注"相关的工业部门的增长,这些部门彼此

* 中文见商务印书馆出版的《经济学原理》上册第 279 页。——译者注

** 中文见商务印书馆出版的《经济学原理》上册第 284 页。——译者注

相互扶持”，由于交通和通信技术的改善，受到市场扩展的驱动，才造就了这种增长之结果(同上:317)。

然而，正如皮耶罗·斯拉法(Piero Sraffa, 1926)以其特有的清晰所证明的那样，在古典政治经济学文献中源于劳动分工的报酬递增，是不可能与马歇尔式的竞争性框架彼此兼容的。对斯拉法(Sraffa, 1926:540)来说，他显然不可能不知道，晚年的马歇尔在其对当代企业组织和产业技术的问题所做的全面研究结果《工业与贸易》(Marshall, [1919]1923:188)里，于第二卷中进一步阐发了他的外部经济概念，并且承认外部经济“几乎很少能确切地被配置在任何一个产业之中；它们很大程度上是与相关产业集群(groups)相联系的，而且通常是大的集群”。虽然是这样，但是如果仅就马歇尔的局部均衡分析来看，外部经济对于个体企业来说必然是外部的，而对于企业所在的行业来说则为内部的。不过，实际上这样的经济的确并不存在，这一点在斯拉法毁灭性的批评里已经得到揭示。㊺

部分是为了对斯拉法的批评做出回应，而且也为了给马歇尔的外部经济概念进行辩护，1928年9月10日，艾伦·杨格(Allyn Young)在格拉斯哥就任英国科学促进会经济学和统计学分部主席时发表了一篇就职演说，整个演说大量借用了这个城市曾经出现过的最杰出人物之一的思想。在这篇演讲词中，他说：

> 我将冒昧地进一步强调两点，这两点大家可能都很熟悉，但有时候却常常有被人遗忘的危险。(否则，有名望的经济学家们就不会认为，报酬递增完全是幻想，或者在报酬递增存在的地方，它们必然会导致垄断。)第一点是：表现为报酬递增的主要经济是资本主义生产方式或迂回生产方式的经济……基本上与现代形式的劳动分工的经济相等同……第二点是：迂回生产方式的经济，比其他形式的劳动分工的经济更多地取决于市场的规模，当然这正是我们在报酬递增的标题下讨论它的原因。
>
> (Young, 1928:530—531)*

* 中文译文参考了由浙江大学出版社出版的罗卫东教授编纂的《经济学基础文献选读》第275页，这一篇原文是由贾根良翻译，草木校对，本处译者重新做了改动。——译者注

对杨格来说,外在于个体企业的马歇尔的经济产生于整个工业有机组织,或者换句话来说,是源自劳动分工各分立部门之间的交换网络。杨格在外部经济中看到了劳动分工和经济组织的一条非常一般性的原理,这使他大大超出了马歇尔的产业区位集中的经济学范围。在后者那里,引入外部经济这个概念,无非是用来说明报酬递增规律罢了。他明确指出,马歇尔的外部经济是根植于劳动分工的深化和经济组织的变迁之中的,由此强调指出马歇尔的外部经济,不仅指数量上的变化,更为重要的是,它也包含性质上的变化。这样,把眼光集中在个体企业、乃至具体行业的运行规模,都是颇具误导性的。"他提醒我们,是大生产(Large production),而非大规模生产(large scale production),才允许出现报酬递增"(Young, 1990:54)。杨格认为,一方面是关联众多、彼此联接致密的*交换的*复杂网络,另一方面是*生产*当中劳动分工的深化,在现代形式当中常体现为生产的迂回方式,对这两方面之间的相互依存关系进行研究,才是一个更有前途的研究方向。[46]

> 劳动分工取决于市场规模,而市场规模又取决于劳动分工,经济进步的可能性就存在于上述条件中,人们除了获取新知识,取得进步外,也可以取得这种经济进步的可能性,不论他们所追求的是经济利益或非经济的利益。
>
> (同上:539—540)*

威克菲尔德主要是利用农业中雇佣的劳动之生产效率来建立市场范围和职业分工之间的依赖关系,而杨格则集中关注制造业中中间品市场的情况,注意到这一点是很有意思的,这部分是因为在制造业这一块美国超过了英国,在杨格那个时代,这是当时各方比较关注的一个主题。[47]不过,对于杨格强调迂回生产,还有一个重要的原因,那就是他非常欣赏马歇尔工业有机组织理论中所包含的那些洞识,这些洞识遭到了斯拉法和奈特以及其他人的攻击或/与误解,杨格毅然决然地起而辩护,是在捍卫本质上比马歇尔主义的经济学还要古老的一个重要传统。与此相关,值得着重强调的是,马歇尔的著作,有一个众所周知的显著特征,那就是他"对古典经济学家的尊崇",这一点施蒂格勒曾有论及(Stigler, 1941:63)。

---

* 中文译文见浙江大学出版社出版的《经济学基础文献选读》第 281 页。——译者注

在劳动分工和市场范围这一主题上，下一个有重大突破的是施蒂格勒(Stigler, 1951)，现在这篇论述垂直一体化的文章已经堪称经典，这位作者把他所谓的“斯密定理”(同上：185)——即劳动分工受到市场范围的限制——应用到了垂直一体化之上。斯蒂格勒认为，“企业在使用一系列不同的工序(operations)”生产一个最终产品。不同的工序需要使用不同的技术，也就是说，有些工序表现出成本递减这种模式，其他的工序则表现为成本递增，而某些工序可能会呈现U型趋势，这和我们的教科书中所一贯认为的是一样的。如果所有的工序被涵纳在同一个企业内进行操作，这就可以称之为是垂直一体化。否则，非一体化就会出现，外部的一家企业给下游企业以低于后者自己生产所给出的价格来提供中间投入品。斯蒂格勒的分析集中关注的是，(一体化企业生产出来的产品之)市场范围的变化是如何影响在成本的递减和递增约束之下的工序的垂直(非)一体化的，他得出的结论是，垂直一体化发生在衰落行业中(因市场范围萎缩之故)，而垂直非一体化发生在新兴行业里(因为市场扩大了)。

施蒂格勒(Stigler, 1951)的分析，也有若干缺陷，尤其是它对生产技术所做的经不住推敲的具体假设，使得他的结论大打折扣，自20世纪70年代以来，这一点后来被奥利弗·威廉姆森(Williamson, 1975)和其他一些作者诟病颇多。例如，在施蒂格勒对斯密的劳动分工与市场范围学说进行的重新表述中，他给出了两个假设，其中一个是这样的：递增成本约束下的工序和递减成本约束下的工序，彼此之间不存在互补性。但是，正如大卫·列维(David Levy, 1984：381—382)在他对施蒂格勒的理论进行阐释时给出的令人信服的证明那样，(反)互补性[(anti) complementarities]在导出施蒂格勒关于垂直(非)一体化和市场范围之间关系的命题上发挥着关键作用，因为不然的话，随着行业需求的增长，起初进行了一体化的企业可能不会有激励把成本递减的那些活动分拆出来，给专业化的企业来做。此外，严格说来，施蒂格勒的专业化指的是专业化的企业，因此与斯密制针业模型作为典范的劳动分工并不确然是一回事情，在制针业模型中，劳动分工可以在企业内或企业间产生(例如可以参看Levy, 1984：378，脚注3)。令人感到奇怪的是，施蒂格勒既没有在他的理论框架中，也没有在他所谈到的1860年伯明翰军工制造业(这是那个时代这个行业的世界领导者)的专业化事例中，利用交易费用经济学的洞见。实际上,在他谈到1860年伯明翰制造业专业化时,他曾给出过如下很有意思的评论:"太多人相信企业之间的交易十分昂贵,企业内的交易是免费的这样的结论了,这些人或许应该好好研究一下这一显赫的时期当中英国的组织情况"(同上:192)。[48]

尽管存在着各种各样的缺点,但是,施蒂格勒的研究仍然不失为劳动分工和市场过程的斯密主义理论进展的一个里程碑,因为它不仅给出了进一步研究垂直一体化的有用框架——这个框架已经产生了大批文献,而且也有助于在现代主流经济学当中复兴劳动分工的斯密主义精神。在结束他的这篇文章时,施蒂格勒清楚地认识到他的分析所可能达致的目的,他这样写道:"劳动分工并不是18世纪制针厂的一种古雅的实践;他是经济组织的基本原理"(Stigler, 1951:193)。在他的著作发表之后的四分之一世纪里,在推动这样一个基本原理的研究上,几乎没有什么进展,而且,总体上来看,斯密著作出版后的两百年间,职业经济学家对这一主题显然缺乏兴趣这一事实,一定让施蒂格勒感到了莫大的遗憾,他认为,这是后斯密时代经济科学的最大败绩。

> 斯密令人扼腕三叹的最后一大败绩就是,他因劳动分工而负盛名……但是却几乎无人用过或现在在用劳动分工的理论,其最突出的原因是,这简直没有任何理论……没有一个标准的、可操作的理论来把斯密所述描述成经济进步的原动力。斯密为劳动分工做了一番极为令人信服的展示——就好似今日专业化的威力带给我的说服力一样,相信这也是当年斯密所经历的震撼。然而,就我所知,没有任何迹象表明,自斯密以降,在这个主题上有过什么重要的进展,而且,专业化也不是现代生产理论的一个整体部分。这大概可以用来为如下这一事实提供一个不错的解释:规模经济的现代理论不过是聊供备选之用的各种理论方案的拼盘而已。
>
> (Stigler, 1976:1209—1210)

除了阿尔弗雷德·马歇尔和艾伦·杨格将斯密的报酬递增概念推广到遍及整个经济的专业化和交换关系上之外,这一点前面已经述及,同样比较重要的还有查尔斯·巴贝奇和卡尔·马克思对资本主义工场手工业——其特点是机器的广泛使用——中劳动分工的研究,以及F.A.哈耶克对知识分工所做的力透纸背的分析，这一分析必可被视为古典劳动分工理论的重大扩展，这些下一部分（第5章、第6章）将对之进行检视。有鉴于此，对于施蒂格勒关于这一主题的后斯密主义分析所做的悲观评断，似可稍有异议。尽管如此，也许称得上是20世纪当中“亚当·斯密最好的朋友”（Rosenberg，1993），施蒂格勒认为在这方面本来应该有更多的研究，而且他也确实是有能力来促成研究格局的变动。20世纪的最后25年见证了专业化报酬递增研究的令人瞩目的复兴热潮，这部分要归功于施蒂格勒和他在芝加哥大学的同事们不遗余力的热情推动，这些我们将在第8章第8.1节进行讲述。

附录：斯密—杜尔阁迷思

正如上文所述，在18世纪之前，古希腊和古代中国的先哲、中世纪穆斯林世界的神学家和重商主义的小册子作者们，已经广泛地认识到，人类文明及其扩张取决于社会合作与劳动分工，由此推论，在研究社会和经济发展的性质与原因时，理解劳动分工可能带来的收益是不可或缺的。在18世纪早期到中期，经济科学作为一门独立而自足的学科，于其形成和演现之中，劳动分工这一主题得到了大量关注，这一点远胜19世纪经济著作中的情况。在18世纪，讨论劳动分工是很常见的现象，甚至某种程度上来说也是很自然的现象。人所共知，当亚当·斯密发展其有关财富的性质和原因的分析体系时，是把劳动分工作为分析的基础。很自然地，斯密以各种方式触及到了在他之前的众多作者所提出来的有关这一主题的多个侧面。当他对某些具体要点进行阐发时，他可能博览了前人有关这些方面的著述，但是却并未明确地指出他的知识来源。无论真实的情况到底是怎么样的，斯密对劳动分工的处理，在知识发现的优先权上，引发了诸多讨论和争议，其中最有意思、也最为翔实的有两个，一是说斯密从杜尔阁处借用了大量的想法，另一个可能更富争议，是围绕制针业的例子而展开的（对后者可以参看本书3.4节）。

杜尔阁（Turgot，1969—1970）所著的《关于财富的形成和分配的考察》一书，开首几章关注的正是劳动分工的收益，它与斯密在若干年后出版的巨著有着惊人的相似之处。两部书在内容上也有诸多明显相似之处。这些事实,再加上斯密于1766年访问巴黎时两人之间发展起来的私谊,引起了人们对斯密的知识产权优先性的猜测和争议。不过,就对劳动分工所做的分析而言,斯密在这一主题上涉嫌抄袭的那些观察结论,均包含在他的巨著的第一卷,而这些内容斯密在1762—1764年间于格拉斯哥大学开设的法理学讲座当中都已经给出来了,这段时间是在他会见杜尔阁的若干年之前,也在杜尔阁《考察》一书出版前的数年。基于两人主要著作在其他方面的相似性所提出的剽窃指控,也没有什么更为坚实的依据,因为他们似乎都受了同样一批学者们的激发,这些学者包括约翰·洛克、理查德·坎蒂隆、大卫·休谟以及弗朗西斯·魁奈等人[参看Groenewegen(1969)关于这方面的参考文献]。更准确地说,这种相似性只局限在斯密(1776)《国富论》的前两卷和杜尔阁《考察》一书的相类似的地方,对于斯密著作的这一部分,他采纳的分析框架本身是与杜尔阁的框架迥然有异的(Groenewegen, 1969)。斯密于1763—1764年间所做的法理学讲义重见天日之际,埃德温·坎南(Cannan, 1896)针对两本书之间的相似之处引发的斯密涉嫌剽窃的争论所做的点评,今日听来依然让人耳目一新:

> 在这种情况下,根据学说的类似性来下判断是极其幼稚的做法。在现代作家的著作中,这种类似不断出现,但这些作家很可能不知道彼此的著作。这种巧合的地方,可简单解释如下:在著作方面正和在其他方面一样,同样的原因产生同样的结果。
>
> (Cannan: vviii) *

此外,同样重要的是,斯密独树一帜,将劳动分工的报酬递增视为中心指导思想,不仅用来阐释财富如何形成和分配,以及在此过程中资本如何形成、为什么会那么重要(《国富论》前两卷所关注的内容),而且用来雄辩地阐述欧洲商业社会的演现(第三卷)、自由贸易的强大威力以及政府职能的合适范围(第四卷和第五卷)。

---

* 中文见商务印书馆出版的《亚当·斯密关于法律、警察、岁入及军备的演讲》中的原编者引论第17页。——译者注

注　释

① 我们会在其他地方花费一点篇幅来集中讨论这些有关斯密劳动分工学说的争议(参看第3章最后一节,本章附录,以及第5章。)

② 后文会对自然法理学说在斯密政治经济学,尤其是他的劳动分工理论中发挥的关键作用多花些笔墨。

③ 在罗纳德·L.米克(Ronald L. Meek)和安德鲁·S.斯金纳(Andrew S. Skinner)所做的对斯密不同手稿之间关系细致入微的研究中,他们(1973:1102)这样评论这些《早期草稿》:这些文件

> 显然代表了斯密在试图将他在法理学讲义中的“经济”内容转化为一本书的形式方面所做的一项初步的、而且是临时性的尝试。这些文件就好像今天我们哪个人打算出版一本自己正在规划中的书,为那些可能对我们的书感兴趣的出版商所写的文字材料,出版商一般会要求我们提供第一章的样章,再加上对剩余那些章节内容的一个概要介绍。
>
> (1973:1102)

有意思的是,《早期草稿》中关于劳动分工的部分与直到1763年底斯密所做的法理学讲义,有着紧密的对应关系,但是并没有涉及劳动分工取决于市场范围这一思想。劳动分工取决于市场范围无疑是一个非常重要的观念,但是尽管如此,直到1763年4月5日之前,斯密并未对此进行过讲解(参看斯密的《法理学讲义:1762—1763年的报告》,见Smith, 1978:349—356),极有可能是他在1763年3月之后的讲义中事后追加的内容。根据所有这些迹象,米克和斯金纳敏锐地观察到:

> 认为早期草稿是斯密讲课笔记“经济”部分的修正版,似乎是合理的推测,因为这些笔记的时间都在1763年4月之前不久;在思考劳动分工以及他要以何种方式在其所规划的书里处理这一主题的过程中,斯密有了某些新的想法,这里面就包括劳动分工对市场范围的依赖关系。
>
> (同上:1103)

④ 参考本书第4部分关于斯密式发展经济学的内容。

⑤ 正如前文所述,斯密总结出来的劳动分工的三大好处,几乎可以肯定均源自于前辈作者,其中尤其要数法国百科全书学派(参看第3章最后一节)。但是,就这些好处的深远意涵,尤其是它们与商业社会和自然自由的联系而言,一直到斯密的主要著作为止,迄未得到充分地予以阐明,这一点当是没有任何疑问的。

⑥ 参看本书第2章和第3章。

⑦ 参看本书后文第6章。

⑧ 在斯密《法理学讲义》(1978)的“导言”里,米克、大卫·D.拉斐尔(David D.

Raphael）和彼得·G.施泰因（Peter G. Stein）极其谨慎地将这些讲义的具体成书时间确定为1763—1764学年（参看同上：5—9），这一点是受埃德温·坎南就这些讲义可能的成书时间所做的敏锐判断的启发。

⑨ 在洪特和伊格纳惕夫（Hont and Ignatieff，1983）对斯密的整个学说体系进行的高超表述里，他们颇为中肯地认为，在商业社会中，市场体系在把工薪劳动者们充裕的生活物资与不平等相调和方面所具有的有效性，是斯密在雨果·格劳秀斯、萨缪尔·普芬道夫和约翰·洛克这些人所发展的自然法理学传统精神下，于其道德伦理学、政治经济学和法理学当中试图回答的核心问题。后文我们还会对这一重要之点花费更多的篇幅。

⑩ 使各种职业家的才能形成极显著的差异的，是交换的倾向；使这种差异成为有用的也是这个倾向……人类彼此间，哪怕是极不类似的才能也能交相为用。他们依着互通有无、物物交换和互相交易的一般倾向，好像把各种才能所生产的各种不同产物，结成一个共同的资源，各个人都可从这个资源随意购取自己需要的别人生产的物品。

(Smith，[1776]1937：16)（中文见于商务印书馆出版的《国富论》上册第16—17页——译者注）

⑪ 在下一节，读者可以读到关于斯密著作中这两个孪生概念的更多内容，还有爱德华·吉本·威克菲尔德的详尽阐述，与阿尔弗雷德·马歇尔和艾伦·杨格所做出的实质性的发展，这些都是沿着斯密的研究路线予以推进的研究。

⑫ 假设历史的这四个阶段——狩猎、畜牧、农业和商业——每一个都是由不同的生存模式来定义的。关于在古典政治经济学塑造过程中，这一派思想——尤其是18世纪的法国人和苏格兰人——所发挥的重要作用，参看罗纳德·L.米克（Ronald L. Meek，1976）。

⑬ 像在其他很多场合一样，斯密紧接着评论道，他的密友大卫·休谟是这一思想的原创者："据我所知，曾注意到此点的作家，迄今只有休谟先生。"(Smith，[1776]1937：385)。通过扩大交换的范围和程度，商业和制造业的进步激励农村居民在使他们的劳动更具生产效率方面做出更大的努力。

哪里的制造业和机械技术不发达，哪里的大多数人就得躬耕力田，从事农业；如果人们的劳动技能和生产情绪提高了，他们的劳动一定会生产出丰硕的成果，其数量将远远超过养活他们自身之所需而有余。既然他们不能用那部分剩余物换回那种可供他们消遣或满足他们虚荣心的商品，他们的生产情绪低落，也就不会有兴趣去提高劳动技能……一个国家的工业产品丰富，机械技术发展，则非但农民、就连土地所有者也都把农业当作一门科学来研究，兢兢业业，干劲倍增。他们的劳动所产生的剩余物没有白白浪费，而是用来交换人们为了享受舒适生活而渴望得到的那些商品了。

(Hume,[1752]1994:98—99)(中文见于商务印书馆出版的《休谟经济论文选》第10页,陈玮译。——译者注)

此外,休谟还观察到,个人的安全和自由也可能由商业上的进步带来:

一般公认,国家的昌盛,黎民百姓的幸福,都同商业有着密切难分的关系,尽管就某些方面而言,也可以认为彼此之间并无制约互赖的关系。而且,只要私人经商和私有财产得到社会权力机构的较大保障,社会本身就会随着私人商业的繁荣发达而相应强盛起来。

(同上:94)(中文见于商务印书馆出版的《休谟经济论文选》第5页。——译者注)

⑭ 参看斯密(1776:374—379)对自由市民(free burgher)的历史性兴起与演化,以及罗马帝国衰亡后在欧洲城市中个人自由与安全和良好秩序的树立所做的论述。尤其值得注意的是,与乡村中的情况形成了对照,城市中个人的安全解释了城市中资本的积累,而这是远在乡村中类似情况发生之前而出现的(同上:379)。

⑮ 有意思的是,斯密几乎从来都不放过任何一个机会对大领主们在奢侈品消费方面的虚荣心嗤之以鼻,而这种虚荣心是构成这些人从事商业事务的一个主要动机,斯密把他们描述成"傲慢、无情的地主",他们追逐"所有不同的珠宝首饰"这类"毫无意义的无用之物",是"为了满足最幼稚最可鄙的虚荣心",如此等等。(Smith, 1776:389; Smith, 1759:184)。

⑯ 也可以参看斯密的《法理学讲义,报告日期为1762—1763》,见斯密(1978:332—333)。

⑰ "无论在哪里,只要有巨大的财产,就会有巨大的不平等",斯密所做的评论直截了当(1776:670)。为了解决这类不平等所造成的紧张和不安的氛围,经由民权政府而践行正义是必由之路。

⑱ 例如可参看米克(Meek, 1976)。

⑲ 参看斯密(Smith, 1776),第四卷,第七章,第二节,"论新殖民地繁荣的原因"。也可以参看孟德斯鸠(Montesquieu, 1748,第19卷中的第27章第3节),在这里,这位了不起的思想大师在其论英格兰的两个著名章节(然而这个国家的名字却压根就没有指出来)中的其中一个里分析了一个国家所赋予的自由之特权能够带来什么,以及这样的自由如何通过商业和殖民化进行传播的。

如果这个国家遣送一些人到远方侨居的话,则它的扩展贸易的意图是多于扩展统治势力的意图的。人总是喜欢把自己国内所建立起来的东西同样地建立在别的地方,所以这一国家把自己的政体介绍给它的殖民地的人民。因为这个政体到处带给人们繁荣,所以我们看到在它遣送国民去居住的森林地带，出现了一些强大的人民。

(Montesquieu, [1748]1989:328—329)(此处中译见商务印书馆出版的《论法的精神》上册第324页。——译者注)

孟德斯鸠和斯密关于法律起源在塑造殖民地制度架构及其对不同经济绩效的影响发挥着关键作用的有意思的观察，实为过去十余年(1997—2010)间大行其道的一支文献的先声，这支文献是由拉斐尔·拉伯塔、弗洛伦斯·洛佩兹-德-西兰尼斯、安德里·施莱佛和罗伯特·W.维什尼(Rafael La Porta, Florencio Lopez-de-Silanes, Andrei Shleifer and Robert W. Vishny, 1997, 1998)最初发起的。

⑳ 参看下文第5章，可以看到查尔斯·巴贝奇和卡尔·马克思对这一主题所做的重要贡献。

㉑ 社会全部的产业决不会超过社会资本所能维持的限度。任何个人所能雇用的工人人数必定和他的资本成某种比例，同样地，大社会的一切成员所能继续雇用的工人人数，也一定同那社会的全部资本成某种比例，决不会超过这个比例。

(Smith, [1776]1937:421)(中文见商务印书馆出版的《国富论》下册第24—25页。——译者注)

㉒ 斯密有关看不见的手在处理局部信息上所具有的优势这方面的学术贡献，得到哈耶克的大力推进(参看下文第6章)。

㉓ 对那些可能认为他们的有形之手，或者更准确地说，相信行政权威的有形之手，表现得比看不见的手更好的人，斯密不屑一顾地评论道：

如果政治家企图指导私人应如何运用他们的资本，那不仅是自寻烦恼地去注意最不需注意的问题，而且是僭取一种不能放心地委托给任何个人、也不能放心地委之于任何委员会或参议院的权力。把这种权力交给一个大言不惭地、荒唐地自认为有资格行使的人，是再危险也没有了。

(同上:423)(中文见商务印书馆出版的《国富论》下册第28页。——译者注)

㉔"最神圣的人权"这一概念很自然地将我们带到了斯密自然权利理论的内核上来，下一小节将会对此予以扩展。

㉕"看不见的手"一词在斯密的著作中一共出现过三次。另外一处见于《天文学史》(第三节，"论哲学的起源"; Smith, 1980:49—50)中的"朱庇特的看不见的手"，在这里讨论的是在"世界的第一阶段"，诸如"雷鸣电闪、风雨阴晴"这类"大自然的非常规事件"会引发愚昧的野蛮人无限的惊叹。显然，"朱庇特的看不见的手"或者早期宗教中任何拟人化的神祇所指称的，与斯密的自然自由体系颇不相同，自然自由体系是斯密关于伦理学、法理学和政治经济学的主要著作集中关注之所在。但是，在它们之间共同存在着一些

重要之处，因为这两者都可以用来描述人类对自发秩序在理解上的局限，以及持久不断的惊奇，也都代表了斯密意欲发展一套关于大自然的无所不包的宏大体系这样一种雄心勃勃的努力之一部分。对此，艾莱克·麦克菲(Alec Macfie，1971)不失为一篇关于斯密的"看不见的手"短小但是说理又很清楚的文章。然而，根据彼得·哈里森(Peter Harrison，2011)最近对使用这个术语的历史所做的研究——这是到目前为止有关这个话题最系统的研究——在被斯密之前的众多欧洲和英国作家于17世纪和18世纪的众多场合使用这一术语"看不见的手"时，一般是援引它的神学意涵。使用这个词语，斯密没准儿也是出于同样的目的(Harrison，同前：46)。

㉖ 普芬道夫明确地对所用的术语进行评论道："我们把领地和财产视为等同。"(Pufendorf，1672：4.4.2)。

㉗ 在他对其著作(1672)的多个部分所做的说明性总结里，普芬道夫曾这样评述道："但是，最开始时，上帝所造的所有这些事物都是平等地属于所有人的。所以，任何人都不比他人对它们享有更多的权利。但是，考虑到人的生理结构，人们应当就如何利用它们达成协议，以保持和平与安宁，维持必需的良好秩序。因此，当人类的数量还很少的时候，个人为了自己利用而占有的任何东西都应当属于他，其他人不得抢夺。但是这些东西所从出的那些资源都应当留归公有，不应当被任何人据为己有。"(Pufendorf，[1673]1991，第一卷：12.2)(有关此段译文的相关情况，参看第6章注释21。——译者注)

㉘ 也可以参看让·巴尔贝拉克的《关于普芬道夫的若干注记》(Jean Barbeyrac，1772，4.4.1，4.4.3和4.4.4)、理查德·塔克(Richard Tuck，1979：158—162)以及洪特和伊格纳惕夫(Hont and Ignatieff，1983：30—35)。

㉙ 例如可参看施拉特(Schlatter，1951：144—149)，其中这位作者很好地总结了普芬道夫的"关于政府的典型自由主义理论"，他是这样总结的：

> 确立财产的协议，在时间上要先于那些确立政府的协议；建立政府，意在保护先前那些确立财产的协议；把政府构建起来的那些契约，迫使它们尊重个人的财产。进而言之，认识到所有人都有同样的权利进行交换和获得财产，国家就一定得确保天赋的初始平等权：授予垄断权以及其他特权是对自然法的违背。
>
> (同上：148)

㉚ 参看巴尔贝拉克对普芬道夫([1672]1729：4.4.4)所做的注释3和注释4。本书作者在此受益于洪特和伊格纳惕夫(Hont and Ignatieff，1983：39—40)，正是此文让作者注意到了巴尔贝拉克对这一点所做的深刻而敏锐的评论。

㉛ 有关此点更多的内容，参看后文。

㉜ 有关亨利·马廷顿在他那颇富影响力的关于东印度贸易的小册子中对劳动

分工所做的分析,其更为详细的内容可以参看本书3.1节。

㉝ 参看哈孔森(Haakonssen, 1981),尤其是第7章,以及洪特和伊格纳惕夫(Hont and Ignatieff, 1983)。

㉞ "英国法律保证了一切人都享有其自己劳动的果实。只要有这种保证,就能使英国繁荣,尽管有了上述以及二十条其他不合理的商业条例。而且,由革命而完成的这种保证,和奖励金的设置,几乎是同时的……在大不列颠,产业是很安全的;虽不能说完全自由,但与欧洲各国比较,总是一样自由或者更为自由"(Smith, 1776:508)。(中文见商务印书馆出版的《国富论》下册第112—113页。——译者注)

㉟ 下面几页关于斯密对社会的集体智能如何作为劳动分工的结果而增长这一思想所做的论述,主要受罗森伯格(Rosenberg, 1965)的杰出论文的启发(尤其是其中第134—139页),也部分地依赖这篇论文才得以完成这一阐释。这篇论文对如何将斯密(Smith, 1776)中提到的专业化之经济利益与劳动分工对劳动者产生的负面影响彼此调和这一长期争论不休的问题进行了分析。类似地,肯尼思·阿罗(Kenneth Arrow, 1979:77)也强调了斯密对文明社会中劳动分工的利弊得失的"两种观点"所做的调和,认为普遍的基础教育作为一种有用的手段,在克服就大部分社会成员而言在知识上的欠缺,有其必要性。

㊱ 用在今日分工最细密的各种制造业上的机械,有很大部分,原是普通工人的发明。他们从事于最单纯的操作,当然会发明比较便易的操作方法。

(Smith, [1776]1937:9)(中文见商务印书馆出版的《国富论》上册第10页。——译者注)

㊲ 斯密对劳动专业化的不利之处所做的陈述,对于生活在高度专业化的从业者肯定没有"变成了最愚钝最无知的人"这样一个世界的现代读者来说,听起来可能有些夸张。在斯密的时代,一定要注意,人们中的大部分都是被限制在一道或很少的几道工序上进行重复性操作的,不但是在工厂中如此,而且在手工作坊中也是这样。此外,对于过度专业化的人道主义关切实在是贯穿了19世纪与20世纪。(本处中文译文见商务印书馆出版的《国富论》下册第339页,本书作者有改动。——译者注)

㊳ 的确,在商业文明中,劳动分工的增进所带来的不利影响,斯密(Smith, 1776)在其书第五卷有过著名的阐释,其实在其著作的较前部分中对此已有提及。在把乡村中人们的技能与城市中的机械行业进行比照时,斯密展现了他典型的深刻洞识和明智判断,这些都是基于、也极为巧妙地结合了他丰富的世俗智慧的观察。他写道:

不仅一般农民的技术或农业的一般操作方法,而且农村中许多低级劳动所需要的经验与熟练,比大部分机械工艺所需要的多得多……

普通庄稼汉……诚然，他不像都市机械工人那么惯于社会交际，而他的声调和言语，也不免使那些没有听惯的人觉得粗野而且不容易了解。但他惯于考虑各种各样事物的理解力，一般比终日通常只搞一二种极简单操作的人强得多。只要你因营业关系，或为好奇心所驱使，曾和农村下级人民与都市下级人民多接触，你就知道，前者实比后者优秀。

(Smith, 1776，第一卷：127)（中文见商务印书馆出版的《国富论》上册 120—121 页。——译者注）

㊴ 斯密曾指出"互通有无、物物交换和互相交易的一般倾向"导致了劳动分工，由此而带来"劳动生产力上的最大增进"([1776]1937，第一卷，第一章和第二章)，这一点是相当著名的，重新回忆一下也颇有用。基于同样的原因，斯密进一步煞费苦心地为此进行论证，还是最终由于人类天性的这种倾向，劳动分工要受到市场范围（交易的力量）的限制，而且劳动分工不仅是必要的，还因货币的使用而得到了促进（同上，第一卷，第三章和第四章；也可参看 Whately, 1832：141—145）。

㊵ 这位作者没有将他的交换概念局限于物质对象或自愿交换上，这一点并不让人感到奇怪。他明确指出，纵然是税收，也可以被视为纳税人以财富从统治者手中换取保护的交换，从而很好地予以概念化（同上：9—11），因此这种现象无疑也是交换科学的题中应有之意。

㊶ 必须要予以指出的是，劳动的社会分工这两个侧面，也即"微分法"（专业化）和"积分法"（不断增强的相互依赖性），在马歇尔之前已经有很多作家对此相当熟悉了。其中一个代表性的例子，是 G.W.F.黑格尔将生产中的劳动分工视为公民社会的典型表现这样一种观察结论：

个人的劳动通过分工而变得更加简单，结果他在其抽象的劳动中的技能提高了，他的生产量也增加了。同时，技能和手段的这种抽象化使人们之间在满足其他需要上的依赖性和相互关系得以完成，并使之成为一种完全必然性。

(Hegel, [1821]1942：129)

顺带提一句，机械化作为劳动分工的伴生物也在黑格尔的关注之列，因为他在这段引文后随即评论道："此外，生产的抽象化使劳动越来越机械化，到了最后人就可以走开，而让机器来代替他。"（同上）。（这个脚注中对黑格尔的话的引述，其中文译文见商务印书馆出版的《法哲学原理》第 210 页第 198 节，译者范扬、张企泰。——译者注）

㊷ 在本书第 7 章，我们将通过引入对城市化的讨论，回到威克菲尔德的殖民方案上来。

㊸ 经济系统可以被视为社会有机组织的一部分，也因此在社会有机组织中得到

体现,或者把它看成是独立运行的有机组织,这种思想在经济学中当然不是什么新东西。这思想后来被人与社会达尔文主义以及制度化的种族主义联系到了一起,不免让人感到遗憾。迈克尔·赫特尔(Michael Hutter, 1994)曾就有关德语文献当中对作为一个经济学隐喻的有机组织这个观念,作了内容丰富的历史调查。此外,有机组织这一借用来的术语,对马歇尔关于劳动分工网络的经济分析而言发挥了重要的启发作用,但是,其潜在的威力却未能在其经济学体系中得到充分的展开,这是因为正如卡密里·利莫格思和克劳迪·梅纳尔多(Camille Limoges and Claude Ménard, 1994)所指出的那样,马氏不得不借助于前达尔文主义的机械分析来处理他的经济均衡观念。

㊹ 也可参看阿尔弗雷德·马歇尔和玛丽·佩里·马歇尔(Alfred Marshall and Mary Paley Marshall, 1879)第一卷第七章和第八章的处理,马歇尔(Marshall, 1920,其第一版出版于1890年)正是从这个最初提到外部经济概念的地方进行精炼和阐发的。

㊺ 对于由斯拉法这篇颇具毁灭性的分析所引发的热议,可以参看1930年3月号《经济学刊》(*The Economic Journal*)的"报酬递增和代表性厂商"专题讨论。如施蒂格勒(Stigler, 1941:72—73)所建议的那样,摆脱报酬递增和完美竞争的不可比性这一问题,其中一条可能的途径就是放弃马歇尔式的局部均衡,转而借助于一般均衡分析。

㊻ 杨格曾经坦率地对弗兰克·奈特的《风险、不确定性和利润》未出版时的手稿进行评论,这本书是奈特在杨格指导下完成的博士论文。"我担心,你误解了马歇尔外部经济这一观念。外部经济是更深一层的专业化和劳动分工的(一般情况下的)经济,随着该行业中*产出的增加*(increase of output)而出现……产出的增加,当然意味着要有更多的工厂,但是更重要的是,它们不是'类同的企业',一般来说,是更为专业化的企业"(转引自Blitch, 1983:362;斜体为杨格所加)。随着更为专业化的工厂建立起来,工业产出大幅度增加,而使得经济进步成为可能,这其中关键的要素在于工业需求网络的扩大。"如果供给的增加是对需求增加的一种回应,那么某一类'外部经济'就会得到实现……关键在于,*只有在较大的需求之下,某些经济才有出现的可能*……我承认,'大规模生产'的经济实际上是大规模需求的经济"(同上:斜体为杨格所加)。

㊼ 值得指出的是,在威克菲尔德和杨格对斯密的论点进行的阐发背后,隐含着的是这样的思想:需求(购买力)取决于劳动分工,而供给取决于市场的范围。劳钦林·科里(Lauchlin Currie, 1997:415—416)将这一萨伊式的论点称为"杨格关于报酬递增的宏观经济概念"。

㊽ 若干年后,斯蒂格勒在1951年的杂志文章原文上增加了一段有意思的评论:"当时本来应该参考一下R.H.科斯的文章的,现在补上这点"(Stigler, 1966:14)。

第三部分

马克思对资本主义制造业劳动分工的论述以及哈耶克的知识问题

机器与工厂体系：查尔斯·巴贝奇和卡尔·马克思论制造业劳动分工

从历史上看，作为劳动分工的一种主要协调机制的企业，只有在劳动的社会分工达到这样一个水平——即工业在经济生活中尚未超过农业，但又基本上重新塑造了社会经济活动的形势——时，才演现出来。机器在工业中被逐步地广泛使用，产生了两个影响深远的后果。第一，对生产造成了极不寻常的改善，这些几乎是任何一个研究技术的学者都不会忽视的革新。第二个后果与第一个相关，它是生产的组织方式上发生的制度或组织变迁，也就是说，它是人类关系、尤其是雇佣关系的变化。因此，毫不奇怪，首先注意到由机器的广泛使用而引起劳动分工的基本变化，并探讨由此带来的后果的，是一位科学家和一位工程师——查尔斯·巴贝奇和安德鲁·尤尔，他们二人都对社会经济事务有着浓厚的兴趣。在这个领域最为重要的分析，是卡尔·马克思在《资本论》(1867)中给出来的。不过，他的分析当然也并非是凭空地突然冒出来的，把它看成是从斯密那迷人的制针业手工作坊的传奇故事开始的一项经过漫长历程的累积结果，可能更为恰当一些。

正如前面几章所示，社会中的劳动分工和工场手工业中的劳动分工在工厂体系兴起之前，就已经在很多场合下得到了讨论，尽管有时候是一种令人费解的方式来讨论它们的。作为一个阐释性例子，在亚当·斯密那更为著名的分析之前，有关扣针的生产及其生产过程中相关的垂直劳动分工，曾被伟大的中世纪伊斯兰神学家安萨里（Ghazanfar and Islahi，1990）描述过，而扣针的生产还曾被更多人研究过，例如卡尔（Carl，1722—1723）、钱伯斯（Chambers，1741）的《百科全书》（*Cyclopedia*），以及法国人于1755年出版的《百科全书》（*Encyclopédie*）。[①] 尽管斯密对劳动分工经济学做出了众多重大的贡献，但是，仍然不免有遗珠之憾，对于有些重要之点，他也未曾意识到。包括杜哥尔德·斯图尔特、巴贝奇、尤尔、坎南（参看 Cannan，1964:96—98）以及晚近的萨利姆·拉希德（Salim Rashid，1986）等人在内的很多作者，都对斯密过于狭隘地将关注点集中于扣针以及类似产品的原始生产过程，而基本上把其他要素所发挥的作用尽数排除出去的处理方式进行了批评，这其他的要素当中，尤其要数机器以及由于在工场手工业中使用机器而带来的经济组织的变化。[②] 尽管斯密确实通过使用扣针生产的例子，令人信服地在市场范围和劳动分工之间建立了关系，但是，就劳动的社会分工和制造业中的劳动分工而言，他的处理却显得有些误导。其原因确实非常简单：制针手工作坊的模型不可能被富有意义地解释为由一个（通常非常复杂的）市场交换网络来协调的劳动的社会分工理论（例如可参看 Buchanan，1994）。

5.1 查尔斯·巴贝奇和安德鲁·尤尔论制造业和工厂体系

尽管曾受斯密对劳动分工处理的启发，但是查尔斯·巴贝奇（Charles Babbage，1832）、安德鲁·尤尔（Andrew Ure[1835]1967）以及约翰·斯图亚特·穆勒（John Stuart Mill，1848）这些马克思的前辈们对此多有不满，他们强调在他们的时代勃兴的工厂体系所带来的在手工制造业和工业组织领域当中的基本变化，并对劳动分工的深层原理进行了审查。从某种程度上来说，他们的分析为马克思关于制造业机械化以及相伴而生的经济组织的变化所做的更为系统的研究，奠定了基础。有关马克思的研究，我们稍后再来讨论。

查尔斯·巴贝奇作为计算机科学的一位先驱者而广为人知，他还曾写过有关多种科学主题和不同学科的著作。他生活的时代，学科门槛相对较低，科学家们可以较为容易地跨越学科的藩篱，即便按照那个时代的标准，他的作品涉及的领域之宽广也仍旧令人印象深刻。他曾担任剑桥大学卢卡斯讲座教授超过十年之久，之前伊萨克·牛顿也曾在这个位子上待过。作为当时英国数学界的领军人物之一，在英国废止微积分的牛顿点表示法，取而代之以莱布尼茨的表示体系上，巴贝奇发挥了重要作用。除了其余两项成就——巴贝奇因其被公正地奉为计算机科学之父以及在其著作《关于机器和制造业的经济学》(*On the Economy of Machinery and Manufactures*)(1832)中关于机器的政治经济学所做的原创性贡献——之外，这位一贯精力充沛、多才多艺的人物，还在天文学、地质学、物理学以及其他应用科学中的不同主题上，都发表过一些作品，虽然这些作品没有取得同样的成功。③

就劳动分工的经济学而言，巴贝奇不仅阐明、而且还切实地扩展了斯密关于这一主题的原理。除此之外，在重新表述"这在政治经济学家当中已经做出过广泛讨论的各种原理"上，鉴于"学习所需要的时间"以及在学徒制中"于学习上所付出的物质上的浪费"，他指出，固定的学习成本是影响规模报酬递增的重要因素(Babbage，[1832]1989：121—122)。④作为劳动生产率提高的结果，当劳动分工随之而扩展时，生产成本就会下降。⑤他在回顾斯密所提出来的劳动分工的第一个和第二个好处——即"不断重复同一工序而获得的技能"以及"从一种工作转换到另一种工作，通常会损失不少时间，分工可以节省这部分时间损失"(同上：122—123)——时，注意到在脑力劳动分工上也呈现出了同样的效果："在使用脑力上出现任何的变化，似乎也会产生同样的结果；人们起先接触一个新的领域，不会诸事都完成得非常完美，但是经过一段时间的练习，就可以做得更好"(同上：122)。此外，巴贝奇还正确地指出了另外一个重要的因素，这一因素着重强调了从一种工作转换到另一种工作、在工具使用的转变上所损失掉的时间。如果考虑到巴贝奇在政治经济学中主要关心的问题是手工作坊和工场手工业中对机器的广泛使用，那么这一点几乎不会让人感到奇怪：

> 在依次开展的生产程序中对于不同工具的使用，导致从一道工序转变到另一道工序时造成时间上的损失。如果这些工具都很简单，这种改变也不经常发生，那么这种时间上的损失尚且可以不予考虑；但是在很多工艺程序当中，所使用的工具是非常精妙的，每一次使用它们时都要进行精确的调整；在很多情况下，这种调整所需要的时间要占据使用这一工具的时间的很大比例。滑座(the sliding-rest)、刻线和钻井机(the dividing and the drilling-engine)，都是这类工具；因此，在那些程度足够高的工厂里，可以发现，让一台机器总是用于做一种工作，是很好的节省之道。
>
> (Babbage, 1832:122—123)

值得注意的是，在上文所引的文字当中，巴贝奇本质上并没有涉及劳动的专业化与分工，而是通过机器的专业化在谈职业岗位的分工。他对斯密的劳动分工第三个好处进行的重新表述，也表现出了类似的特点，因为"劳动分工意指使用工具和机器这些发明物来完成生产的各种程序"(同上:124)。事实上，巴贝奇关于制造业的政治经济学最具魅力的洞识——"巴贝奇原理"——所依靠的，恰恰是机器专业化所扮演的基本角色(Berg, 1989)。

> 对我来说，如果下述原理没有得到表述而被忽略的话，那么任何把工业品的廉价解释成劳动分工所带来的结果的尝试，都将是不完全的。
>
> *通过把工作分成各种不同的程序来实施，这每一道程序需要的技能水平或力量大小不等，优秀的制造商可以刚好购得对每一道程序而言恰成必需的数量；然而，如果整个工作都由一个工人来完成，那么这个工人必须掌握足够的技能来实施其中最为困难的工序，而且还要有足够强大的力量来完成这些工序最艰难费力的部分。**
>
> (Babbage, [1832]1989:125；在巴贝奇原文的脚注中，斜体亦为原文所加)

---

* 我已经说过，经过我亲身对许多工场手工业和致力于不同目标的手工作坊的察验，我才得到这条原理；但是，我在发现了这条原理之后，却在吉奥亚(Gioja)的著作——*Nuovo Prospetto delle Scienze Economiche*, 6 tom. 4 to. Milano. 1815, tom. i. capo iv——中发现这一点早已被给了出来。

然后,就如何把这一原理不但实际运用到诸如制针业(在英国和法国)这样的手工制造业生产过程,而且还可能更让人注目地把它运用到脑力劳动分工上来,他给出了一个极其巧妙的说明。关于法国数学家甘思普德·德·普隆尼(Gaspard de Prony)是如何通过随手翻阅亚当·斯密论分工的起首几章而受到启发,仅仅利用一些只有基本算术计算能力的人,即组织完成了数学用表这一故事,他作了详尽的考察。1792 年,法国国民议会给甘思普德·德·普隆尼下达了一项极为繁重的任务,让他把对数函数和三角函数表给制作出来,德·普隆尼当即就认识到,他将要面临的是一项多么巨大的挑战,而且也的确把他给难住了:

> 就在他为这一令人感到厌烦的工作日思夜想的时候,有一天,他走进一家书店,看到了那本精美的斯密 1776 年伦敦版的英文著作;他随手翻开了这本书,正好翻到了第一章,就是论述*劳动分工*的那一章,看到了用来阐述劳动分工原理的扣针生产的例子。他以前几乎从未读到过这样的文字,受到某种灵感的激发,他有了把*制作*对数表当成扣针生产这样的想法。同时,他在巴黎高工(École Polytechnique)正在研究一个与这类工作有关系的分析领域——*差分法*(the method of difference)及其对*插值*(interpolation)的应用。他到乡间住了几天,再回到巴黎时,带回来了一份制作计划书,之后就开始紧锣密鼓地干了起来。
>
> (Babbage,[1832]1989:136;巴贝奇从法语翻译过来,斜体为法文原本所加)

甘思普德·德·普隆尼把他的团队分成三组,基本上与斯密扣针生产故事中的模式一样,每一组负责对数和三角函数表制作中的一个阶段。第一组,由当时大约六位法国数学界最杰出的数学家组成,负责查验各种公式,确定那些最适合用于简单的数值计算的公式。这组人并不参与实际的数值计算工作。

中间这一组,也即第二组,是由七或八个较为熟悉数学的人员构成,他们从第一组那里拿到公式,将其投入到数字运算中去。这一组还要负责对第三组交过来的计算结果进行核验,第三组的成员仅要求受过基本的算术运算训练即可。由于手工计算对数和三角函数表本身极为费时耗力,这一组要付出许多艰辛的努力,承担大量的工作。

处于金字塔底部的这一组(第三组),人数是颇为庞大的,得有好几打人之多,他们被称为"计算员"(computers),负责基于他们从第二组那里接受到的数字进行数值运算。他们的运算非常简单,只不过是对数字进行加减运算而已。一旦计算完毕,他们所得的结果会回馈到第二组进行核验,如果有必要还要再做进一步的加工。

非常有趣的是,一旦脑力劳动以这种方式进行分工和组织,劳动分工的另外一个重要的好处——即它们皆可通过生产的标准化而得以实现——就被自然地呈现出来:

> 令人瞩目的是,在这一干人等(金字塔底部的那一组)中,十分之九的人所拥有的算术知识,并不超过加和减这两种运算规则,而这对于他们的工作来说已经足够了,而且这些人给出的计算结果,通常比那些在这方面拥有更多知识的人正确率还要高一些。
>
> (同上:138)

实施这样的运算,其劳动成本当然是相当低廉的,因为"这些劳动总是可以以较低的价格购买到"(同上:138)。这即是说,可靠性(质量控制)和成本节约这两项标准化工业的特征,未尝逃脱这位计算机科学先驱者的法眼。

安德鲁·尤尔(Ure, 1835)甚至走得更远,他认为,由于在制造业中广泛使用机器而带来的标准化生产的一个明确特征,是机器对技术工人的取代。和查尔斯·巴贝奇一样,在理解手工制造业的性质上,他也提倡用一个新的原理,来更好地取代亚当·斯密以制针业为基础的劳动分工理论,尤尔还指出了他所命名的由斯密表述的"劳动分工的旧原理"存在的局限性。的确,他在这方面表现得比巴贝奇更为明确,因为后者基本上只是站在手工制造业的立场上来看取工厂体系的,这一点马克思(Marx, [1867]1976:470)也曾提及。不过,尤尔并没有因为斯密在他的理论中存在着这种局限而责备于他:"在亚当·斯密写出他那流芳百世的经济学要义时,自动化机器尚且闻所未闻,尽管如此,他还是正确地把劳动分工视为工业改良的伟大原理"(Ure, [1835]1967:19)。尤尔还进一步观察到,斯密确实曾意识到,根据工人们的技能而为不同的工人分配不同的任务,"恰恰构成了劳动分工的本质,而且自社会发端以来也一直是这样做的"(同上)。但是,在手工制造业中广泛地使用机器,却带来了一个根本性的变革,"这种分工,或者更确切地说是对具有不同才能的人之劳动的吸纳,在工厂雇人时很少考虑”(同上)。

对于尤尔来说,工厂体系呼唤着一种新的劳动分工原理。因为正是需要工人们具备最为熟练的技能才能完成的生产过程,同时也是手工作坊里最为困难的生产过程,将会被机器所取代:

> 那么,工厂体系的原理是要用机械科学取代手工技能,针对不同工匠之间劳动的分工或等级划分,而把一个生产过程分割成几个基本的组成部分。对于手工艺的图样而言,其劳动多多少少总是比较富有技术性的,通常也是生产中最为昂贵的要素——*正所谓形式重于内容*(Materiam superabat opus);而对于自动化生产计划而言,技术劳动不断被超越,而且最终将会被监察机器的运行这一简单工作所需要的技能所取代。
>
> 根据人类的脆弱本性,情况应该是这样的,越是高技术的工人,他越是容易变得个性倔强、难以驾驭,当然,也就越是无法作为机械系统的一个部件而加以适应,而在这个系统中,偶然违规,他就可能带给整个系统以重大损害。因此,现代制造业的宏伟目标就是通过资本与科学的联合,而将工人们的任务减低到仅限于对警惕性和灵巧性这些才能的运用这个程度,一旦集中专注于生产中的一个环节,人们在年轻之时即可在所需技能上迅速地臻于化境。
>
> (Ure, [1835]1967:20—21)

值得注意的是,在强调“人类的脆弱天性”使得他们希望在自动化制造业系统中用机器来代替那些最富有技术性而且手工劳动密集性的工作上,巴贝奇和尤尔的思想不谋而合,这一点十分有趣。的确,现代制造业系统所带来的生产中的标准化,其结果不止体现在产品质量的改进上,它还节约了可观的时间和成本。否则的话,工人们就必须以学徒之类的形式花费更多光阴,造成更多的浪费。正如尤尔所说:

> 在等级体制里,一个人在其双手和双眼能达到像机器的某种熟练水平之前,必须要做一名学徒学习多年方可;但是将一个生产过程分解为不同的组成部分,而且还用自动化的机器来完成每个部分的工作这样的系统里,只要一个人具有一般性的谨慎和能力,在短暂的试用之后,即可将所说的那些基本的组成部分的工作尽数托付给他,而且一旦出现紧

急情况，经过雇主的仔细辨察之后，还可以将他从一个岗位调换到另外一个岗位。这样的岗位调换，与劳动分工的旧有习惯是完全不相符合的，后者将一个人固定在装针头这个工作岗位，让另一个人负责削尖，对于整个生活而言，这种模式令人感到极端厌烦，单调得让人的精神都被消磨殆尽。

（同上：21—22）

还不仅仅是简单地改进产品质量和节约成本而已，机器的大规模使用和改良，还带来了除了机器就不可能被制造出来的新的产品（同上：30）。

现代制造业体系另外一个可能更为深刻、意义也更为深远的后果，是它所体现出来的社会学意义上的性质，这一点尤尔是意识到并加以强调过的。斯密的扣针生产的故事体现出来劳动分工的不利之处，在新的工厂体系下（即便没有被完全清除也）被大大地削弱了。这再一次经由自动化机器对技术性手工劳动的取代而成为了可能：

不管是在哪一个手艺上，工人们的卓越优异，往往是以牺牲其健康和舒适为代价换取的，观察到这一点，的确让人不胜唏嘘……但是，在均衡使用自动化机器的计划方面，工作人员只需要将他的能力进行适度的利用即可；他很少遭受烦忧或疲累之苦，可能还有着诸多的闲暇时刻用于娱乐或冥思，而不会损害到他的雇主或他自己的利益。由于他的事务无非是照管一个受到良好控制的机械装置的运行，所以他可以在较短的时期之内就能学会工作所需的技能；当他把工作从一台机器转换到另一台机器时，他的任务发生了变化，通过对源自于他自己及其同伴的劳动而来的那些一般性的组合进行思量，他所习得的知识也得到了扩充。这样一来，在对勤奋劳作进行平等地分配情况下，对才华的束缚、思想的狭隘、身形体态受到抑制——这些道德家将之不公平地归咎于劳动分工的问题，就不可能出现。

（同上：22—23）

和尤尔的这些反驳相类似的那些对手工制造业中劳动分工不利一面的驳斥，在其他作者——如阿尔弗雷德·马歇尔——更具影响力的著作中也可以找到（参看本章附录，可以发现更多细节）。

对于手工制造业中劳动分工的经济学，约翰·斯图亚特·穆勒（Mill，

1848)也给予了特别的关注。穆勒的分析基本上是对巴贝奇原理的一种阐述,但是他强调"逐步深入的合作"(progressive cooperation)(这个词是穆勒刻意从爱德华·吉本·威克菲尔德那里借来的),在这种合作里,资本在使劳动分工进一步深化方面发挥着主要的作用。

> 如果为了最大限度地提高劳动效率,许多劳动者必须联合起来,即便只是为了简单合作而联合,那么企业的规模就必须足够大,以把许多劳动者聚在一起,资本就必须足够多,以供养这些劳动者。
>
> (Mill, [1848]1940:I.9.1)*

大规模制造业体系的维持和进一步改善,只有当市场的规模充分大,而且资本充裕时,才有其可能性。

> 大规模生产能否代替小规模生产,这当然首先取决于市场规模。大规模生产只有在交易额很大时才是有利的。
>
> (同上:I.9.22)**

穆勒拿英格兰作为说明的例子,进一步注意到,由于得到了不断扩张的市场和得天独厚的资本条件的助力,大规模经营与有利于商业的社会经济氛围合在一起,并没有使它局限在手工制造业上,在服务行业也呈现出了同样的情形。他写道:

> 在市场最广大、商业信用和创业精神最普及、年资本增长额最大、个人拥有的大资本最多的国家,各个产业部门都愈来愈强烈地显露出了大企业代替小企业的趋势。在所有这些特征表现得最为明显的英国,不仅大制造业企业在不断增多,而且在买主足够多的地方,大零售商店和大货栈也在不断增多。
>
> (同上:I.9.23)***

* 中文见商务印书馆出版的穆勒著的《政治经济学原理》上册第155页,胡企林、朱泱译。——译者注

** 中文见商务印书馆出版的穆勒著的《政治经济学原理》上册第165页。——译者注

*** 同前译者注。——译者注

5.2 卡尔·马克思论制造业中的劳动分工

尽管上述这些作者已经给出了一些重要的观察结论,但平心而论,在对社会劳动分工与手工制造业劳动分工之间的区别与联系这些方面所进行的分析,只有到了马克思的手中才达到了其顶峰。这一点尤其体现在他的开创性著作《资本论》(1867)上,这部书作为一种智识激发的源泉,直到今天仍然源源不断地为经济组织的一些理论家带来灵感。此外,社会中的劳动分工和手工制造业中的劳动分工二者之间的区别,也被马克思着重提了出来。马克思的出发点是这样一种认识,即手工制造业的劳动分工源自于社会劳动分工的发展,之后前者对后者发挥着影响,并且进一步促进了后者的发展。正如马克思所说:

> 手工制造业的分工,规定社会内部的分工要已经有相当程度的发展。反过来,手工制造业的分工也会发生反作用,使社会的分工发展并且增加。
>
> (Marx, [1867]1976:473) *

然而,更为重要的是社会的劳动分工与手工制造业的劳动分工这两者之间存在的区别,关于这一点,马克思接着写道:

> 社会内部的劳动分工和工场内部的分工,尽管有许多类似点和联系,但是二者仍然不仅有程度上的差别,并且有本质上的区别……但是,在家畜饲养业者,鞣皮业者,制鞋业者这几种独立的劳动之间,又拿什么作为联系呢?那便是,他们各人的产品都是当作商品存在。手工制造业的分工又拿什么作为特征呢?那便是,局部工人不生产任何商品。变成商品的,只是局部工人的共同产品。社会内部的分工,是以不同劳动部门的产品的*买*和*卖*作为媒介;手工制造业内各部分劳动的联系,则以*不同劳动力出卖*给同一个资本家,这个资本家把它们当做结合劳动

* 中文参见人民出版社《资本论》(第一卷)第 375—376 页,郭大力、王亚南译,小有改动。——译者注

力来使用的事实作为媒介。手工制造业的分工,假定生产资料已经集中在一个资本家手里;社会里的分工,则假定生产资料分散在许多互相独立的商品生产者手里。在手工制造业内,比例数或比例性的铁则,使一定数的工人归属于一定的职能;与此不同,商品生产者和他们的生产资料如何在不同各社会劳动部门之间进行分配,却是让偶然性和随意性去发挥它们的杂乱无章的作用……手工制造业的分工,假定资本家对于那些在他所有的总机构中不过作为一个部分来发生作用的人,拥有无限的权威;社会的分工,却使独立的商品生产者互相对立,只承认竞争的权威,只承认那种由相互利害关系的压迫而强加在人们身上的强制的权威,此外再不承认有别的权威。

(同上:474—477;斜体为本文所加)*

对于马克思而言,劳动的社会分工与手工制造业的劳动分工之间的明确区别,乃在于它们分别赖以协调的机制不同。于前者,是商品的分散性市场交换;而于后者,则是由雇佣关系中的权威来对劳动进行集中调配。协调机制上的这一差别,是由买卖的是什么来昭示的:在前者,是独立劳动的产品,在后者,是劳动力本身。只有在劳动成为可贸易的商品这一历史条件得到满足之后,劳动市场才能得以实现。[⑥]然后,工人在市场上把他们的劳动作为商品卖给资本家,资本家拥有权威,把所雇佣的工人的劳动按照自己的意图进行组合。马克思还强调,理解市场中由“自由的工人”所进行贸易的到底是什么,是非常重要的。

我们把劳动力或劳动能力理解为体力和精神力的总和,它存在于一个人的身体中,他的活的人体中。一个人在生产某种使用价值时,总是要把它发动。

(同上:270)**

也就是说,在手工制造业的劳动分工中,真正进行交易的是专业化工人的劳动,而对于普通商品,其交易方式则是完全不同的。究其实质,这一切都是通过雇佣而得以完成,在这里,资本支配劳动,居于统治地位。[⑦]

* 中文见于人民出版社《资本论》(第一卷)第377—379页。——译者注

** 中文见人民出版社《资本论》(第一卷)第157页。——译者注

事实上，在马克思的政治经济学体系中，手工制造业的劳动分工是由雇佣关系所刻画的，或者如马克思自己所言，是由“资本家对人的无可置疑的权威”所刻画的，它明确地将资本主义的生产模式与其他生产模式区别开来：

> 社会全体内部的分工，为各式各样的经济社会形态所共有，而不论它是或不是以商品交换为媒介；手工制造业性质的分工，却完全是资本主义生产方式所特有的一种创造。
>
> (同上：480)⑧

因此，在马克思对制造业中的劳动分工所做的分析中，有两点具有特别的意义，必须要在这里加以提及。第一，马克思不断重复和强调，要把手工作坊(*workshop*)中的劳动分工视为社会内部的劳动分工的对照。对马克思而言，正如稍后所将阐明的那样，手工作坊构成了资本主义生产方式历史的一个阶段。在马克思看来，手工制造业的劳动分工对于它那个阶段是非常重要的，但是一旦机器作为动力驱动占据了支配地位，情况就不再是这样了。第二，与他对资本主义经济的手工作坊阶段里的劳动分工的*历史性*处理相关，从手工作坊向现代资本主义工业的伟大转变，对于马克思来说，其驱动力乃在于将曾由专业化工人所使用的工具系统用机器和自动化技术来加以替代上。在下一节我们将详细讨论这两个重要的论点。

5.3 马克思论资本主义经济中劳动分工的演化

要想全面妥善地处理马克思关于资本主义的*历史*分析，尤其是他关于手工制造业中劳动分工的思考和分析，则必须要对他那著名的关于历史的“宏伟理论”——历史唯物主义解释——加以考虑，这一理论可能是他在思想史上留下的最为重要的遗产了。这一关乎社会演化的宏伟理论，其中一个关键的部分是说，作为生产中的物质力量以及生产的物质力量，技术在塑造社会生产模式和经济结构方面发挥着主要的作用。由于详细表述或评价马克思的历史唯物主义超出了本书的范围，而且有关这些方面的内容也尽可以在众多其他书籍和文章中找到，所以，出于我们这里讨论的考虑，我们就直

接引述一下马克思自己给出的关于这一理论的权威概括吧：⑨

> 人们在自己生活的社会生产中发生一定的、必然的、不以他们的意志为转移的关系，即同他们的物质生产力的一定发展阶段相适合的生产关系。这些生产关系的总和构成社会的经济结构，即有法律的和政治的上层建筑竖立其上并有一定的社会意识形式与之相适应的现实基础。物质生活的生产方式制约着整个社会生活、政治生活和精神生活的过程。不是人们的意识决定人们的存在，相反，是人们的社会存在决定人们的意识。社会的物质生产力发展到一定阶段，便同它们一直在其中活动的现存生产关系或财产关系（这只是生产关系的法律用语）发生矛盾。于是这些关系便由生产力的发展形式变成生产力的桎梏。那时社会革命的时代就到来了。随着经济基础的变更，全部庞大的上层建筑也或慢或快地发生变革……无论哪一个社会形态，在它们所能容纳的全部生产力发挥出来以前，是决不会灭亡的；而新的更高的生产关系，在它存在的物质条件在旧社会的胎胞里成熟以前，是决不会出现的。所以人类始终只提出自己能够解决的任务，因为只要仔细考察就可以发现，任务本身，只有在解决它的物质条件已经存在或者至少是在形成过程中的时候，才会发生。
>
> （Marx，[1859]1904：11—13）*

判定社会存在总体特征的关键要素，在于“物质生活的生产方式”，它“制约着整个社会生活、政治生活和精神生活的过程”。这表明，根据马克思关于历史发展的观念，科学和技术上的进步是对应于生产领域的需求应运而生的。但是，立足于马克思所处的19世纪中期，社会生产中以机器的广泛使用和大规模工业为其表现形式，科学知识得以大派用场，这种历史现象只是非常晚近才涌现出来。⑩为了更好地理解马克思思想当中的这一观点，要注意的是，手工制造业中的劳动分工受到了前文讨论过的马克思极富洞察力的分析。有必要再次强调，在马克思的工业经济学中，手工制造业乃是资本主义工业发展的一个阶段。这一阶段以及所由实施的劳动分工，一旦

* 中文见人民出版社《马克思恩格斯选集》（第二卷）第82—83页《〈政治经济学批判〉序言》。——译者注

以使用机器和大规模生产为特征的工业成为占支配地位的生产方式时，就会失去其重要性。就经济分析和思想而言，劳动分工的这一概念与斯密经济学中所呈现出来的内容迥然不同。的确，马克思对这一主题的洞见，其优缺点皆可以从这个角度来理解。

在清楚地表达他关于手工制造业中的劳动分工的论点上，“大体而言，这种劳动分工从16世纪中期开始一直扩展到18世纪的最后三分之一阶段”(Marx, [1867]1976:455)，马克思以其惯有的处理手法，对手工制造业的发展史进行了一番考察，辨明了他所指的手工业体系中的“手工制造业的双重根源”。手工制造业源自于手工业的一个渠道是，“当一种产品在最后完成以前，必须通过*不同种*独立手工业的劳动者之手的时候，这些劳动者在同一个资本家的指挥下，在一个工场内结合起来”(同上：斜体为本书所加)。* 在阐释这一点时，马克思使用了生产四轮马车的例子，他观察到：

> 四轮马车的手工制造业，原来是当作多种独立手工业的一种结合出现的。但是渐渐地，四轮马车的生产分成了许多不同的特殊操作，其中每一种都结晶成为一种工人的专门职务，全部操作则由这些局部工人合力来进行。
>
> (同上：455—456)**

由手工业的发展而演现出来的手工织物制造业，大体上也遵循着这一模式(同上：456)。马克思发现，从手工业发展而来的手工制造业发展的其他模式与此迥然不同：“手工制造业也会由相反的道路发生。*可以由多数做同一或同种工作*(例如制造纸，制造字模，制造针)*的手工业者*同时在同一工场为同一个资本家所使用”(同上：斜体为本书所加)。*** 马克思还用纽伦堡和英国的制针业来作为这方面的一个例子(同上：457)。以这第二种方式发源的制造业：“是由同种手工业者的协作出发。这时候，同一个手工业将分成各种不同的特殊操作，它们又一个一个独立起来，独立化到这个程度，以致每一种操作都成为一个专门工人的专门职务。”(同上)**** 然而，不管其发端何

* 中文见人民出版社《资本论》(第一卷)第356页。——译者注

** 中文见人民出版社《资本论》(第一卷)第357页。——译者注

*** 中文见人民出版社《资本论》(第一卷)第357页。——译者注

**** 中文见人民出版社《资本论》(第一卷)第358页。——译者注

处，对于马克思来说，手工制造业对劳动分工深化的过程以及将先前彼此独立的手工业相结合这两个方面都进行了展现："一方面，手工制造业会把分工导入到一个生产过程，或使它进一步发展；另一方面，它也把以前分别进行的手工业结合在一起"（同上）。*

进而言之，正是这种手工作坊里的劳动分工，关键性地把制造业与诸如手工业这样先前的社会生产方式以及以机器系统为特征的现代工业区分了开来，而现代工业是手工制造业体系发展完全成熟之后产生的最终结果。也就是说，我们可以把手工制造业中的劳动分工看成是"手工业"阶段和动力驱动的机器体系阶段之间的插曲，尽管这一插曲稍显漫长。⑪为了更好地理解这一点，我们把马克思对工业生产历史的分期铭记在心会很有帮助。马克思把后手工业资本主义生产方式从历史上分为"手工制造业时期"（这一时期，在资本家的权威之下手工作坊中的人力劳动的分工，构成了改进生产效率的主因）和"大机器时期"（这一时期，机器的广泛使用和大规模生产，而非技术工人的劳动，对社会生产做出的功绩最大）。⑫与现代工业这最后一个阶段相对比，手工制造业体系的基本特征在于它与手工业体系是建立在相同的技术基础之上的，而它也是来源于手工业体系并取而代之的。也就是说，"每一个操作仍旧是手工业性质的，一切都仍然依赖于工人个人处理工具的能力，熟练，迅速和准确"（同上：457—458）**这就把手工制造业的社会生产方式与现代工业明确地区分开来了，在现代工业里，机器不仅取代了技术工人的劳动，而且在整体的社会生产中也发挥着核心的作用。手工制造业生产方式的明显特征是劳动在个体工人层面上的专业化，这个工人在工场中拥有一个特定的岗位。与之相对，在现代以动力为驱动的工业中，其特征则转变为对生产中广泛使用机器的依赖。也即是说，用动力驱动的机器系统取代了使用工具（tool-using）的生产，将"现代工业"与先于它的工场手工业阶段决定性地区分了开来。⑬

工场手工业又是如何转换到机器体系上来的呢？为了理解马克思对历史变迁的分析，因其在马克思的框架中被赋予了一定的形式，故而值得在此

---

* 中文见人民出版社《资本论》（第一卷）第358—359页。——译者注

** 中文见人民出版社《资本论》（第一卷）第359页。——译者注

稍停片刻，对工场手工业中劳动分工的两种不同形式进行审视。根据马克思的说法，现代工业是在工场手工业体系这两种形式之一的“孕育”中得以成熟的。马克思将工场手工业中劳动分工的第一种形式描述为呈现出“异质性”(heterogeneous)并且“有独立的部分产品机械地拼凑而成”(同上：461)。* 例如，在制造钟表的过程中，各类专业化工人独立地生产不同的零部件，然后最终组装在一起，制造出一只钟表来。劳动的水平分工是在各类工人之间形成的。在这一景象里，工人分开从事的各种工序，要么在一个资本家的指引下于一个工场内来实施，要么通过独立的手工业者来完成。但是，手工制造业的第二种形式要更加重要一些，马克思把它称为手工制造业的有机形式(organic form)。

> 第二类手工制造业(手工制造业的完成形式)生产一个制成品，却要通过互相联系的各个发展阶段，一系列的中段过程。例如针手工制造业的针条，要通过72甚至92个特殊局部工人的手。
>
> (同上：463)**

与第一种形式相对比，这种类型的手工制造业是根据纵向的劳动分工进行组织的。生产过程不同阶段的专业化工人之间的协调和互相依赖，对于资本主义体制的进步而言是至关重要的，因为“在手工制造业上，比在独立的手工业上，甚至比在简单协作上，都会生出迥然不同的连续性，划一性，规律性，秩序性，并且特别是劳动强度”，结果，

> 手工制造业的分工，不仅曾经使社会总体劳动者各种性质上不同的器官单纯化，多样化，并且也为这各种器官的数量大小，那就是，为每一个特殊功能中的工人小组的相对人数或相对量，创立一个数学上固定的比率。
>
> (同上：465)***

工场中垂直劳动分工的这一技术特征，对于机器系统最终以资本主义生产的支配方式演现出来，并从内部破坏掉孕育它的工场手工业过程而言，是必

* 中文见人民出版社《资本论》(第一卷)第363页。——译者注

** 中文见人民出版社《资本论》(第一卷)第365页。——译者注

*** 这一段引文和前一段落中那一句引文，中文见人民出版社《资本论》(第一卷)第366—367页。——译者注

不可少的。进而言之,正是工场手工业垂直劳动分工的这一特征,才使得把科学运用到生产过程中去成为了可能(Rosenberg, 1974:719—724; Ricoy, 2003:49—59)。[14]

从工场手工业到现代工业,这一历史性的转型是如何切实发生的呢?按照马克思的说法,这个答案就在机器于生产中对工具的替代上。[15]专业化的劳动动力(the specialized labor-power)使用工具来实施具体的职能,这些职能组合起来就完成了工场手工业中的生产过程。在机器系统里,取而代之的是由各种专业化的机器来完成这些任务。在生产过程的每一阶段上投入使用的专业化机器,对专业化工人在工场手工业里的垂直劳动分工中所使用的工具的取代,刻画了这场由工场手工业的有机形式向现代工业的转型。

> 在劳动对象要通过不同阶段过程一个互相联系的系列,这些过程由一系列不同种但互相补足的工具机来实行的地方,真正的机器体系才代替一个一个独立的机器。在这里,手工制造业所特有的以分工为基础的协作再出现了,但是,现在它是表现为部分工作机的结合。例如,羊毛手工制造业各不同局部工人(槌工,梳工,剪工,纺工等等)使用的特殊工具,现在都转化为专门工作机的工具了,此等工作各在互相结合的工具机的机构体系中,形成一个特殊的器官,担任一种特殊的功能。
>
> (Marx, [1867]1976:501) *

这样一来,尽管手工制造业过程的分工基础没有变化,但是由于手工制造业和机器模式之间存在着根本的差异,所以就会发生一些真正的变化:

> 在手工制造业内,每一个特殊部分过程,都由使用手工具的一个一个或一组一组的劳动者担任。劳动者固然要适应于过程,但是过程也要预先安排好,使其适合于劳动者。分工的这个主观原则,在用机器进行的生产上消灭了。在这里,总过程是客观地,就它本身进行考察,被分解成它的各个构成阶段。如何执行每一个部分过程,如何结合不同各部分过程的问题,则由力学化学等等的技术应用来解决。
>
> (同上:501—502)**

* 中文见人民出版社《资本论》(第一卷)第403页。——译者注

** 中文见人民出版社《资本论》(第一卷)第404页。——译者注

手工制造业的有机形式(The organic form of manufacture)可以把科学运用到生产过程中去。结果,机器的创新和改良也就有了可能。反过来,这样的技术进步带来了劳动分工的进一步深化。关于这一点,马克思观察到:“工具积聚发展了,分工也随之发展,并且反过来也一样。正因为这样,机械方面的每一次重大发明都使分工加剧,而每一次分工的加剧也同样引起机械方面的新发明。”(Marx, [1847]1976:187)* 最终,(专业化工人之间的)劳动分工的主观原理将失去其重要性,让位给客观的劳动分工过程,在这个过程里,“(生产的)总过程会得到客观地检验……并在其组成阶段上得到分析”。马克思把技术和机器视之为构成了工厂体系演现背后的驱动力量,在对它们的历史进行仔细地研究之后,他认为,斯密没能充分地认识到机器的重要性,因为“总体说来,在亚当·斯密看来,相对于劳动分工,机器只是起着辅助的作用而已”(Marx, [1867]1976:468)。

那么,这里的关键之处在于,手工制造业中的劳动分工与机器的改良之间互相促进,可以自我持续;机械化的前进潮流遂变得不可逆转。机器不仅取代了手工工具,而且还决定了社会的生产方式,由此也就决定了社会生产得以组织的方式。最终,这带来了旧的工场手工业体系的自我否定,以及通过机器来生产机器这种结果。

> 发明增加了,对新发明的机器的需要增大了,一方面,机器制造业会愈益分裂为多数独立的部门,另一方面,制造机器的手工制造业内部的分工也会愈益发展。因此,在这里,我们就在手工制造业中看见了大工业的直接的技术基础。手工制造业生产机器;大工业就用这种机器,在它首先征服的各个生产领域,将手工业经营和手工制造业经营废止。所以,机器经营是在一个和它并不适合的物质基础上自发地发生的。
>
> (Marx, 1867:503—504)**
>
> 所以,大工业必须掌握它的作为特征的生产资料,即机器本身,并且必须用机器生产机器。要这样,它方才有它的适当的技术基础,有它本

* 中文见人民出版社《马克思恩格斯选集》(第一卷)第 132 页。——译者注

** 中文见人民出版社《资本论》(第一卷)第 406 页。——译者注

身的立足点。19 世纪最初 10 年机器经营发展的结果,机器已经在事实上渐次支配着工具机的制造了。

(同上:506)*

为了阐明机器系统的这一巨大效应,马克思还有意用制针业这个斯密曾用来证明手工制造业中的劳动分工对生产效率产生的影响的著名例子,来表明动力驱动的机器体系取代手工工场体系所带来的结果:

照亚当·斯密说来,他那时候,10 个男人用分工的方法,每日可以成针 48 000 枚以上。但一架造针的机器,可以在一个 11 小时的劳动日内成针 145 000 枚。一个妇女或一个女孩平均管四架这样的机器,所以用机器可以每日产针 600 000 枚,每星期产针 3 000 000 枚以上。如果还是一个一个的工作机作为协作或手工制造业的代替,这种工作就可以仍然是一种手工业性质的经营的基础。但手工业经营这样一种在机器基础上发生的再生产,仅仅是到工厂经营的一个过渡。只要机械动力(蒸汽或水)代替人类肌肉来推动机器,工厂经营按照规律就会出现。

(同上:588—589)**

非常有意思的是,尽管马克思关于历史的宏伟理论一直都在引发诸多的争论,在推行了这一理论的社会主义国家里曾造成巨大的灾难,但是,在他的著作里,关于劳动分工经济学的诸多洞识,仍然弥足珍贵。因此,如果没有根据他的多阶段社会经济发展的历史框架而得出的指导原则,那么,关于资本主义工场手工业的历史,他还会怎么来书写,可能会给出什么样的洞见呢?这样来做一个反事实的虚拟设问,对此进行一番猜度,想来是颇有意思的事。另一方面,还值得指出的是,可能也是受其关于社会演化的宏伟理论所昭示,马克思错误地将工场手工业的劳动分工只与资本主义生产的早期阶段相联系,这个阶段制针业工场可为其代表,因此,他也就无法领会资本主义劳动分工的深化对于宏观经济的报酬递增所具有的深远意义了,而这一点后来由阿尔弗雷德·马歇尔和艾伦·杨格(参看本书第 4 章)进行了深入的分析。尽管如此,作为一位原创思想家和以渊博闻名的学者,在把劳动

* 中文见人民出版社《资本论》(第一卷)第 408—409 页。——译者注

** 中文见人民出版社《资本论》(第一卷)第 494—495 页。——译者注

分工置于资本主义工业生产，以及把手工制造业劳动分工作为资本主义向机器阶段的有机发展的起点这方面，马克思远远超前于他的时代。这样，马克思对这一主题给出的深邃之分析，使他预见到了20世纪经济科学中最有影响力、也最重要的一些分支。尤其是，马克思对出卖劳动（在工场内）或商品（在社会中）的观察结论，抓住了企业的现代交易费用理论的一个主要侧面。马克思在劳动分工据以协调的两种主要机制——即与企业相联的雇佣关系中的权威和没有中心权威的市场中的分散性交换——之间所做的区分，对于那些熟悉科斯经济学的学者而言一定非常耳熟，因为在罗纳德·科斯（Coase, 1937）那著名的企业理论中，正是这种区分发挥着关键的作用。然而，在他发展自己那具有开创性的企业交易费用理论时，科斯似乎并不熟悉马克思关于企业制度带来的雇佣关系方面的真知灼见，这一点曾为斯皮洛斯·瓦斯拉克丝（Spyros Vassilakis, 1987:762）以及路易斯·普特南和兰道尔·克洛兹纳尔（Louis Putterman and Randall Kroszner, 1996:17）所指出。即便如此，值得牢记的是，科斯研究纲领的威力和深刻性所在，主要基于它把交易视为分析单位，并指出组织交易所需要的费用是塑造经济如何运行的一个主要因素，而组织生产和交换会需要企业只是这个宏大研究纲领的冰山一角。由此，科斯开辟了一个新的领域，切实地增进了我们对经济生活中制度之重要作用的理解（Coase, 1937, 1960）。此外，还值得注意的是，由马克思做出大致描述的资本主义市场经济的系统动态学，对成型于20世纪80年代和90年代的熊彼特演化经济学有着显著的影响，在这一理论中马克思的学说——即作为创新驱动力的技术决定了生产方式的演化——得到了极有成效的复兴，成果颇丰。

附录：关于劳动分工负面影响的社会学理论

尽管劳动分工和专业化对于经济发展来说意义非凡，但是“天下没有免费的午餐”这句名言却是放之四海而皆准。本节，我们来关注劳动分工其中一个主要的——当然也可以说是其最重要的——社会学意义上的有害后果，这就是所谓的异化（alienation）问题。在经济思想史中，这个概念确实很早就被提了出来,最早可以上溯到柏拉图(申辩篇;参看 Plato, 1997:22—23),并且在亚当·斯密、亚当·弗格森,还有最为著名的马克思的著作中,以及在让—雅克·卢梭、哥特弗雷德·赫尔德、弗里德里希·席勒、乔治·W.F.黑格尔和其他人的哲学批判中,都受到了关注。[16]由于有关这一主题的文献仍然在不断增长,而且这类文献从性质上来说也主要来自社会学领域,我们将只是非常简略地回顾一下斯密和弗格森对异化所做的对后世有着重大影响的分析,然后再就某些概念上的澄清,尤其是就卡尔·马克思的关于资本主义劳动分工中异化问题所做的更富影响力的表述,加以评论。

如上文所述,在其政治经济学中,于经济进步上,斯密赋予了劳动分工以核心的地位,劳动者的专业化通常是以“牺牲他的智能、他的交际能力、他的尚武品德而获得的”(Smith, [1776]1937:735),这也是商业社会的集体智慧获得史无前例的增长之代价。事实上,斯密早在他于赴法游历之前的1763—1764 年这段时期,在格拉斯哥大学的法理学讲座中,就已经指出过商业社会劳动分工的另外一个“不良影响”,那就是尚武精神的灭失:

> 商业的又一不良影响是使人豪气消沉,一点没有尚武精神。在一切商业国家,分工都分得极其细微,一个人的全副精神都花在一件东西上面……因此,保卫国家的责任,便委托一群无事可做的人,而大部分人民的勇气都消失了。他们的心思不断用在享乐方面,因此变得怯懦,没有须眉气概。
>
> (Smith, 1978:540)*

而“国家[民众]精神的松懈”正是拜商业和劳动分工的发展所赐,在亚当·弗格森(Adam Ferguson, [1767]1995:特别是其中第 V 部分的 II—IV 节)的著作中,他对此表达得更为突出,而且也更为详尽和深入地对之进行了分析。事实上,贯穿于他的《文明社会史论》全书,除了各处星星点点对这一主题所做的分析之外,弗格森又专门花了整整三章来阐明这一点,这显然是把它当成其文明社会史中的一个核心问题来看待的(同上:199—220)。尽管弗格森把先进的劳动专业化视为人类行为不经意后果的最为迷人的模

---

* 中文见商务印书馆出版的《亚当·斯密关于法律、警察、岁入及军备的演讲》第263—264 页。——译者注

式之一，但是他最终还是详细地阐明了这一点：经由职业的进一步分工而带来的商业或文明的改进，其代价是对劳动者“能力”、“想象力”以及“情感和理智”的压制。

> 甚至可能有人怀疑艺术的进步是否会提高国力。事实上，许多手工艺术（mechanical arts）根本不需要能力。在情感和理智完全受到压制时，手工艺术会取得最大成效。无知不仅是迷信之母，也是勤劳之母。思考和想象容易出错。但举手投足之习惯可免受二者之患。同样，制造业最繁荣昌盛的地方的人们最不注重思考，而且不花气力去想象，只是把工场看成是一台发动机，人是其中的零部件。
>
> （Ferguson，[1767]1995：174）*

对弗格森来说，更为糟糕的是，劳动分工的不利影响，“归根结底，就其最终影响而言，它会在某种程度上破坏社会纽带”（同上：206—207）。**

尽管斯密和弗格森在假设历史的理论中对劳动专业化的有害影响给出了他们的分析，而且也由此二人皆强调只有在商业社会中这类影响才比较显著，但是，二人在关于商业社会中的劳动分工之性质的看法上却存在着根本的差异，记住这一点是很重要的。这种差异解释了正是弗格森（Ferguson，1767）的很多关于劳动分工社会学意义上的深远影响后果方面的洞见，带给了马克思和哈耶克以重要启发这一事实。对马克思的启发表现在，弗格森对孟德斯鸠关于以经济和政治自由为基础的商业共和国的辩护深表怀疑，在孟德斯鸠《论法的精神》（1748）一书中，他认为这种商业共和国的概念，是古典的以德性为基础的概念的较好替代，而后者则是大卫·休谟和亚当·斯密倍加维护的一个概念（例如可参看 Oz-Salzberger，1995：xiii—xiv），他们认为这个概念只能通盘加以接受。然而，令哈耶克大为倾倒的则是弗格森的不经意的后果（unintended consequence）这个观念，劳动分工的各种不同涵义包括其副作用，仅是其中一例。

至于那场关于劳动分工学说究竟是亚当·斯密还是亚当·弗格森优先

---

* 中文见辽宁教育出版社 1999 年出版的弗格森的《文明社会史论》第 201 页，林本椿、王绍祥译，本处译者对译文做了修改。——译者注

** 中文见辽宁教育出版社 1999 年出版的弗格森的《文明社会史论》第 241 页。——译者注

提出的由来已久的争讼，正如罗纳德·哈默维（Ronald Hamowy，1968）所揭示，斯密对于弗格森（1767）剽窃了其劳动分工的相关分析之指控是不能成立的。而马克思[17]和其他一些人所给出的相反的暗示，即认为斯密未作应有的声明偷偷借用了弗格森关于劳动分工的理论，这一点同样也不能成立。事实是，两位作者对劳动分工所做的处理，存在着一定程度的相像和类似，并不足以说明两个人谁抄袭了谁，因为他们可能都从"一众更早的作者们"那里有所借鉴，其中特别是孟德斯鸠，这一点熊彼特在很早之前就曾加以评论过（Schumpeter，1954：184）。（对于斯密—杜尔阁迷思情况也是一样的，本书第4章的附录对此进行过阐述。）

从历史上看，劳动专业化的副作用似乎在弗格森和斯密的时代比较引人注目，彼时制针工场的例子是专业化技术分工的一个不算太坏的代表，到了与对专业化机器的大规模使用相联系的工厂体系已经获得良好发展的时代，也即在19世纪的晚期，这种副作用不是那么强烈了。阿尔弗雷德·马歇尔（Marshall，[1920]1936：261—265）强调专业化机器的经济，把它作为专业化技能经济的一个对照来看，他认为，机器占据的是手工制造工作的那些枯燥乏味的部分，因此使得技师们能够从"不久以前使他们未老先衰的那种极度的疲劳"中得到缓解（同上：262），由此，斯密的观察结果——"差不多各类技术工人，都是因过度用力于他们所独有的这类工作而生某种特殊的疾病"，已经过时了（Smith，[1776]1937，第一卷：第七章；转引自Marshall，[1920]1936：262）。* 因此，专业化机器的使用，不仅使工作，也使工厂工人的生活相对不那么单调了。

> 因为，分工最细的行业，就是主要的筋力紧张必然最为机器所接替的行业；因而单调工作的主要害处就大大地减少了。正如罗雪尔所说，生活的单调比工作的单调可怕得多：工作的单调，只是在引起生活的单调时，才是最可怕的害处。现在，当一个人的职业需要很大的体力操作时，他在工作后就不能做什么事了；除非他的智力在他的工作中用得着，它几乎没有什么发展的机会。但是，在工厂的日常工作中，神经力的

* 这段中两句马歇尔书中的文字，中文见商务印书馆出版的《经济学原理》上册第276页。——译者注

消耗是不很多的，至少在不太嘈杂和工作时间不太长的工厂中是这样。工厂生活的社会环境，在工作时间的内外都刺激智力活动；在职业似乎是单调的工人之中，许多人具有很大的智力和智谋。

(同上:263) *

现在，我们着力检讨卡尔·马克思(Marx，[1844]1975，[1867]1976)对资本主义劳动分工造成的“异化”问题所持的观点，马克思关于这方面的看法，在好几个方面都比斯密和弗格森要复杂得多。借助于社会学家对异化的研究，尤其是米尔文·希曼(Melvin Seeman，1959)和罗伯特·布劳那尔(Robert Blauner，1964)的研究，埃德温·维斯特(Edwin West，1969)论证道，马克思的异化概念包括“无力感”(powerlessness)、“孤立感”(isolation)以及最富有丰富的哲学意涵的概念“自我疏离感”(self-estrangement)(非人化(dehumanization)，以及劳动者与其“内在自我”的异化)，而斯密与马克思在对劳动分工社会学意义上的不良影响之理解方面，其相似之处主要在于第三个方面：自我疏离感。[18]事实上，有关异化的论题在青年马克思写下的《1844年经济学和哲学手稿》中已经出现，而且还很突出，这本书是马克思抵达英国开始系统研究政治经济学文献若干年之前所写的手稿。[19]尽管苏格兰启蒙派关于异化的观点与马克思自己的异化劳动理论之间存在着相似性，甚至存在着智识上的连续性，但是，他们却是属于完全不同的传统，而且二者之间的基本差异也应该不难区分。[20]对斯密来说，劳动的过度专业化所带来的副作用，可以通过适当的公共政策予以解决，当写到公共教育和公共支出时，他还特意对异化问题进行了讨论(Smith，[1776]1937，第五卷)，而对于马克思而言，要正确地解决这一问题，办法只有一个，那就是推翻整个资本主义经济体制。在马克思的著作中，异化作为一个整体来予以对待，不是将它泛泛归因于劳动分工，而是具体归结到在资本主义制造业当中特定的劳动分工上去，并不会出现在马克思的假设历史中人类社会的任何前资本主义阶段(一如我们所望，也不会出现任何后资本主义阶段)(例如可参看Edwin West，1969，Peter Dickens，1996，尤其是第57和58页；以及Renzo Llorente，2006)。值得注意的是，马克思受路德维希·费尔巴哈的宗教异化

* 中文见商务印书馆出版的《经济学原理》上册第277页。——译者注

和黑格尔的政治异化所激发，发展出了他自己关于异化的基本经济概念，这个概念根植于他的资本主义生产方式中劳动的社会分工概念里，马克思认为，在这种生产方式当中，工人不仅面对物质世界(既包括他的行动过程也包括结果)，而且面对社会世界也变得异化了。㉑如果考虑到马克思异化概念的这一明确特征，那么，保罗·罗伯茨和马修·斯蒂文森(Paul Roberts and Matthew Stephenson, 1973)对苏联特色的社会主义经济所做的富有争议性的分析实应大大减色。

最后，毫无疑问的是，劳动分工的社会后果中无论是我们喜欢的那些面向(例如社会的凝聚)还是我们不喜欢的那些面向，都已在社会学中得到广泛的探讨(例如，可以参看 Emile Durkheim([1893]1933)对劳动的社会分工所做的经典研究)。㉒尤其是在法兰克福学派，其中最为突出的是埃里希·弗罗姆(Erich Fromm)和赫伯特·马尔库塞(Herbert Marcuse)的作品，以及二战后美国的经验社会学的著作里(Israel, 1971，第六章和第七章)，异化问题从来都是备受关注的主题。

注　释

① 参看前文第 3.4 节。

② 公平地说，没有提及与广泛使用机器相关的劳动分工以及大规模生产，并非斯密的有心之失，原因很简单，正如安德鲁·尤尔(Andrew Ure, 1835:19)在很久之前即已指出的那样，斯密和他的同辈们对于自动化的机器尚且是闻所未闻。劳动分工和专业优势的制针业原型，尽管自从斯密巨著出版之后即已流布天下，影响颇大，但是，很显然，它是无法对劳动分工的一些重要层面给出说明的。

③ 有关这位在技术史和观念史上的多姿多彩的人物，巴贝奇十一卷作品集的编者总序中曾对他做过一份详尽的描述(Babbage, 1832:7—33)。施蒂格勒给出过一个关于巴贝奇的简传，对他的经济思想进行了扼要的介绍，但是，在把巴贝奇关于劳动分工的经济学解释成规模经济效应方面，稍显不那么准确(Stigler, 1991:1150，论巴贝奇对经济学的“第三个贡献”)。

④ 在这里值得指出的是，这一因素也未曾逃过亚当·斯密的法眼。他把它明确地看成是固定资本的第四类物品——这相对而言在他那个时代还不是那么重要——但是，他可能并没有充分意识到它对劳动分工的重要性。

> [固定资本包括的]第四项是，社会上一切人民学到的有用才能。学习一种才能，须受教育，须进学校，须做学徒，所费不少。这样费去的资本，好像已经实现并且固定在学习者的身上。这些才能，对于他个人自然是财产的一部分，对于他所属的社会，也是财产的一部分。工人增进的熟练程度，可和便利劳动、节省劳动的机器和工具同样看作是社会上的固定资本。学习的时候，固然要花费一笔费用，但这种费用，可以得到偿还，兼取利润。
>
> (斯密，[1776]1937：265—266)(中文见商务印书馆出版的《国富论》上册第257—258页。——译者注)

⑤ 冒着对巴贝奇进行所谓视历史为不断进步之过程的辉格式(Whig)解释的风险，可能值得大家注意的是，他所强调的固定学习成本这一概念，在20世纪80年代以舍温·罗森(Sherwin Rosen, 1983)以及约拉姆·巴泽尔和本·T.于(Yoram Bazel and Ben T. Yu, 1984)为代表的人力资本和劳动专业化文献中发挥着核心的作用。参见下文第8章。

⑥ 参看马克思(Marx, [1867]1976，第2部分，第六章，"劳动力的买和卖"，这一文献出处的注释在所引的英文原书中的确如此，但在人民出版社的《资本论》第一卷中则为第二篇第四章第三节的标题。——译者注)(尤其是第270—273，471—474页)，可以找到对劳动商品市场形成的一项历史研究。

⑦ 在其他地方，马克思也对这一关系进行了阐述：

> 劳动者在他以劳动力出卖者的资格，在市场上同资本家做生意的时候，是他的劳动力的所有者……在加入劳动过程的时候，[工人们]已经合并到资本中去了。他们，当作协作者，当作一个工作有机体的部分，不过是资本一种特别的存在方式。所以，劳动者当作社会劳动者展开的生产力，乃是资本的生产力。只要把劳动者安排在一定的条件下，劳动的社会生产力便可以不费一钱而施展出来。
>
> (同上：451)(中文见人民出版社《资本论》(第一卷)第352—353页。——译者注)

马克思进一步对劳动力作为商品进行贸易而被生产过程所雇用的历史重要性进行评论道："多数工资雇佣劳动者同时在同一个劳动过程中被使用，形成资本主义生产的出发点。"(同上：453)(中文见人民出版社《资本论》(第一卷)第355页。——译者注)。

⑧ 也可参看马克思([1867]1976：483—484)，在那里他写道："我已经在《哲学的贫困》中，说了必须要说的话。在那里，手工制造业的分工，还是第一次当作资本主义生产方式的特殊形式来叙述"(正文所引这一段文字，其中文见人民出版社《资本论》(第一卷)第382页；脚注中的这段文字，其中文见

人民出版社《资本论》(第一卷)第 386 页的脚注 70。——译者注)

⑨ 马克思最早在 19 世纪 40 年代中期即已形成了他的历史唯物主义的基本思想,这段时期是马克思作为一名学者最为关键、在智识上也最为活跃的一段时期。尤其是在他那才华横溢的对德意志意识形态的批判(Marx and Engels, [1845—1846]1970,仅在他死后才出版)和对皮埃尔—约瑟夫·普鲁东的批判(Marx, [1947]1976)中,他简洁有力地将其对历史的唯物主义解释进行了表述。进而,他把这种对历史的解释运用过来,以若干阶段而将从 16 世纪到 19 世纪资本主义工业的发展予以合理化(Marx and Engels, [1945—1846]1970:第一部分,"费尔巴哈",Ch. C,"意识形态的现实基础",尤其是第 72—79 页;Marx, [1847]1976,第二章,"政治经济学的形而上学",第二节,"分工和机器")。当然,在他的《资本论》(1867)当中,我们可以看到他的这一关于资本主义工业增长的全面、成熟的历史和概念分析,这部书很可以被视作他形成于 1845—1847 年这段时期的原创思想的一个重要扩展。

⑩ 参看罗森伯格(Rosenberg, 1974:715—720)。

⑪ 在此之前二十年,年轻的马克思曾经做出过这样的观察结论,尽管这一结论显得有些简略(Marx, [1847]1976,特别是第二章"政治经济学的形而上学")。

⑫ 弗里德里希·恩格斯曾这样总结马克思主义的分期说:

> 我们把中世纪以来的工业生产的历史分为三个时期:(1)手工业,小手工业师傅带着少数帮工和学徒,每个工人都生产整件物品;(2)工场手工业,较大数量的工人聚集在一个大企业中,按照分工的原则生产整件物品,每个工人只完成一部分工序,所以产品只有依次经过所有工人的手以后才能制成;(3)现代工业,产品是用动力发动的机器来生产的,工人的工作只限于监督和调整机器的动作。
>
> (Engels, [1892]1910:12—13)(中文见人民出版社《马克思恩格斯选集》(第三卷)第 381—382 页。——译者注)

⑬ 参看罗森伯格(Rosenberg, 1974:720—724)。

⑭ 工场手工业阶段必须被视为将科学引入生产过程的必要一步。对科学的运用,要求生产性活动应该被分成一系列彼此分离的可分析的步骤才可以。即便工场手工业体系要继续依赖于人类的技能,也只有在它用许多拘泥于细节的工人来代替手工业者的时候,才能够恰到好处地完成这一点。在这一重要意义上,它为现代工业的到来"设定了这个阶段"。

(Rosenberg, 1974:722,脚注 19)

⑮ 这一点马克思早在此二十年前自己的著作中即已经涉及:

> 劳动者集合在一个作坊是分工发展的前提……真正的机器只是在

18世纪末才出现……机器是劳动工具的集合，但决不是工人本身的各种操作的组合。

"当每一种特殊的操作已被分工化为对一种简单工具的使用时，由一个发动机开动的所有这种工具的结合就构成机器。"(Babbage, [1832]1989)

简单的工具，工具的积累，复合的工具；由一个发动机即人手开动复合工具，由自然力开动这些工具；机器；有一个发动机的机器体系；有自动发动机的机器体系——这就是机器发展的进程。

([1847]1976:186—187)(中文见人民出版社《马克思恩格斯选集》(第一卷)第131—132页。——译者注)

⑯ 参看乔奇姆·伊斯瑞尔(Joachim Isael, 1971,第二章)，可以找到从卢梭，经由德国浪漫主义者和黑格尔，再到马克思这一条线的概念发展之杰出的记述。

⑰ 马克思(Marx, [1867]1976:384,脚注47)错把斯密看成是"亚当·弗格森的学生……他[斯密]重复了弗格森[关于劳动分工有害影响的论述]。"

⑱ 希曼(Seeman, 1959)尽管在他的异化定义中明确强调个体的主观感受，但是还是把异化概念的多个侧面都一一做了阐明，其中包括无力感、无意义感(meaninglessness)、失范感(normlessness)、孤立感和自我疏离感等。布劳那尔(Blauner, 1964)的分类即源于希曼。

⑲ 在马克思主义学者之间，有一场关于异化是否仅在青年马克思的著作中才扮演着一个基本的角色这样的争论，有关于此，可以参看易思铎·沃利曼(Isidor Wallimann, 1981)，这超出了本附录的范围，此处不赘。但有一件事却是再明显不过了的，那就是马克思在很多场合——从《1844年经济学和哲学手稿》(1844)、《德意志意识形态》(与恩格斯合著，1845—1846)，到《政治经济学批判大纲》(1857—1858)，再到《资本论》(1867)——都提到过异化，尤其是在面对劳动的社会分工这一问题时，更是如此。

⑳ 例如可参看迪奥尼西俄斯·德罗索斯(Dionusios Drosos, 1996)，从这里可以得到一个对斯密与马克思就异化问题的起因和解决办法的差异所做的分析。

㉑ 参看马克思第一手稿(1844)中的"异化劳动"部分。纳瑟尔·卡恩(Nasir Khan, 1995)对马克思在这关键的一年半(从1843年3月到1844年8月)中是如何背离费尔巴哈和黑格尔，然后发展自己的异化理论的，给出了一个非常详尽的研究。也可以参看伊斯瑞尔(Israel, 1971,第三章)。对马克思的异化理论——即非自愿的劳动分工构成了劳动异化的基本原因——所做的一个说明性的解释，可见于沃利曼(Wallimann, 1981)一书。

㉒ 有关涂尔干的劳动分工理论中分析性处理部分的不足，尤其是关于他的失范(anomie)概念这些方面的批评，可以参看查尔斯·达德利(Charles Dudley, 1978)。

交易经济和知识分工:哈耶克的洞识

6.1 自发社会秩序的思想

在本章,我们将以较大篇幅来回顾哈耶克关于知识分工的理论。毋庸置疑,哈耶克的知识分工理论在劳动分工经济学史上意义深远。不过,在此之前,我们还需稍事停顿,简要浏览一下自发秩序这一概念的历史。之所以如此,乃是因为哈耶克关于所谓哈耶克式知识问题的论点,深深根植于自发秩序哲学当中,而且他关于社会中分散知识的理论也可称是他对自发市场秩序进行总体分析的一个主要组成部分。所谓自发秩序,理所当然建立在这样的认识之上:整体社会秩序从众多个体的分立行动中自发演现而来,任何人对由此所致的总体后果,均无明确的意识或预期。自发秩序这一概念在那些对劳动分工经济学有着主要贡献的著作中,也都曾扮演重要的角色,其中于亚当·斯密的自然自由体系中表现得最为突出。然而,正是哈耶克,将他对劳动分工和知识分工的研究,明确而系统化地纳入到自发秩序理论的框架之内,也由此奠定了哈耶克经济学的坚实基础。

6.1.1 古代的智慧

我们可以从前文所述的伊本·赫勒敦开始，他关于劳动分工原理的观点我们已经讨论过，通过他的著作 *The Muqaddimah*，这位令人瞩目的学者在历史哲学方面为那些有幸读过他的巨著的人带来了诸多灵感。特别地，主要由于他的自组织社会经济变迁思想，若称伊本·赫勒敦是自发生社会经济动态学(self-generating socio-economic dynamics)的先驱，亦非虚誉(参看本书2.3节)。

在自发秩序理论方面还有一个早得多的先行者，那就是老子，早在2500多年之前，他就洞察到了大自然的自我转化秩序，在没有政府的随意干涉之下，人类社会亦当与自然同出一辙。老子引入的最为重要的概念就是"道"，他以此来组织其哲学体系，这个词常被翻译成(自然之)"路"(the way)。[①] 必须予以指出的是，"道"这个词也被老子之前的其他中国哲人广泛接受，用以指称社会政治和道德标准。不过，老子第一个用这个词代指形而上的本体，并用它来明确表达自然和社会是如何自发地从无(non-being)中演化出来的。这样，"道"普遍共存于万物之中，而"德"则是人类生活领域中"个体化的因素，是确切原则的具体化，这些原则赋予了事物明确的特征和品质"(Yu-Lan Fung, 1937:177—180, 223—225; Chan, 1963b:11)。[②] 老子写道：

> 道常无为而无不为。侯王若能守之，万物将自化。
>
> (《老子》1963，第37章:166)

> 以正治国，以奇用兵，以无事取天下。吾何以知其然哉？以此：
>
> 天下多忌讳，而民弥贫；民多利器，国家滋昏；人多伎巧，奇物滋起；法令滋彰，盗贼多有。
>
> 故圣人云："我无为，而民自化；我好静，而民自正；我无事，而民自富；我无欲，而民自朴。"
>
> (《老子》第57章，1963:201)*

就其为政治经济所开的药方而言，老子的哲学显然非常接近于欧洲自由

---

* 这两段的中文引文及句读，均采自中华书局陈鼓应的《老子今译今注》一书。——译者注

放任主义的政治哲学,但是与无政府主义(或政治虚无主义)观念却颇为不同,这一点早已为萧公权(Kung-Chuan Hsiao, 1979)所指出。③ 从哲学上来说,万物自发转化——即道常无为而无不为——的真正意旨不仅在《老子》一书中发挥着重要作用,而且在后世道家学说的发展中亦是如此。庄子(公元前369年—公元前286年)更进一步,认为一切事物均处在自我转化的周而复始的不断运动之中。在为《庄子》一书所做的注中,郭象(?—公元312年)甚至走得更远,强调万物自足而自化,万物之外,并无自然。他声称,自然不过是万物的统称而已。④

6.1.2 伯纳德·曼德维尔大夫和苏格兰启蒙派论自发秩序

尽管老子、伊本·赫勒敦和其他一些人对自发演现的社会秩序这一概念做了一些先驱性的思考,但是自发秩序理论——"经济学中最为重要的核心原理"(Buchanan, 1979:81)——却只是到伯纳德·曼德维尔大夫、苏格兰启蒙派和奥地利学派——其中最为杰出的当数哈耶克——手中才得到切实的发展。正如哈耶克(Hayek, [1967]1978:250)所指出的那样,正是曼德维尔,在"演化与秩序的自发形成这一孪生观念的现代思想方面,实现了无可非议的突破性进展"。⑤ 由于我们已经对曼德维尔大夫、尤其是关于他对制度和演化问题的强调着墨颇多(参看本书3.3节),所以,这里只是引用哈耶克著作中这一段极为精彩的归纳来做一总结,也许就足够了:

> 他的主要主张变得十分简单,在复杂的社会秩序中,人们的行为结果同他们所设想的非常不同,个人在追求自己的目标时,无论是出于自私还是利他,都会产生一些他们并未预料甚至一无所知的对他人有用的结果;最后的结论是,整个社会秩序,甚至我们称之为文化的全部现象,都是并不以这种文化为目的的个人努力的结果,而这种结果,又通过并非被有意发明、而是因成功的生存而发展起来的各种制度、习惯做法和规则,服务于个人的目的。
>
> (Hayek, [1967]1978:253)*

* 此处译文参考了冯克利先生在《哈耶克文选》(江苏人民出版社2007年版)中《曼德维尔大夫》一文的相关翻译,特此感谢。——译者注

就此而论，曼德维尔大夫苦心孤诣详加阐发的关于自发秩序的主题，乃是围绕"整个社会秩序，甚至我们称之为文化的全部现象"的一整套理论建构，其中自发市场秩序(由分立的价格体系来协调)仅是一个具体表现，此外还有语言、道德、货币、产权等等表现。如此一来，正如哈耶克所指出的那样，对于曼德维尔的重要性和卓越才华，就特别值得强调，他其实并没有在公共利益源出于个体的自私这个方面泛滥词章，而是更多地在发展这样的思想：整个社会总体秩序乃是偶然地从个体"对自己目标的追求，而无论这种目标是出于自私还是利他"中演化得来的。

苏格兰启蒙哲学家大卫·休谟、亚当·斯密和亚当·弗格森进一步发展了曼德维尔关于自发形成的秩序之观点，尤其重要的是，他们用这种思想，将市场的自我规制性质理解成为劳动分工和交换威力巨大的协调者。[⑥]如前所述，曼德维尔的观点主要经由大卫·休谟和弗里德里希·卡尔·冯·萨维尼(Friedrich Karl von Savigny)这两位学者，为卡尔·门格尔的法律、道德、市场秩序和货币的形成理论提供了非常重要的灵感(Hayek，[1967]1978：264—265)。[⑦]然而，事实证明，弗格森才是对晚近关于自发秩序的学术发展影响最巨的人物，尤其是对哈耶克的影响，更是如此。弗格森关于自发形成社会秩序的理论有一个引人瞩目的特征，那就是对它作为芸芸众生行为的不经意的后果这一点颇为强调。他写道：

> 人类在遵照眼前的想法行事，努力消除不便或努力想获得那些明摆着的一个接一个的有利条件时，实现了他们想都未曾想到过的目标。并且，像其他动物一样，人类也循着自身的天性，茫无目标地继续前进。"我想拥有这片土地。我要把它留给我的后人。"第一个说这句话的人并不知道自己正在为民法和政治机构建立基础。
>
> (Ferguson，[1767]1995：119)

可能比较值得称道的是上述引文中的最后一点，它预示了日后关于产权的起源和演化的探察，将会成为一个颇具潜质的研究项目(比如可参看 Sugden，1989)。

弗格森自发秩序理论一个独有的特征是他刻意将这一理论体系化，以便阐发文明社会多阶段历史之假说，也即"文明的"商业社会是如何在漫长的时间长河中从"野蛮"社会演化出来的，正是这一特征使得弗格森的著作在自发秩序这一主题上和其他思想家迥然不同。弗格森连篇累牍地阐述道:在商业社会,"艺术和职业分离后,财富的源泉大开。每一种原料都能加工到尽善尽美,每一种商品都能大量生产"(1767:172)。相比之下,野蛮社会可以分为原始阶段(在这个阶段产权制度事实上是不存在的)(同上:第二卷,第二节)和未开化阶段(在这个阶段产权、不平等,因之政治等级开始出现)(同上:第二卷,第三节),其商业交往以及艺术和专业(劳动分工)分工就相当受到局限。在阐述社会演化何以可能这一问题上,弗格森发展出了一套系统性分析,以解释社会制度和社会(上层)结构是如何作为芸芸众生代复一代的无限试错之结果进行演化的。

> 社会形态的起源模糊而遥远,正如我们并不知道风来自何方,又吹向何方一样。远在有哲学以前,社会形态就是人类出于本能而形成的,并非人类思辨的结果。在建立机构、采取措施方面,众人往往受到他们所处的环境的影响。他们很少会与自己的环境背道而驰,去追随某个规划人的计划。
>
> 即便在所谓的启蒙时代,民众在迈出每一步,采取每一个行动时都没有考虑到未来。各国偶然建立了一些机构,事实上,这是人类行为的结果,而并非人们有意这么做。
>
> (同上:119)*

弗格森特别重视独立行事的个体颇为短视地追逐自己之目的、彼此互动以达成长期不经意的后果。在意料之中的是,事实证明,对于后来的自发秩序理论家——尤其是哈耶克[8],这一点最具影响力,对他们的激发也是最大的。当然,后来者自然不会将他们的研究局限在这一假想历史的框架之内。实际上,非常有意思的是,弗格森关于这类长期不经意后果的洞见,无论其优点还是缺点,都只是统一在他所主要关心的下述问题之中,即如何将这一假想的历史在概念上予以一致化,而劳动分工和商业活动的扩展秩序乃是这一历史进程意义重大的不经意的后果之一(比如可参看Brewer, 1989)。[9]

---

* 本段及前一段的引文之翻译,均参考了辽宁教育出版社1999年版、由林本椿和王绍祥所译的弗格森的《文明社会史论》,特此感谢。——译者注

6.1.3 门格尔论货币的起源和哈耶克关于社会秩序的宏大研究计划

卡尔·门格尔发扬光大了由伯纳德·曼德维尔大夫和苏格兰启蒙派所引领的研究取向,这种取向把自发社会经济秩序概念化为个体参与者短期行为的不经意的后果。卡尔·门格尔由此发起了一项为众所知的重要研究计划,这一计划最终融入了奥地利学派经济学。[10]在门格尔的经济学说中,甚至总体来说在一般性的社会科学论著中,自发秩序这一主题都起到了核心的作用。强调这一点非常重要,因为这一思想不仅主导了门格尔对价值乃至价格机制问题所采取的革命性的边际主义分析,此分析乃是由消费物品的更多一单位所带来的满足入手而逐步铺开的,而且也可以把自发秩序作为门格尔经济学的主导原则,以此将他在很大程度上与他所开创的奥地利学派和其他对边际革命做出主要贡献的学者——如威廉·斯坦利·杰文思、列昂·瓦尔拉斯及其追随者——截然分开。对于门格尔来说,理解像市场的形成与发展和社会如何从这一过程中获益这样的社会经济现象,意味着合理地将总体社会经济事务,归简到由处理其个人问题的每一个个体所做的努力。然而,在处理其个人问题方面,个体的行为必然是由他的知识和对环境的判断、尤其是由他与包含了其他个体行为的环境之间的相互影响所引导。这样一个互动的过程是如何开展并导向一种秩序的,对于理解其何以如此至关重要。因此,对该秩序形成过程的分析就与对这个最终结果(即该秩序)的描述同样重要了。门格尔独树一帜的个体主义方法论,在与德国历史学派的那场著名的方法论大战中得以确立和传播,并汇编在他那本《方法论》(1883)著作之中。这样,他的方法论就非常简洁地被概括为从个体的行动入手建构总体结果的规范(regularity)的分析方法。那么,什么才是社会经济生活最为重要、在智力上最具魅力的规范所在呢?

门格尔区分了两类总体结果。一类他称之为有机结果(organic),这种结果乃是难以计数的个体努力追求各自目标的不经意后果,另一类叫做实效结果(pragmatic),源自于有意识的活动。门格尔认为,前者最值得研究。为此,他还特意给出了一些社会制度,来说明在他的脑海中,关于社会结构的有机发展是多么地普遍。

> 语言、宗教、法律,甚至是国家自身,市场、竞争、货币等经济社会现

> 象，以及其他众多的社会结构，已在各种不同的历史阶段得到呈现，我们无法恰如其分地判称建立这些结构的社会是有意识地进行这些建构活动的。
>
> （Menger，[1883]1963：146）

门格尔给出的所有这些有机制度的例子都是相当复杂的现象，这一事实应该不出我们所料，因为任何自发社会秩序，莫不如此。要理解这一复杂性，必得面对这种秩序形成的过程才行。这一复杂性也即哈耶克（Hayek，[1955]1967，[1964]1967）后来所称的“有机的复杂性”（organized complexity），这个术语引自他非常欣赏的沃伦·维佛（Warren Weaver，1958）的文章，[11]而且它也不能被简单地认为是个体在一个假定结构之内的互动而已，因为这一结构自身也是这样互动活动最终形成的结果。正是由于这样的原因，至少可以这样说，在瓦尔拉斯的传统下所进行的一般均衡分析，对于门格尔而言，形同陌路，并且毫无意义（参看 Hayek，[1973]1978：277—279）。

门格尔的自发秩序理论可以由他对一个特别的经济现象所做的天才分析得到最好的阐发，那就是作为社会制度的货币之起源与演现，他在《国民经济学原理》（*Grundsätze*，1871）一书中最早对此进行分析，但这个时候很大程度上还比较模糊，十年之后门格尔对它做出了全面的拓展（Menger，[1891]2002，1892）。[12]在讨论门格尔的货币理论之前，有必要对门格尔之前有关这一主题的文献聊表数言。正如前文所述，货币作为交换媒介，对于劳动分工网络的支撑必不可少，这一点已经为希腊人所察知。约翰·劳和亚当·斯密对这一主题进一步进行过阐发，尤其是斯密，他还对实物货币的起源及其向法定货币的历史演化进行了人类学的详尽阐释。尽管如此，只是到了卡尔·门格尔手里，货币起源的理论才作为自发生成的制度而得到发展。门格尔的分析起点是这样的：商品不但彼此在效用上千差万别，而且更为重要的是，就货币的创造而言它们还在“可售卖性”（德文为“Absatzfähigkeit”，1892 年卡洛琳·A.佛莱把它翻译为“可售卖性”（saleableness））的程度上有差异。[13]门格尔认为，商品的可售卖性这一维度对于货币的出现来说至关重要，货币的基本功能毕竟是承担交易媒介的角色，而且“*货币理论必然是以商品的可售卖性理论为先决条件的*”（Menger，1892：243；斜体为原文所加）。商品间的可售卖性程度参差有异，这可以由地域和时间上的局限得到说明，这种程度上的差异表达了它们对经济主体而言的相对有用性。商品可以由其可售卖性来主观地加以排序，人们总是根据自己的经济利益，将不那么有可售卖性的商品拿去交换更具可售卖性的商品。拥有更具可售卖性的商品，哪怕不是最具可售卖性的商品，相对于拥有那些不是那么具有可售卖性的商品的相对优势，随着劳动分工的深入和市场交易关系的扩展只会逐步变得更为显著起来，结果，家家户户逐渐地会更加依赖市场(Menger,[1891]2002:特别是49—51)。对自身利益的追求，为学习过程赋予了动机，通过这种学习过程，一些“在时间和地点上可售卖性的范围都比较宽泛的”特殊商品在物物交换的系统里变得更受欢迎，因为它们

> 价值高昂、易于携带且适于贮藏，可以确保拥有它们的人获得一种权力，即在经济价值上，它们不仅在一些局部地区或者时间段上胜过市场上的其他商品，而且就一般意义上的时间、地点而言也是如此。
>
> (Menger，1892:248)

为了找到最具可售卖性的商品，并在一个社会中将它广泛地接受为一种交换媒介，势必要有一个社会学习的过程，其中思想的传播、行为的模仿以及对人群中敏锐能干之士的筛选，决定了这个社会的走向。而这样的过程是自我强化的过程，这要归功于在将最具可售卖性的商品接纳为普遍接受的交换手段方面所存的正反馈机制，在长时间段和不同空间上，这一机制的存在无可质疑。

> 只是在一开始的时候，只有有限数量的经济主体认识到将这种商品当做交换媒介……带来的好处，正是由于这样的交换，总是在所有的情况下都让经济个体更为接近他的目标，获得他真正想要的那些有用之物。但是，启发一个人认识到自身的利益之所在，莫过于让他觉察到那些方法得当的人士所取得的经济上的成功……根据这种方式，对于使得那些在任何时点都最具可售卖性的商品不仅为很多人、而且最终也为所有的经济主体所接受，用来换掉自己手中不那么具有可售卖性的商品方面，惯例和习俗定然贡献甚巨：还不仅如此，而且打一开始大家都心知肚明，这种商品只是用于交换它物。这样，这种商品就变成了被广泛接受的交换媒介，德国人冠之以“钱”(geld)之名。
>
> (同上:249)

通过社会学习过程,在不同人群之中,这种经济上取得成功的行为在分散性的传播过程中将这一具有网络外部性特征的过程呈现出来,“没有国际公约,没有立法推动,甚至没有关乎任何的共同利益”(同上:248),最具可售卖性的商品逐步作为交易的媒介而被接受。⑭

> 撇开那些在历史上站不住脚的假设不谈,我们仅通过认识社会过程的创立即可完全理解货币的起源,这一社会过程我们以自发结果视之,它是一个社会的成员具体而微的个体努力之偶然结果,他们一点一点地凭借各自的方式对商品的不同可售卖性程度进行辨别,绝非有预谋地刻意为之。
>
> (同上:250)

但是门格尔在其最初的德文版的《钱》这篇文章中所呈现出来的货币理论,与该文章的英文删节版(1892)所展现的内容相比更为微妙,尤其是就货币作为自发秩序这一点而言,更是如此。在《经济学刊》的文章里,针对货币这一社会制度的创立过程中“立法的方式”所起到的作用,门格尔进行了简略地评论,但是随即称“这既不是货币起源的唯一模式,也不是主要的模式”(Menger, 1892:250),以此来框定自己所做的前述评论。货币作为一种社会制度,是在自然地演化,随着时间的流逝而逐步完善起来的。但他在德文版的《钱》这篇文章中对相同议题所做的处理却有微妙的差别。政府的作用开始逐渐变得重要起来,甚至一旦贵重金属货币出现之后,在完善货币体系方面政府的角色即变得不可或缺起来,因为只有政府才具备简化与标准化计算及支付体系的工具和利益取向,因此不管在处理货币和货币制度体系的复杂性方面如何生疏的人(“即便是一个孩童”,Menger, [1891]2002:48),都能够从这一简单而又有效的货币体系中获益(同上:46—48)。这样一来,在货币的起源和货币体系的完善之间所做的区分,使得门格尔的立场要比他的一些追随者——尤其是哈耶克——更为中庸一些⑮。

值得引起关注的是,门格尔认为货币作为一种社会制度无需法律或政治权威的干预而产生的观点引发了诸般争论。尽管存在这诸般争议,门格尔(Menger, 1892)还是在最近成为了有关货币起源的一股强大思潮的一个主要的智识来源,这一思潮仍然处在爆炸性增长之中。施米茨(Schmitz, 2002)对新古典货币理论进行了一场批评性的综述,新古典货币理论由罗伯特·唐森(Robert Townsend，1980)的空间分离模型、世际迭代动态模型以及最为著名的、导源于清泷信宏和兰道尔·赖特(Nobuhiro Kiyotaki and Randall Wright，1989，1991)的搜寻模型为代表。施米茨认为，相较于门格尔对货币起源所做的原创理论而言，所有上述模型的一个共同而且主要的缺点是他们对货币作为一种社会制度外生给定所做的这一关键假设，而这一假设恰恰回避了门格尔主义中所涉及的货币演现这一问题，此语可谓切中肯綮。

在社会科学中，如果一位学者的成就真的可以由一或两个词汇来一言蔽之的话，为哈耶克所做的选择必然是“自发秩序”。这一断言入情入理，哈耶克在智识上的事业，尤其在二战后的漫长岁月里，他在宽广的学科视域和自由原理之上苦心孤诣所做的系统研究，无不是沿着他所认为的英国人的演化理性主义的道路——这 ·道路与所谓的笛卡尔式建构理性主义针锋相对——捍卫、复兴和深化发展自由的原理，而他为自由主义所做的整个论证背后的思想，就是自发社会秩序：

> 可见，自由主义是对一种在社会事务中自动或自发形成的秩序的发现(这一发现也导致人们认识到存在着一个理论社会科学的对象)，这一秩序较之任何集中命令所建立的任何秩序，使社会一切成员的知识和技能能够得到更大程度的利用，因此人们希望尽可能利用这种强大的、自发形成的秩序……自由主义的中心思想是，在贯彻保护公认的个人私生活领域的公正行为普遍原则的情况下，十分复杂的人类行为会自发地形成秩序，这是特意的安排永远做不到的。
>
> (Hayek，1967a：162) *

哈耶克对出现在伯纳德·曼德维尔论自发秩序著作中的思想(参看前文6.1.2节)所做的总结，似乎也可以同样用到他自己对这一主题的学术成就上来，当然，哈耶克是从一个更为宽广的视角和多种学科的背景下出发对自发秩序的研究进行了更为深入、也更为精到的研究的。尤为重要的是哈耶克对于他在曼德维尔的著作中发现的“演化与秩序的自发形成这一对孪生观念”

* 此处译文参考了冯克利先生所译的《哈耶克文选》(江苏人民出版社2007年版)第344页的译笔，特此感谢。——译者注

(Hayek,[1967]1978:250)进行整合的努力。相应地,他最伟大的成就和最重要的学术遗产似乎也正在于两个紧密相联却又原则上可以彼此分离的方面。第一个是对分散知识的利用所起的决定作用进行了高度原创性和力透纸背的分析。分散知识的利用正是凭借分立的价格体系才成为可能,呈现出作为自发社会秩序之一种特殊情形的自发市场秩序这种形式。这个部分当然与我们这本以劳动分工为主题的书(因之也同样与知识分工)最为相关。因此,我们将在后文中花去两节的篇幅,专门关注哈耶克学术成就的这一个方面,它深深植根在关于市场过程的斯密经济学之中,而且也必将被视为是对斯密经济学的一个重大拓展。第二个方面是他对社会制度,尤其是法律和政治制度如何自发演化的一般原理所做的苦心孤诣的研究,这一过程常被大而化之地指称为文化演化理论或制度演化理论。正是哈耶克学术成就的这一面,使他作为一名社会科学家声名远播,又广受争议;不过,这一方面却与本书涉及的主题并不非常相关,除非是在这样一种特殊的意义上来看待它:窃以为,在价格系统不仅仅是利用社会中的分散知识,而且会催生和传播这些知识的问题上继续推进哈耶克未竟的事业方面,以及在知识创生本身对制度演化的意义之阐发方面,尚有大量的工作要做。就此而论,对于哈耶克备受赞誉的有关社会秩序的演化之研究所存在的若干弱点和局限,谨作两点评论如次:第一,正如不少作者已经指出的那样,[16]在哈耶克的演化观念和基于个人主义的自发秩序理论,与基于群体选择的文化演化之间,存在着紧张关系。生物学中的群体选择理论面临的那些广为人知的困难之外,哈耶克对自然选择机制以及这种选择在文化演化中赖以运行的筛选层面所做的分析,即便不是没有问题,也是非常不完善的,与他对分立的价格体系中通过竞争而有所发现的市场自发秩序所做的力透纸背、全面彻底的分析相比,这一分析远不是那么让人满意。换言之,一方面是自发社会秩序,其典范即由价格催发的市场秩序,另一方面是文化演化,在这"孪生思想"般的两者之间确实存在着某种张力(Barry,1982)。在哈耶克的思想体系中,这对孪生思想的中心角色值得铭记于心。仅仅指出行为规则和个体行动之间的相互作为乃是制度演化过程的引擎,却没有可与针对市场秩序形成过程中价格体系如何利用知识的分析可堪一比的研究,远不足以就文化演化的"如何"以及"因何"这些问题给出科学的回答。其次,关于价格体系利用知识的强大功能方面,在哈耶克那广为人知的理论——这一理论将在下文予以详述——里,知识被局限在每个人的局部环境中关于资源的稀缺性(scarcity)和可欲性(desirablility)的实践知识之上,但是,在文化演化中,看起来一种完全不同的种类的知识才是最为主要的。事实上,即便我们只是来考察市场秩序(再强调一下,它是社会秩序的一种特殊情形),这种秩序自身是如何演化的,尤其是自由价格秩序的运作是如何产生了新的知识,从而反过来引发市场秩序的变化的,仍然含糊不清。但是,一项研究计划若然还有大量工作需待完善,也可能正是这项计划的宏伟不凡所在,而非关于其弱点的一个重要证据。

尽管如此,若称哈耶克是20世纪对自发秩序理论而言最具原创性的思想家和最为重要的贡献者,绝非虚言。事实上,自柏林墙倒塌之后,哈耶克的自发社会秩序理论业已催生了一个方兴未艾的行当(例如可参看 Jack Birner and Rudy van Zijp, 1994; Viktor Vanberg, 1994; Steve Fleetwood, 1995;以及 Jeremy Shearmur, 1996)。有意思的是,毫不称奇,哈耶克还开创了一些被20世纪80和90年代的复杂性科学家们所声称的被"重新发现"的重要洞识。[17]

此外,值得一提的是,在哈耶克的文化演化研究计划何时可以竟其全功上,尚有一段漫长的路途要走,的确,这很可能是一段极为漫长的路途,原因很简单,要想得到对文化演化的正确理解,就要对人类文明的历史进行说明,因此这项研究也势必会引向历史哲学。伟业未竟,更为巨大的挑战赫然在前。

6.1.4 波兰尼反极权主义的多中心秩序观点

当然,高度推崇自发秩序观念、并且还在与各种"人为秩序"(made order)的变化形式所昭示的思想之论战过程中重新表述和深化这一观念,哈耶克并非孤例。其中卓然一帜者,当数迈克尔·波兰尼(Michael Polanyi, 1941, 1948),这些文章受其对苏联在科学事业中所采取的极权主义方法(这种方法当时已经对英国的自然科学研究产生了一定的影响)的不信任所驱使,就其对知识探索(1941)和一般性的社会生产(1948)两个方面所产生的毁灭性后果,进行了一场理论上的批判。[18]波兰尼(Polanyi, 1941)的批判乃基于一方面的"合作秩序"(corporate order)和另一方面的"动态秩序"(dynamic order)之间的区别,动态秩序这个概念明显是借自心理学中格式塔理论的奠基者之一沃尔夫冈·科勒(Wolfgang Kohler, 1929)的思想。波兰尼有力地证明,极权主义制度不仅在认知领域(科学),而且在道义领域(法律),都无法建立动态秩序。在本体论的层面上,波兰尼认为,极权主义制度只能通过权威的科层制来预先规定一套由上而下的调整机制,因此使得在为数众多的独立单位之间充分利用其内在力量的互相自发性调节不可能实现。这样的相互自发性调节,究其本质而言,乃是一种自下而上的过程,可被视为是一种动态秩序,作者描述了三种这类秩序的典型例子:市场、普通法和科学(同上:435—437)。这种动态秩序是怎样以及何以能够提供比所谓的"合作秩序"——在某些情况下合作秩序的有用性当然也不可抹杀——多得多的值得期待的结果,而极权主义方法又为什么与动态秩序完全不能兼容呢?根本原因在于,只有在社会分化成各种自治的圈子/子系统的情况下,文化生活才可能是欣欣向荣而富有创造力的,因为只有当每个圈子以某种方式自我治理,从而允许这种秩序的扩展时,广义文化生活——文学、艺术、科学、宗教、法律、技术等等——的每一个领域中的标准(standards)和理想范型(ideals)才能得以维持、丰富和提高。但是,极权主义对文化生活的多中心模式从骨子里就是仇视的,而且还要从根本上毁掉文化生活,即使这要冒着反智的危险把文明倒退回到石器时代,也在所不惜。这一结论使得波兰尼给了20世纪的极权主义可能是最具毁灭性的打击之一:

> 独裁正是通过其无孔不入的众多根须而将整个自治的文化生活予以根除才得以在今天成为现实的。在知识和道德秩序守护者的声望被摧毁、人们自治的小圈子被打散、广大公众因之变成一群无助无依的羔羊之后,独裁者方才能够直接号令治下的人民,而无惧于对他们权力的限制或批评。
>
> (Polanyi, 1941:443)

与之形成对照的是,在自由社会,通过将社会生活分化为各种自治的圈子,每一个圈子里其"影响力领袖"会充当标准和理想范型的守护者,由此而带来社会中思想的稳态增长,这样知识和道德秩序才生机勃勃,枝繁叶茂。在这里,有一个很有意思的地方,就其观点乃是基于社区的自由而非社会个体成员的自由而言(例如可参看 Jacobs, 1999:尤其是第 119 页),波兰尼的自由哲学显然具有强烈的欧陆自由主义气息。但是他的这种基于其认识论基础之上为自由所做的辩护，如果措辞稍异，也就可以应用到英国个人自由主义上来的，我们将他的认识论立场引述如下：

> 真理是如此复杂，它的每一个细微之处都与其他地方直接交织在一起，它只能通过个人一系列持续的独立探索，才能得以昭示。另一方面，对应于人类所拥有的各种不同才能，以及客体世界互动方式之复杂多变，真理也是类型繁多，探索者势必分化成相对独立的科学群体，在各自规范的引导下，各司其职，探究真理。只有这样，我们对真理整体性的把握才有可能得以推进，虽然这种整体性超出了每一个人的知觉范围，但是，正是这种知识的增长，构成了自由社会的基石。
>
> （同上：448）

从专有名词上来看，波兰尼（同上：431—433）频繁地将动态秩序称为“单位间的相互自发性调节”、“自发秩序的结果”、“自发生成的秩序”、“自发达致的秩序”或“各要素相互间的互动”，只是到了他1948年在曼彻斯特学院的文章里，他才明确使用“自发秩序”（spontaneous order）这个术语——这个术语放在该文章的标题之中——作为“合作秩序”的对立面。为了说明当他谈及自发秩序时他脑中之所想，波兰尼举了一个平面网络的例子，在这种网络里，每个人（结点）都以一种分散化的方式与他人进行互动，波兰尼把它作为自发秩序的一个范本来看待，而垂直的科层制则是合作秩序的范本，以此来解释为什么自发秩序作为自我调节的系统要比合作秩序更为有效。从这一貌似简单的观察结论（尽管这已经触及任何一个集权化制度的组织结构的核心层面，并且还结合了波兰尼在20世纪30年代早期几次访问苏联所取得的个人体验）开始，波兰尼（Polanyi，1948）论证，这样的极权主义制度在现实和理论上皆不可行。波兰尼的这一批判很有深度，力度甚至还要超过米塞斯—哈耶克对社会主义计划经济的著名批判。

6.2 哈耶克：从“知识问题”到“社会的经济问题”

现在，我们着力讨论哈耶克关于（分散）知识的社会经济理论，这可能是哈耶克对经济科学的最为重要的贡献了。[19]哈耶克的贡献一定可以被看成是起源于苏格兰启蒙运动、尤其是亚当·斯密的劳动分工经济学的重大发展,但尽管如此,它又有着极强的奥地利经济学的印记,这是因为主观性和个体化知识在其中扮演着重要的角色。的确,在其漫长而又多产的学术生涯当中,作为20世纪社会科学家中的领军人物,知识问题一直是哈耶克著作里的主要论题之一,而且是构成其自由主义体系认识论基础必不可少的一部分(参看前文)。而他为知识分工经济学所做出的最有价值的洞见和分析,可以在1937年和1945年他的两篇论文中得到体现。大体来说,第一篇论文给出作者所指称的"作为社会科学的经济学之真正核心的问题"以及"所有社会科学的核心问题"就是知识问题这一论断,这一问题没有得到经济学家们的太多关注,因此哈耶克断然地将它置身于经济理论最重要的位置上来。第二篇论文可是看成是第一篇的续篇,但是影响力则犹有过之,它给出了第一篇论文中所提出来的问题之回答。[20]

在伦敦经济俱乐部的主席演说中,哈耶克开门见山,批判性地检视了"经济均衡"的含义,这篇演说词提交于1936年11月,翌年发表。这篇哈耶克1937年的论文确属作者在价格理论方面思考的转折点,甚至也是作者作为一名经济学科学家的学术生涯的转折点。在这篇文章里,哈耶克给出了他所认为的:

> 所有社会科学的核心问题,这个核心问题就是,对存在于不同人心智中的分散知识所做的综合,究竟通过什么样的方式才能达到这样一种结果——而我们知道,如果人们试图以刻意的方式达成这种结果,那么指导者就惟有在拥有任何个人都绝不可能拥有的知识的条件下才可能做到这一点。
>
> (Hayek, 1937:52)*

对于那些没有学习过奥地利学派经济学的学生来说,将"所有社会科学的核心问题"——也即哈耶克的知识问题——在概念上与他对经济均衡概念的批

* 此处译文先是参考了贾湛等人翻译的《个人主义与经济秩序》(北京经济学院出版社1989年版)第52页的相关译文,后来又参考了邓正来先生翻译的《个人主义与经济秩序》(生活·读书·新知三联书店2003年版)第78页的译笔,我个人相对倾向于邓先生的译法,尤其是最后一句。——译者注

评相联系，而且也的确导源于他对经济均衡概念的批评这一点，会略显突兀。然而对于像哈耶克这样的奥地利学派经济学家来说，这样做大概是再自然不过的事情了。哈耶克在给出这一核心问题上，一开始就重新检视了“数据”(data)的含义和作用，以及潜隐在均衡概念之下的深入的思虑。他在他所谓的“客观基据”和“主观基据”之间进行了区分，认为就行为人的预期而言真正相关的是后者而非前者，而行为人彼此之间预期上的相合，正是一个(预期的)均衡所要求的条件。

> 毋庸置疑，上述两种“基据”概念乃是根本不同的，所以应当加以仔细的界分：一方面是客观事实(即实在事实)意义上的那些“基据”，亦即作为观察者的经济学家应当知道的那些“基据”；另一方面是主观意义上的那些“基据”，亦即我们试图解释其行为的那些行动者所知道的那些“基据”。
>
> (同上：39) *

只有当人与人之间在预期上彼此相合，因之在计划和行动上也能彼此相合，再加上各种形式的主观和客观基据之间的一致，社会才算处于均衡之中。由此视角观之，客观基据的变化可以涵纳在均衡概念之中，究其基本要素而论，这个均衡概念是一个动态的预期均衡概念。只要预期和计划上的彼此相合这一点能够成立，不管客观基据变化与否，均衡总是能够得到保证。

然而，最为根本的是要在经济分析中理解主观基据的性质和适当的用法。哈耶克认为，混淆了客观基据(为试图解释经济体系如何向均衡移动的经济学家所知)和主观基据(为那些仅掌握具体的局部情势之知识的个体行为人所知)，使得“完全市场”的分析在理解真实世界中均衡如何可能这个问题上即便不是没有什么效果，其效果也微乎其微。如此一来，我们必须面对的问题乃是一个实质性的问题，这个问题源自于一个常被使用但远离现实的基本前提，也即“完全市场的假设，在这种完全的市场里，每一件事情都是同时为每个成员所知道的”(Hayek，1937：44)。这是因为在完全市场分析中，不同的市场是彼此关联的。正如哈耶克指出的那样：

---

* 此处译文参考了邓正来先生翻译的《个人主义与经济秩序》(生活·读书·新知三联书店 2003 年版)第 61 页的译笔。把 data 翻译成基据，是邓先生的创造。——译者注

> 就此而言,我们必须牢记这样两个要点:第一,那种为了满足均衡分析之假设所必需的完全市场绝不仅限于意指各类商品的特定市场;第二,必须把整个经济系统假设成一个完全的市场,而在这种完全的市场中,每个人都同时知道每一件事情。
>
> (同上:44—45)*

因此,“经济人”就变成了“一个类似于全知全能的人”(同上)。这个预设的全知全能的人回避了必然仅由个体所掌握的知识是如何取得以及如何沟通的这个问题。只有在对这个问题做出了科学回答这个基础之上,对预期性均衡、对经济秩序的理解才能成为可能。

值得重申的是,沿着这一思路的探究始于对常被使用的经济均衡概念的检视,最终会引出哈耶克所指称的“所有社会科学的核心问题”,也即“知识问题”。就此而言,有一个重要的问题要问,“为了我们能够就均衡有所建言,不同个体必须掌握多少知识以及哪一类知识呢”(Hayek, 1937:48)。当然,个体掌握以及/或者需要的知识之种类和数量,很大程度上取决于他所从事的是何种活动,因此,“这里存在着一个*知识分工*的问题;这个问题不仅与劳动分工问题颇为相似,而且还至少与劳动分工问题一样重要。”(同上:49;斜体为原文所加)。事实上,尽管与劳动分工密切相关,知识分工的问题已经超出了传统上应归为劳动分工的范围。作者所关心的知识

> 要比通常所谓技艺的东西更宽泛,而且我们在这里所说的知识分立也要比劳动分工的含义更宽泛。简单地说,“技艺”仅仅意指一个人在他的行业中所使用的那种知识;而为了能够对社会过程进行有意义的讨论,我们还必须了解某种更深一层的知识——这种知识乃是人们并不直接使用的有关行为其他可能性的知识。
>
> (同上:50,脚注 1)**

* 此处译文参考了邓正来先生翻译的《个人主义与经济秩序》(生活·读书·新知三联书店 2003 年版)第 68 页的译笔。——译者注

** 此处译文参考了邓正来先生翻译的《个人主义与经济秩序》(生活·读书·新知三联书店 2003 年版)第 84 页的译笔。根据邓先生书的页码所示,这个脚注不是在这里说的原书第 50 页而应当是第 51 页上的脚注,我查看了英文原著,方知邓先生书所标示的页码不谬。——译者注

尽管对其知识问题进行了澄清和阐述，在对哪些类知识需要被掌握以及社会中这类知识如何被最优地予以利用这些问题上，哈耶克并没有更为深入地进行阐发，这个任务留给了他在1945年的那篇光彩夺目的论文，我们很快就要转而讨论这篇文章。尽管如此，哈耶克经济俱乐部主席演说的重要性在于，它给出了作为一门社会科学的经济学之核心问题：社会中分散的知识如何才能被自发地予以利用？而只有在对经济秩序的形成之研究基于对分散在很多个体之间的知识之利用这一（正确的）基础之上时，自发市场秩序这一和经济科学本身一样古老的话题，才有希望得到真正的理解。

哈耶克（Hayek，1945）对于分散在社会中的知识之分立地利用这一主题所写的这篇广富影响的文章，可以被视为对哈耶克（Hayek，1937）所给出的核心观点的精彩阐发，此文第九节尤为见重。顺带提及的是，他在1937年的文章里不断提到的"知识问题"，到了1945年的文章里变成了经常论及的必须在合理经济秩序的形成过程中予以解决的"社会的经济问题"：

> 合理经济秩序的问题所具有的这种独特性质，完全是由这样一个事实决定的，即我们必须运用的有关各种情势的知识，从来就不是以一种集中的且整合的形式存在的，而仅仅是作为所有彼此独立的个人所掌握的不完全的而且还常常是相互矛盾的分散知识而存在的。因此，社会经济问题就不只是一个如何配置"给定"资源的问题——当然，"给定"在这里意味着那些资源对于一个按照刻意方式去解决由这些"基据"所设定的某个问题的单一心智来说是"给定的"。据此我们也可以说，社会经济问题毋宁是这样一个问题，即人们如何才能确使那些为每个社会成员所知道的资源得到最佳使用的问题，也就是如何才能够以最优的方式把那些资源用以实现各种惟有这些个人才知道其相对重要性的目的的问题。简而言之，它实际上就是一个如何运用知识——亦即那种在整体上对于任何个人来说都不是给定的知识——的问题。
>
> （Hayek，1945：519—520）*

就经济秩序的形成而言，至为关键的一类知识，在经济分析中却被大大地忽

* 此处译文参考了邓正来先生翻译的《个人主义与经济秩序》（生活·读书·新知三联书店2003年版）第117—118页的译笔。——译者注

略了，这类知识就是有关特定时空之情势的那种知识，也即必然反映了"构成整幅经济图景的持续不断的微小变化"之局部环境的知识(同上：523)。哈耶克将经济学家对这种持续不断的微小局部变化问题的忽视归结为他们对大数定律的误用，这个定律使得他们只关注于总体变量。据称，这种加总的稳定性来自于随机变化的相互抵补。然而，对于哈耶克来说，这样的信念其基础却不能让人感到满意，因为"我们必须处理的那些因素，虽说数量很大，但是却没有大到足以使这样的偶然性力量产生稳定性的程度"(同上：524)。[21]就这点来说，"我所关注的那种知识，因其性质的缘故而不可能进行统计，从而也无法以统计的形式传递给任何一个中央权力机构。"(同上)。这样的话，针对这一问题唯一可能的解决方案就是分散化(decentralization)，通过这种分散化机制使得关于时空之局部情势的知识得以利用。但是对于具有不同特征的个体的分散性活动而言，以这样一种方式进行协调，以使得经济秩序得以形成，又是如何成为可能的呢？

显然，这样一来，在分立的社会中个体参与人之间的信息沟通问题就至为关键了。但是超出了个体最熟悉环境的那些事件之知识，哪些是正确的决策所真正需要的，又需要多少呢？首先，我们没有必要了解发生在社会中的所有事件或者其全部的影响。

> 对于"当事者"来说，下述情况的发生乃是无关宏旨的：*为什么*在一个特定的事件内某种尺寸的螺丝钉有较大的需求；*为什么*纸袋要比帆布袋更容易搞到；*为什么*熟练工人或某些特定的机床在眼下很难买到，等等。实际上，对他有意义的只是这样一个问题：与买到他关心的其他东西相比较，买到这些东西究竟是*难还是易*，或者他所生产的或使用的替代品究竟在多大程度上为人所急需或在多大程度上不为人们所急需。
>
> (Hayek，1945：525；斜体为原文所加)*

只有那些对于当事者来说感兴趣的具体事物的相对重要性的个体评价相关的信息，才有必要收集和掌握。

在显示不同资源相对于其可欲性而在稀缺性方面提供的信息而言，价格

* 此处译文参考了邓正来先生翻译的《个人主义与经济秩序》(生活·读书·新知三联书店2003年版)第126—127页的译笔。——译者注

体系准确地给出了该体系的行为人所需要的信息。这些个体行为人，对于其经济活动的目的和手段而言，每一个人都有着不同的特征和不同的信息，他们只需要通过正确地调整计划以对价格体系予以因应，即可使得每个人对资源之价值的边际评价与价格相匹配。

> 由此可见，任何商品都有一个价格（更确切地说，地方各项价格之间的关系乃是由运输成本等因素所决定的）这个事实本身，就构成了某种解决办法；当然，一个控制者在掌握了所有这方面的信息以后也可能达致这种解决办法，但是这里的问题在于：任何个人都不可能掌握所有这方面的信息，因为它们事实上是由所有涉入这一过程之中的个人分散掌握的。
>
> (Hayek, 1945:526) *

这样，价格体系即可有效地充当实际上的中央权威（协调者），尽管它的确是由经济系统中的众多活动所决定、也反映了这些活动。这些活动仅是作为局部环境的回应并且以一种分散的形式而得以展开的。但是，这样的协调在诸如价格体系这样的分散系统中是如何成为可能的呢？其根本的原因在于，价格体系是如此的高度分散化，以致个体参与人总可以对任何局部的变化迅速做出反应，而最开始仅出现在总体系统的一个具体部分的局部变化，立即可由那些其计划因此而受到影响的人所觉察，正是因为这些人的计划会受到影响，所以他们会通过行动将这一变化的信息传递给该系统的其他部分。也就是说，尽管绝大部分个体对于其在局部之上所采取的行动之整体的意义可能缺乏认识，但是他们在功能上却起到了将信息传递给那些其计划以某种形式与这些人的计划相关联的人手中，而后者再把这样的信息传播给更多其他人，如此等等。根据这种方式，“整个上述情形构成了一个市场，但是这个市场的形成却并不是因为该领域中的每一个成员都洞见到了其间的所有情况所致，而是因为他们有限的个人视域是紧密关联的和相互交叉的，因此相关的信息可以经由许多中介而传递给所有的成员。”（同上）**。信息的这类传播遍布整个系统

---

* 此处译文参考了邓正来先生翻译的《个人主义与经济秩序》（生活·读书·新知三联书店 2003 年版）第 129 页的译笔。——译者注

** 同前译者注。

都可以得到实现,与此相关联的反应的确不同寻常。㉒事实上,哈耶克使用的是“奇迹”(marvel)这个词来描述价格体系在传播和处理繁琐不堪的知识方面所具有的强大功能的。“令人极感震惊的奇迹是,在一种原材料短缺的情形中,虽说没有人发布命令,也甚少有人知道个中原因,但是无以计数的人……却能采取正确的行动。”(同上:527)*作为沟通分散信息的强大机制,价格体系真正的奇迹在于它轻而易举地就做到了。

> 就价格体系而言,最具重要意义的一个事实便是它的运转所需依凭的知识很经济;这就是说,涉入这个体系之中的个人只需要知道很少的信息便能够采取正确的行动。一如我们所知,惟有那些最关键的信息才会以一种极为简洁的方式(亦即通过某种符号的方式)传递给他人,而且只传递给有关的人士。把价格体系描述成一种记录变化的工具或一种沟通系统并不只是一种比喻,因为这种沟通系统能够使单个生产者仅通过观察若干指标的运动(就像工程师观察若干仪表的指针那样)就可以根据各种变化去调整他们的活动——当然,他们所了解的变化也只是反映在价格运动中的那些变化而已。
>
> (Hayek, 1945:526—527)**

价格机制所要求的信息的经济性,后来在机制设计的文献中被严格地表达了出来(例如可参看 Leonid Hurwicz(1973))。㉓

必须予以指出的是,价格体系在协调众多个体行动方面的功能,与在经济理论中“选择的纯逻辑”或“经济微积分学”(哈耶克自己使用的术语)里被视为价格体系的东西是不同的。在后者那里,要假设主观基据与客观基据彼此相合,由此也就排除了有关分散知识的获取和沟通问题。结果,它只需要关注出清了所有市场的价格向量的存在性即可,而不需要关心作为一个整体的价格体系如何调节自身适应社会中偶然发生的那些变化。与之相对,对于哈耶克来说,正是持续不断的微小变化才产生了经济问题,㉔而价格体系最令人注目的特征,就是它通过传播和处理分散在所涉及的众多个体

* 此处译文参考了邓正来先生翻译的《个人主义与经济秩序》(生活·读书·新知三联书店 2003 年版)第 130 页的译笔。——译者注

** 此处译文参考了邓正来先生翻译的《个人主义与经济秩序》(生活·读书·新知三联书店 2003 年版)第 129—130 页的译笔。——译者注

之间的有关局部环境的知识，对这些变化所做的迅速调整。这样，通过价格体系而获取和传递知识的过程，就构成了哈耶克以及一群追随其研究纲领的学术趣味相投的学者所共同认同的"社会的经济问题"，但并不为那些假设了完美知识的有关价格体系的理论所认同。在某种意义上，可以这么说，有关价格体系的哈耶克式理论集中关注的是分立的市场在处理分散性知识方面的动态理论，而标准的均衡价格理论基本上是对"给定"资源的配置所做的静态分析。这样可能就不会感到奇怪，为什么在20世纪30年代有关社会主义经济的著名论战中，会出现双方都使用"价格理论"这一景象了。事实上，争辩的双方使用的是在价格体系的相同名称下的两个极为不同的理论。社会主义经济的辩护者认为，基于中央计划者可以汇总必要的知识这一假设，构造一套均衡价格，在理论上具有某种可行途径。中央计划者或计划委员会，处理搜集来的信息，然后来相应地指导生产和分配体系。而对于哈耶克而言，这个故事应该换一种讲法：正是价格体系，也惟有价格体系，能够并切实解决分散知识的问题。前者是对在"完美知识"这一不能成立的前提之上构想出来的问题之由上而下的解决方案，而后者则是就"人的知识必定是不完全的，因此需要有一种不断交流知识和获得知识的途径"(Hayek，1945:530)这一"社会的经济问题"，所给出的一个由下而上的解决方案。

6.3 哈耶克的交易经济：从劳动分工到知识分工

至于资源配置问题上述的由上而下与由下而上解决方案之间在知识的利用上面存在的差异，按照哈耶克的说法，[25]这对于理解市场的本质而言是至关重要的。在由上而下的方法中，核心的问题是证明存在一套价格向量，就给定的"基据"，通过使得所有个体对每一种商品有用性的边际评价相等（等于价格），而能够协调众多个体的经济计划。与之相对照，在哈耶克由下而上的方法中，如何获取和传播由这样的"基据"所传递的知识，才构成一个真正的问题。这个问题根植于他把经济学视为一门交易经济(catallaxy)（自发市场秩序）的科学这种展望之上。[26]但是，哈耶克关于市场秩序的理论只是在他20世纪60年代及其以后的著作中才完全地予以充实完善起来。为了尽可能准确和清楚地传达其思想,在术语的选择上,哈耶克煞费苦心,这绝对不是一件轻而易举之事,他非常自然地决定使用"经济"(economy)一词来指称市场中的个体决策主体,而且认为需要一个新的名词来恰当指称经济科学的研究对象:

> 在许多这样的经济相互作用之下产生的自发的市场秩序,同这种经济有着一些根本的差别,因此用同一个名称来称呼它们,只能被视为一种重大的不幸。我逐渐相信,这种做法一直在误导着人们,因此必须为此发明一个新的名称。我建议大家仿照人们经常提议用来取代经济学一词的 catallactics(交换学),把市场自发的秩序称为 *catallaxy*(交换制度)(catallaxy 和 catallactics 都源自希腊语中的动词 *katallatein*,其含义不但指"以货易货"和"交换",而且包含着"允许进入社群"和"化敌为友"的意思)。
>
> (Hayek, 1967a:164;斜体为本书所加)*

哈耶克又说:"严格意义上的单一经济实际上是一种组织;当然,我们在这里所说的'组织',乃是在我们界定该术语的那种专门意义上所言的,亦即对某个机构所知道的手段之用途作出的一种刻意的安排……[经济这个词]意指的是一系列为某个单一目的序列服务的受着刻意协调的行动。"(Hayek, 1976:108)**他将交易经济指称为"那个由无数交织在一起的经济而形成的系统,因为正是这些交织在一起的经济构成了市场秩序。……一种交易经济(catallaxy),便是一种特殊类型的自生自发秩序,它是市场通过人们在财产法、侵权法和合同法的规则范围内行事而形成的那种自生自发秩序。"(同上:108—109)。***

我们用以组织自己对经济进行思考的核心概念是经济均衡,"这种均衡状态的前提是,所有的事实都已被发现,从而竞争也停止了"(Hayek,

---

* 这段中译参考了冯克利先生《哈耶克文选》第 347 页的译文。——译者注

** 这段中译参考了邓正来、张守东和李静冰翻译的《法律、立法与自由(第二、三卷)》(中国大百科全书出版社 2000 年版)第 190—191 页的译文。——译者注

*** 同前注,不过邓正来等人的译本中把 catallaxy 翻译为偶发秩序,究其本意,还是翻译为交易经济比较妥当,这一点冯克利先生翻译为交易制度,要比邓译更为准确。——译者注

[1968]1978:184)* 。与“均衡”概念相并行的，哈耶克提出要集中关注秩序这个概念，他认为这才是分析一个经济的合适且有用的概念，秩序的概念由竞争而创设，它涵纳了有关交易经济(自发市场秩序)研究中的各种变化。经由竞争，市场秩序的功能

> 保证了生产出的无论什么东西，都是由这样一些人生产出来的，他们的产品比没有生产它的人(他们自己没有能力生产出相对而言更便宜的东西)的产品更为便宜(或至少是同样便宜)，并且每种产品的售价，比任何事实上没有生产它的人所能提供的价格更低。
>
> (同上：185)**

交易经济方法不仅提供了与均衡框架所给出的对市场体系运行完全不同的视角，而且对于评价市场的效率它也极富重要意义，因为

> 如果我们像有人做过的那样，*从上面*拿一种我们不知道其实现方式的理想标准，与市场的成就进行对比，这样得出的判断未免有失公正。假如我们像应当做的那样，*从下面*对它进行判断，即拿它同我们采取任何其他方式可能取得的成果，尤其是同竞争受到阻碍时的生产状况进行对比，那么只有那些经某个权力当局授权生产或销售特定物品的人，才会允许这样的做法。
>
> (同上；斜体为本书所加)***

正是竞争，而非基于已知基据上的任何单一的计划，方才处于市场过程的核心地位，通过市场过程，在社会中组织生产和交换的最为经济的方式才得以发现。这样，对市场秩序的整个结果的评价，只能“从内部”(而非“从外部”)、从下面(而非“从上面”)才得以进行。市场秩序的这种由下而上的过程，其最为引人注目的特征就是，这整个过程可以被意味深长地描述为财富创造的博弈过程，这一博弈，诚如哈耶克所写的那样，

> 要把它理解成一种交易经济的博弈(the game of catallaxy)。这是一种创造财富的博弈(而非博弈论所说的零和博弈的博弈)，也就是那种

* 这段中译参考了冯克利先生《哈耶克文选》第112页的译文。——译者注

** 同前注，第113页。——译者注

***. 同前注。——译者注

> 能够促使财富滚滚而来并不断拓展所有参与者满足各自需求之前景的博弈;当然,这种博弈同时还保有着《牛津英语辞典》对博弈这一术语所界定的那种特征,亦即"一场按照规则展开的、并由更高的技艺、力量或好运所决定的竞赛"。
>
> (Hayek, 1976:115)*

应该予以强调的是,作为一门社会科学的经济学,其核心问题从本质上来说即劳动分工(因之也包括知识分工)这一亚当·斯密所坚信的经济发展之源泉乃是如何由"看不见的手"所协调的。哈耶克认为,这一核心观念是斯密主义经济学的中心内核。劳动分工必然意味着知识分工——或者正如哈耶克旗帜鲜明地指出的那样——知识在个体之间的分散化。哈耶克(Hayek, 1960:156—157)在阐述他自己关于具体时空之情势的局部知识的社会经济学时,明确地援引斯密(Smith, 1776)的原话:"关于可以把资本用在什么种类的国内产业上面,其生产物能有最大价值这一问题,每一个人*处在他当地的地位*,显然能判断得比政治家或立法家好得多。(Smith, 1776:423;原文引自 Hayek, 1960:454,第 10 章注 15;斜体为哈耶克所加)**值得重视的是,对个体如何能够比任何中央权威更好地利用关于其"当地的地位"之知识,斯密的论证乃是立足于他对看不见的手在促进那些服务于公共目的的自利行动方面的威力所做的著名论断(Smith,同上)。㉗

不过,哈耶克要更进一步,他试图将经济分析的焦点转向知识问题,有必要再一次提及的是,这就是他认为的"社会的经济问题"。他主张,有关劳动分工的任何科学理论都必须要把握住这样的问题:分散在不同专业化个体之间的知识是如何被作为一个整体的社会所利用的。在哈耶克看来,市场秩序(交易经济)中将劳动分工本身所起的作用本质上与驱动个人选择的自私联系在一起的处理方式,有渲染过度之嫌,遮掩了真正的核心问题。

> 值得我们注意的是,当易货交换方式所具有的这种能够使人们在非意图的情况下达致互惠互利的功效最初被人们明确认识到的时候,人们

---

* 这段中译参考了邓正来、张守东和李静冰翻译的《法律、立法与自由(第二、三卷)》(中国大百科全书出版社 2000 年版)第 201 页的译文。其中"博弈"一语邓译基本上都翻译为"竞赛",本处做了区别对待。——译者注

** 见第 4 章 4.1.3 节同一引文的注释。——译者注

不仅过分强调了它所导致的劳动分工，而且还过分强调了这样一个事实，即正是不同的个人所具有的“自私”目的才促使他们为彼此提供服务。从此一进路来认识这个问题，视域实在太过狭隘了。劳动分工的实施范围极其广泛，即使在组织内部亦实施着劳动分工；此外，自生自发秩序所具有的优势也并不取决于人是自私的这一点。

(Hayek, 1976:110) *

指出在自发市场秩序的分析中，劳动分工不恰当地使得知识问题黯然失色，并不意味着不承认在这样的秩序中劳动分工所起的重要作用，而只是说明劳动分工应该作为进一步探究这类秩序之性质的出发点罢了。严格说来，自发市场秩序的主要成就，既不是通过协调劳动（或其分工）也不是通过人的自私性而取得的。有关这一秩序令人啧啧称奇之处在于，它充分地以分立的方式利用了分散知识，使无数个体的各种动机和计划皆能彼此协调，和谐一致。事实上，掌握着不同种类和数量知识的个人及其目标之间的差异，也的确进一步促成了被证明是对所有成员都是有益无害的市场秩序的形成，因为交换更可能在这样的人际差别比较大的时候对贸易双方都有益。正如哈耶克所说，

交易经济的关键之处在于，它会对各种不同的知识和不同的目的进行协调，因为一如我们所知，不论个人是否自私，这些认识和目的都会因人而异、差别极大。在交易经济中，人们在追求各自利益的同时——不论他们是极端利己的，还是极端利他的——都会有助益于许多其他人的目的，尽管在这些其他人当中，绝大多数人是他们永远不可能认识的；正是因为这一点，交易经济作为一种整体秩序才会大大优越于任何刻意建构的组织。在大社会中，不同的成员不只是在各自目的大相径庭的情况下仍能从彼此的努力中受惠，而且还常常就是因为他们各自的目的不同，才使得他们能够从彼此的努力中受益。

(Hayek, 1976:110)**

* 这段中译参考了邓正来、张守东和李静冰翻译的《法律、立法与自由(第二、三卷)》(中国大百科全书出版社 2000 年版)第 193 页的译文。——译者注

** 这段中译参考了邓正来、张守东和李静冰翻译的《法律、立法与自由(第二、三卷)》(中国大百科全书出版社 2000 年版)第 193—194 页的译文。其中交易经济，邓译均作偶发秩序。——译者注

一言以蔽之,哈耶克认为,就市场被视为一个交易经济的过程而言,自私性实在是被强调得过了头了,本质上来说,是知识的分工(以及个体间相关的异质性),而不是劳动分工,与交易经济的关系更为接近。㉘

以此种方式而构思得到的市场秩序概念,对于理解作为发现过程的竞争所起到的作用是非常重要的。竞争不仅有助于通过直接利用信息的人对它的获取,而且还将这些信息传递给了其他人士。交易经济的开放性在确保对分散在社会中的知识之有效利用方面是一个关键的要素。哈耶克这样概要地论述了这一方面:

> 价格中所反映的或积聚的信息总量,完全是竞争的产物,至少是市场向任何掌握了有关商品供需之信息的人开放的结果。竞争乃是作为一种发现过程起作用的,而它发挥作用的具体方式不仅是向任何有机会运用特殊情势的人开放出从中谋取利益的可能性,而且还在于向其他当事人传递存在着这样一种机会的信息。
>
> (同上:117)*

甚至对那些并没有机会利用有关可获利性的信息之人,交易经济也会传递给他们这些信息这一事实,其实是非常重要的,因为市场体系的威力恰恰取决于市场的开放性。"正是依凭这种密码性的传递信息方式,市场竞赛中的各种竞争性努力才能够确使广泛分散的知识得到运用"(同上)。** 为了市场的竞争(competition for the market),与市场中的竞争相比(competition in the market),其重要性一点也不逊色,因为正如前文所引述的那样,市场秩序的功能是需要通过竞争而实现的,"保证了生产出的无论什么东西,都是由这样一些人生产出来的,他们的产品比没有生产它的人(他们自己没有能力生产出相对而言更便宜的东西)的产品更为便宜(或至少是同样便宜),并且每种产品的售价,比任何事实上没有生产它的人所能提供的价格更低。"(Hayek, [1968]1978:185)㉙

总结一下,哈耶克令人信服地排除了任何可以想见的中央计划机制,在

* 这段中译参考了邓正来、张守东和李静冰翻译的《法律、立法与自由(第二、三卷)》(中国大百科全书出版社 2000 年版)第 204 页的译文。——译者注

** 同前注。——译者注

利用分散在市场体系中众多个体间分散的经济知识方面的可能性，因为中央权威所利用来完成这一工作的基据必须“给定”，然而特定时空情势中的分散知识，总是在不断地变化，绝不可能简单地予以给定。只有分立的价格体系这一自发秩序的代表，才能够有效地传递个体之间的局部知识，从而有效利用这些分散知识。正如哈耶克所说：

> 的确，人类最初是在并不理解的情况下偶然发现了某些惯例和制度的，只是在后来才慢慢学会了如何运用它们，尽管人类直到今天还远远没有学会如何充分运用它们；需要指出的是，价格体系只是这些惯例和制度当中的一种而已。正是通过这种价格体系的作用，劳动分工和以分立知识为基础的协调运用资源的做法才有了可能。
>
> (Hayek, 1945:528)[30]

这样，从斯密的劳动分工到哈耶克的知识（“分散知识”）分工的变化，的确是非常重要的，因为哈耶克的知识问题研究不仅切实地丰富了斯密的价格和市场体系，还在理论上为经济学各种自上而下的方法、尤其是中央计划的神话盖棺论定，宣判了它们的死亡。

注　释

① 比如可以参考陈荣捷关于中国古代哲学的著作，这些作品在盎格鲁—英语世界被广泛传阅(Chan, 1963a)。

② 陈荣捷(Chan, 1963b:3—34)在其英译的《老子》一书中给出了一个导言性质的论文——“道的哲学”，这是一篇这个方面非常杰出的文章。

③ 参看萧公权(Kung-Chuan Hsiao, 1979:在论老子和庄子的第五章第三节，“无为而无不为”，特别是第298—300页；以及第十一章第二节，“无为”，其中第612—613页是关于郭象对道家哲学尤其是无为思想的阐释的。)也可以参看此书分析司马迁自发市场秩序理论中道家因素的第2.2节。不幸的是，如此光辉思想的种子一直没能生根发芽，在中国漫长的历史长河中，一直被儒家传统所遮蔽。有意思的是，在最近的一项研究中，詹姆斯·A.道恩(James A.Dorn, 1998, 2003)发明了一个新词——“市场道教”，来描述中国从市场社会主义向“市场道教”的体制转型——可谓是市场自由秩序的中国道家版本的复兴。

④ 参看陈荣捷对《德道经》第37章的评论(《老子》,1963:166)。

⑤ 哈耶克(Hayek, [1973]1978:22—24)对从伯纳德·曼德维尔和大卫·休谟到卡尔·门格尔(Menger, 1883)以来演化方法的发展进行了简要的叙述,"(前二位)大概是受到了英国普通法传统的启发"(同上:22)。在此过程中,哈耶克也对经常遭到误解的臭名昭著的社会达尔文主义和演化方法之间的联系,进行了本质上的澄清。

⑥ 曼德维尔对这些苏格兰人的智识影响(当然苏格兰人对曼德维尔的某些观点也有重大保留)已经被广泛地加以研究。略提几个,如伊凡·洪特和迈克尔·伊格纳惕夫(Istvan Hont and Michael Ignatieff, 1983)、罗纳德·哈默维(Ronald Hamowy, 1987)和 M.M.哥德史密斯(M.M.Goldsmith, 1988)。

⑦ 我们稍后会讨论由门格尔(Menger, 1892, [1891]2002)所引发的关于货币起源的文献。

⑧ 众所周知,哈耶克曾非常欣赏地将前一段引文的最后一句作为他自己一篇文章的标题,对这一观点进行了更为清晰的论述,这对于关于社会的一般理论而言极具重要性(Hayek, 1967b)。

⑨ 这里也许值得大幅引述布鲁沃的相关评论。布鲁沃认为,弗格森的兴趣集中在假想历史这个方面,这既有助于其著作对于劳动分工的社会学理论的形成有奠基之功,同时也限制了弗氏对于此理论的深化作出进一步的贡献:

> "社会学视角和话语的使用只是在其写作假想的历史时于其意图之外的漫笔,因此,一旦这个历史在其写作中得以重现,在其后续的著作中,这种社会学视角和话语即不会再行发展。因为若要弗格森于假想历史之外更行建构这方面的知识,弗氏实是无能无力。因此,一方面这类历史会鼓励弗格森在写作中使用社会学,另一方面这也会对其社会学思想和话语构成局限;弗格森之无力于此,常常是那些认为他对社会学的发展做出重大贡献的作家们所耿耿于怀之处。"
>
> (Brewer, 1989:19)

⑩ 非常有意思的是,门格尔错误地认为他关于所谓有机生成的诸如货币的制度(我们稍后会仔细检视门格尔的货币理论)源于历史法学派的相关传统,尤其是弗里德里希·卡尔·冯·萨维尼的传统,而不属于"斯密学派";也即是说,据门格尔看来,后者就是哈耶克后来将它标示为建构理性主义(constructivist rationalism)的一支流派。关于门格尔如何、以及这么一位见识超群、洞察力卓越的学者因何会犯下这个错误,的确让人费解。

⑪ 维佛(Weaver, 1958)一文发端于一篇名为《科学与复杂性》的文章,这篇文章之前在1948年发表于《美国科学家》(*American Scientist*),哈耶克在他(Hayek, [1955]1967)的研究中引证过。

⑫ 门格尔论货币最有影响、也是最被广泛阅读的是他发表在1892年《经济学刊》(*The Economic Journal*)的文章(由卡洛琳·A.佛莱翻译),这篇文章包含了他关于货币起源的自发秩序理论最为重要的部分。其原初的德文文章所写更为冗长和细腻,这是门格尔一贯的唠叨和非同一般的繁复文风的体现,而1892发表在《经济学刊》上的文章被有意做了缩减,文字也更干净利落。端赖于最近由里兰德·B.伊格尔(Leland B. Yeager)和莫妮卡·斯特雷斯勒(Monika Streissler)所做的富有意义的翻译工作,英语读者总算可以接触到门格尔原汁原味的"货币"文章了(参看Menger, [1891]2002)。原版的"完璧"在1891年首次发表,可以在J.Conrad等人编纂的《社会科学辞典(第三版)》(*Handwoerterbuch der Staatswissenschaften*)》(Fischer, Jena, 1892,第四卷:555—610)中找到,后来又被F.A.哈耶克编纂的*Carl Menger Gesammelte Werke*(Vol.IV, Schriften ueber Geld und Waehrungspolitik, Tuebingen: J.C.B.Mohr(Siebeck), 1970:1—116)重印。

⑬ 里兰德·B.伊格尔和莫妮卡·斯特雷斯勒在门格尔(Menger, [1891]2002)中将"Absatzfähigkeit"翻译为"可市场化"(marketability),这和埃里希埃里希·斯特雷斯勒(Erich Streissler, 2002)一致。

⑭ 最近有一项研究,它将适应性学习和网络效应纳入标准的搜寻理论模型中,对物物交换的货币向信用货币的自发演化,尝试着给出解释,参看乔治·塞尔金(George Selgin, 2003)。门格尔(Menger, 1883)将"语言、宗教、法律,甚至国家自身"等社会现象作为有机组织发展的案例加以引证,这些我们在前文已经引述过。对于理解门格尔有关这些社会现象的自发秩序理论,有一个相关而且有趣的问题:如果门格尔沿着有机组织发展的路线,就这些制度的起源进行解释加以研究,认真地进行探索,那么,在货币演现中出现的网络效应缺席的情况下,门格尔到底会走多远?关于门格尔演化制度理论的局限与缺点,有一个颇有见地的批判,参看维克托·范伯格(Viktor Vanberg, 1998)。

⑮ 货币不是由法律所创立的;就其起源而论,它并不是一种政府的行为,而是一种社会现象。政府的批准对于货币的一般性概念而言并不相干。当然,为了适应贸易发展带来的多种多样、变动不居的需求,货币制度(它作为交易媒介的功能以及由此功能而生发出来的其他功能)会通过政府承认和管制,而不断地加以调整,臻于完善。但货币制度的演变免不了政府的介入,正类似于普通法会受到立法机构的影响,以及社会生活的方方面面,尤其是事关贸易方面,会受到政府干预(Menger[1891]2002:45)。

⑯ 例如可以参看诺尔曼·巴里(Norman Barry, 1982)和维克托·范伯格(Viktor Vanberg, 1998),还有大量其他这方面的文献。

⑰ 参看威廉·塔克尔(William Tueker, 1996);对于"重新发现"这种论调的驳斥,可以参考亨利·吉尔帕特里克(Henry Kilpatrick, 2001)。

⑱ 斯特鲁安·雅各布斯(Struan Jacobs, 1999)对迈克尔·波兰尼有关自发社会秩序的学说进行了出色的检视。

⑲ 在对自己作为经济理论家的生涯进行反思时,哈耶克自己这样评论道:"……关于《经济学与知识》这篇我在1936年伦敦经济俱乐部作为主席演讲而宣读的论文,和后来的其他几篇重印于《个人主义和经济秩序》(1948)一书中的相关论文,……回顾来看,似乎是我对经济学理论所做的最具原创性的贡献"(Hayek, 1994:79)。

⑳ 就重要意义而言,后来哈耶克还写出过几篇其他的论文,尤其是在哈耶克(Hayek, 1967, 1978)中所囊括的那些篇文字,也以各种方式集中关注了这个论题。参看下文。

㉑ 可能值得注意的是,尽管他的结论仍然有效,但是哈耶克的批评自身也给错了方向,因为在社会经济生活中所要处理的那些要素本质上似乎并不构成在大数定律应用上的一个真正问题。例如,那些居民数或消费者人数动辄数十上百万的城市或地区并不罕见。然而,正如若干年后作者在引出一位数学家沃伦·维佛的重要洞识时所指出的那样,"有机体的复杂性"(organized complexity)确实构成了一个问题。

> [现代物理学中使用的]统计学方法……不是一种处理大量重要的独立变量——如社会秩序中的个人——相互作用的方法。下面的讨论所谈到的复杂性问题,也就是沃伦·维佛称为"有机体的复杂性问题",它不同于我们可以用统计学方法进行处理的"无机体的复杂性问题"。参见 Warren Weaver, "Science and Complexity", *American Scientists*, 1948,以及现在对他的观点更为全面的解释,"A Quarter Century in the Natural Sciences", *The Rockefeller Foundation Annual Report*, 1958:1—15。
>
> (Hayek, [1955]1967:3—4,注释1)(这段中译参考了冯克利先生《哈耶克文选》第416页脚注2的译文。——译者注)

也可以参看哈耶克对社会中个体的各种要素得以组织的结构之重要性进行了更为深入观察的那些文章:

> [统计学]的工作假设是,只要掌握了一个集(collective)中不同要素的出现率,就足以解释这种现象,因此有关这些要素相互联系的方式的信息是没有必要的。因此,只有当我们故意忽略,或者并不知道有着不同属性的每个要素之间的关系时,也就是说,当不考虑或不了解它们所形成的任何结构时,统计学方法才是有用的。统计学……无法解决

涉及到不同属性的个别要素之间的关系的问题。

(Hayek,[1964]1967:29—30)(这段中译参考了冯克利先生《哈耶克文选》第443—444页的译文。——译者注)

㉒ 在其对知识问题所做的最初分析中,对于价格体系在处理分散性的局部知识的效率方面,哈耶克(1937)已经给出了这样的观点。

为了使这种分散知识综合达致的结果可以与一个全知全能的独裁者所指导的结果相比较,我们还必须引入一些其他的条件。……在这些其他条件当中,很可能要包含这样一项条件:任何资源所具有的每一种可资选择的用途,对于拥有这类实际上被用于实现某种目的的资源的所有者来说,都是已知的;而且也正是按照这种方式,这些资源所具有的所有不同的用途都被直接地或间接地联系了起来。但是,我在这里知识把这样一项条件当作一个事例而已,其目的在于阐明这样一个问题,即在大多数情形中,人们实际上只要达到这样一种状态就足够了——每个领域中都有一定数量的个人拥有所有的相关知识。对这个*问题进行更为详尽的讨论和阐释,实是一项有意义且极为重要的工作,*但是颇为遗憾的是,它却大大超出了本文的范围。

(哈耶克,1937:51—52;斜体为本书所加)(这里的译文参考了邓正来先生翻译的《个人主义与经济秩序》(生活·读书·新知三联书店2003年版)第77—78页的译笔。——译者注)

㉓ 在评论伊斯瑞尔·科兹纳(Israel Kirzner)关于"知识问题"的研究时,莱昂尼德·赫维茨这样写道:

我对[科兹纳]的出发点完全认同,也即,强调在经济决策单位之间的分散信息(他所称谓的"哈耶克的知识问题")以及随之而来的这些单位之间信息传播问题。自1950年代以来,我自己的很多研究工作一直关注在从信息的视角看取福利经济学中的研究主题上。哈耶克的这些思想(在1938—1939学年我在伦敦经济学院听过他的课程)在影响我的思考上起到了主要作用,对此我以前已明确指明。

(Leonid Hurwicz, 1984:419)

㉔ "我们也许有必要强调指出,经济问题始终是由变化所引发的,而且也惟有变化才会产生经济问题。"(Hayek, 1945:523)。

㉕ "我相信,市场秩序的目标以及关于它的理论的解释目标,都是处理每个人对有关决定这一秩序的大部分具体事实所无可避免的无知……正是市场的伟大成就才使得无远弗届的劳动分工成为可能,正是市场带来了有关难以计数的具体事实或事件之经济效应的连续适应性变化,而那些事实或事件的经济效应究其总体而言则是未知也不可能为任何人所知的,即便是在亚当·斯

密《国富论》发表两百年后,这一切都仍然没有得到全面的理解。”

(Hayek, 1983:19)

㉖ 当然,交易经济这个概念并不是新词,这个概念可以溯源至理查德·惠特利(Richard Whately, 1832)。参看前文第4.2节。

㉗ 在亚当·斯密的这部巨著发表两百周年的纪念会上,哈耶克这样写道:

> 认识到当个人受抽象的价格信号而不是受直观的需要引导时,他的努力会惠及更多的人,从整体上说也会满足更多的需要,并且利用这种方式,我们可以最好地克服我们对大多数具体事实固有的无知,能够最充分地利用广泛散布在千百万个个人中间的有关具体环境的知识——这就是亚当·斯密的伟大贡献。
>
> (Hayek, [1976]1978:269)(这段中译参考了冯克利先生《哈耶克文选》第201页的相关译文。——译者注)

㉘ 看起来,在试图将关注焦点从作为一种生产要素的劳动(及其分工)转移到知识问题上,哈耶克切断了与斯密著作中隐约出现的劳动价值论的任何可能的联系,虽然哈耶克也许并非刻意为之。

㉙ 若干年后,在“可竞争性市场”这个名称之下,基本上是相同的思想被学术视角大不相同的其他学者独立发现,并得以充分发挥(William Baumol、John Panzar and Robert Willig, 1982)。

㉚ 值得注意的是,哈耶克在他的知识问题的研究、尤其是他对知识分工的分析中(1937, 1945, 1968/1978),主要关心的是一类特定类型的知识,就其性质而言,它是暂时性的知识,但是却具有“极大的社会和经济重要性”(Fritz Machlup: 1962:19—20)。

第四部分

劳动分工经济学框架内的经济发展

在这一部分，我们将在劳动分工经济学——主要是第4章中所论述的斯密经济学——的框架之内，来探讨经济发展的若干重要方面。这一部分所涵盖的研究工作主要是在20世纪下半叶做出来的，尽管其中有一些并没有明确提及斯密经济学，但是它们确实和斯密经济学颇为相合。因此，在继续来评述这些必然是有所拣选的研究之前，我们须稍事停顿，来突出地强调一下劳动分工报酬递增的斯密经济学之核心原理，这一原理正是这里大部分研究的思想背景，也确实可以用来统摄这些研究。我们还要简略地对由人类学家关于生产中的专业化所做的一些颇有意义的分析进行回顾，这些分析表明，即便在社会经济发展的较为原始的阶段，劳动专业化与市场之间的那些十分复杂的关系，也已赫然在目。

劳动分工带来报酬递增，在概念上与个体企业层面上的规模报酬递增是不同的。它不能照字面上基于特定企业甚或特定产业的运行规模来定义，而应当被定义为作为一个整体的经济，其生产可能性边界随着交换关系的规模和经济体不同部分的经济依存度而扩张。一向所谓的斯密定理(Smith Theorem)(Stigler, 1951)——即劳动分工受到市场范围的限制——只是这个原理的一个部分而已，尽管它的确是其中一个核心的部分。相对较少为人所知的是市场范围也取决于劳动分工，因为后者很大程度上决定了生产力，因之一般来说也就决定了经济中个体的购买力。劳动分工网络的扩大，使得出现更高的专业化程度成为可能，这使得整个社会具有更高的生产力，从而促进了经济的发展。每个市场参与者在交换和劳动社会分工网络中的专业化选择，不仅决定了她或他从市场上需求什么以及需求多少，也影响了其他参与者所能达致的市场范围。需求取决于劳动分工，而供给基本上由市场的范围所决定。在均衡中，社会生产力以及人均收入很大程度上是由劳动的社会分工程度决定。若然只是以任一特定企业甚或特定产业的运营规模观之，则这样一个在劳动分工和市场容量之间的因果循环，将会被忽视。[①]劳动分工报酬递增的概念因此也被称为广义报酬递增(Buchanan, 1994)、报酬递增的宏观经济概念(Currie, 1997，此文由罗杰·桑迪兰斯(Roger Sandilands)整理发表)、劳动分工的网络效应(例如，Xiaokai Yang, 2001; Lavezzi, 2003)以及其他一些名称，所有这些名称都刻意强调了在这一概念与诸如企业这样的特定生产单位运营规模所产生的效应之间，存在着微妙而根本的差异。

鉴于劳动社会分工具有多种面向的特性，该主题显然会受到较多方面地重视，而不止来自经济学家。远可上溯到古代中国、希腊和伊斯兰学者（参看第2章），已经认识到人类社会的文明及其延续，要依靠生产中任务的分工和成员间产出的合理分配。因此，劳动分工的巨大收益和深刻内涵无论怎样强调都不为过。尤其是在人类社会发展的早期阶段，专业化和劳动分工的起源和机制，也已经为人类学家和人种学家所研究，而且还常常予以丰富的人类学和历史细节。[②] 就我们的目的而言，在这些研究中，我们特别关注的是在社会经济发展相对原始的阶段中专业化的起源和组织形式是什么样的，而它们与我们今天动辄数以千计的不同类工作交织在一起的劳动分工的复杂网络形成了鲜明的比照。人类学家通过技术专业人员的制度性隶属关系，特别区分了独立性技术专业人员（independent specialists）和依附性技术专业人员（attached specialists），前者直接为市场提供产品和劳务，需求并不是事前规定好的，后者则为一个经常是社会上层人士或政府机构的资助者提供产品和劳务（Brumfiel and Earle, 1987：5）。对于独立性专业人员，对其产品和劳务的市场需求规模以及生产中所用材料供应的稳定性，在决定个体劳动分工以及生产单位的规模方面起着关键的作用。对于那些处于附属地位的专业人员，需求和供给的稳定性可以由资助者得到更好的保证。但是，正是前者成长得更快，对于技术提升、市场发展和城市化更敏感，也是其主要的推动者（同上：1—2, 5—6）。随着专业化和贸易网络充分地增长，独立性专业人员占据了优势，并最终处在了支配地位。

注　释

① 这种关于经济增长的相互需求方法，常被归功于艾伦·杨格（例如，Roger Sandilands, 2000），但是这也可上溯到斯密（正如本书前文第4章所表明的那样），这种方法可能多少与市场过程的萨伊经济学有些类似，但是在一些微妙却重要的方面与萨伊法则在机制上又是不同的。

② 例如可以参看卡尔·波兰尼、康拉德·M.埃伦斯伯格和哈里·W.皮尔森（Karl Polanyi、Conrad M. Arensberg and Harry W. Pearson, 1957）的第二部分，这是一本有关早期帝国贸易和市场制度研究的文集，其中包括阿兹特

克-玛雅、达荷美、柏柏尔和印度这些早期帝国的相关研究。简尼·E.阿诺德(Jeanne E.Arnold, 1987)给出了对加利福尼亚 Santa Barbara 海峡群岛的丘马什人的原始制造业所做的有趣的案例研究。在范围更为广大的早期文明里,伊丽莎白·M.布鲁姆菲尔和蒂莫西·K.俄里(Elizabeth M.Brumfiel and Timothy K.Earle, 1987)这本书收录的论文对于专业化和交换的考古证据有所分析。

7 城市化与工业化

7.1 劳动的城乡分工和城市化

诚如第2章所详述的那样，城市作为劳动的社会分工在空间上的显现过程这一概念，可以上溯至色诺芬和柏拉图。城市的形成与成长，源自劳动分工的扩展和空间集聚的经济性。这一导源于城乡分离的经济过程，通过扩大现有市场并创造出新的市场和工作岗位，甚至会带来更为精细的劳动分工。亚当·斯密认为城市乃是建立在更为精细的职业分工之上的观察结论，与柏拉图（Plato，1997，《治国篇》）遥相呼应，斯密对于城乡之间的劳动分工及其对城市扩张的影响，有一段明确的文字论述。

> 没有工匠的帮助，农耕必大感不便，且会时作时辍。农民常常需要锻工、木匠、轮匠、犁匠、泥水匠、砖匠、皮革匠、鞋匠和缝匠的服务。这类工匠，一方面因为要互相帮助，另一方面又因为不必要像农民那样有固定地址，所以，自然而然地聚居一地，结果，就形成了一种小市镇或小村落。后来，又有屠户、酒家、面包师，以及许多就供给临时需要那一点说对他们是必要的或有用的其他工匠及

> 零售商人加入，于是市镇*日益扩大*起来。乡民和市民是互相服务的。市镇是乡民不断前往把原生产物交换制造品的市集或市场。就是依着这种交换，都市居民才取得了工作材料和生活资料的供给。
>
> (Smith，[1776]1937，第三卷第一章：358；斜体为本书所加)*

贯穿于不在少数的其他古典经济学家的著作里，也有相似的观点，其中最为杰出的两位，当数约翰·斯图亚特·穆勒(Mill，[1848]1940：120—122)和卡尔·马克思(Marx，[1867]1976：472)。不过，就劳动分工经济学而言，还有一位更重要的作者，他就是爱德华·吉本·威克菲尔德。在19世纪30年代，他通过集中定居点而在南澳大利亚进行的著名系统殖民活动，历史证明是颇有成效的(Prichard，1968：29—33)。在大致写于1830年的若干手稿中，威克菲尔德清楚地阐述了经济学的原理，用来支持他所提议的殖民计划。在这一过程中，他切实地将斯密关于劳动分工的整个理论拓展到新的领域上去：通过集中定居点，实现殖民地以城市化为主导的发展计划。威克菲尔德和他在国家殖民协会(National Colonization Society)的同事指出，定居者之间在集聚、组合劳动以及彼此合作与沟通方面的不足，乃是造成以往通行的殖民化政策失败的主要原因(同上：30)，因为市场交换网络和劳动分工程度在这样的殖民地中必然很难如人所愿。将这些人从贫穷的陷阱中拉出来的一种有效途径，就是在计划新的定居点时通过创设新的城镇，来利用城乡之间劳动分工的经济性，因此这也就利用了工业和农业之间的劳动分工的经济性。也就是说，一个负责任的政府应当在殖民化开始时的这一非常关键的阶段适时地介入，为工业占支配地位的城镇和农业占支配地位的乡村之间的动态互动打下基础，由此，才可在威克菲尔德所称的"劳动的复杂分工"(这与劳作者集体从事同一操作的简单劳动分工相对)中利用交换的巨大威力。这种劳动的复杂分工，就是在城镇及其四周拱卫的乡村中分别从事不同任务的劳动者之间的交互依赖和相互组合关系。就此而言，城镇和乡村彼此相距须不能太远，因为否则的话，两边剩余产品的市场就不能涵摄两地。城市和乡村彼此之间的互补，并不只是靠为剩余产品提供市场；其

---

* 此处译文见于商务印书馆郭大力、王亚南翻译的《国富论》译本上册348页。——译者注

最重要的好处乃是在于，通过城乡之间的市场交换而实现的交互依赖性博弈，是一个财富生成的正和博弈，当然，这个概念在斯密的劳动分工理论中已经得到透彻的理解(参看本书第 4 章)。但是，威克菲尔德第一个认识到了这一理论的全部威力所在，并通过为建设新的定居点设计对路的政策，将它付诸实践。还值得注意的是，所谓“负责的政府”在这一过程中的作用，不是通过以强迫进行城市化的方式进行直接干预，而是播撒城市化的种子，可以这样说，通过建立一个城镇，让一开始入住的人们产生自我持续的发展能力，其推动力不是源于外部，而是源于内在。正如前文(第 4 章)所提到的那样，约翰·斯图亚特·穆勒(Mill, 1848：第一卷，第八章)甚是钦佩威克菲尔德的“合作原理”，对它做了详尽的引述。关于威克菲尔德通过建立城镇，以利用产生自城乡市场互动和事务分工的收益这一殖民方案，最好的总结莫过于穆勒在其著作中给出的相关段落；对于要使该方案合理有效，须在交通方面保持足够低的成本这一方面，穆勒还给出了自己的阐发。

> 他(威克菲尔德)提出了另一种建立殖民地的方法，要确保每个殖民地从一开始就拥有和其农业人口成比例的城镇人口，确保土地耕作者不住得过于分散，以致因相互距离太远无法将城镇居民作为其产品的市场。这一方案所依据的原理与以下理论毫不相干，即把土地集中起来，交由雇工耕种会得到较高的生产力。即使当土地分成小块并由自耕农耕种时，确实会获得最高的产量，但城镇人口对促使这些自耕农提高产量，也同样是必需的，如果他们离最近的非农业产业太远，以致不能把其作为吸收剩余产品的市场，从而不能靠其使他们的其他需要得到满足，那么一般说来就不会生产这种剩余产品或与其相等的东西。
>
> (Mill, [1848]1940：121) *

然而，在接下来的一个半世纪里，基于劳动分工报酬递增而对城市化所做的理论分析，除了阿尔弗雷德·马歇尔提出的外部经济的概念之外，其进展几近于无。马歇尔的这个外部经济概念虽被明确地纳入到了他关于产业生产区位集中的处理框架当中，但是，对城市化也颇有借鉴意义。正如艾

---

* 本处译文参考了商务印书馆赵荣潜、朱泱等先生所译小穆勒的《政治经济学原理》上册第 143—144 页的相关译文。——译者注

伦·杨格(Young, 1928)在很久之前所指出的那样,马歇尔式的外部经济不外是劳动分工经济。按照马歇尔的说法,来自产业集聚的收益,是由从事同一贸易的专业化人员之间知识的溢出、附属产业的增长、机器的专业化以及有利于熟练工人更好地专业化和更轻松地实现工作匹配与工作找寻的庞大熟练劳动工群体所构成。[①]这一重要的观察结论常常被用于分析产业集聚现象,但是应用于城市化之研究的,却还颇为罕见。现有的这类分析,往往集中关注的是城市内为数众多的专业化生产单位。艾伦·斯科特(Allen Scott, 1988)颇有意义的专著即是一例,这本书基本上是描述性的,作者观察到:

> 在大型辐射性产业周边,这种集聚现象常常会高密度地出现……当一系列错综复杂的生产单位借助分工成长之际,这种集聚倾向也会呈现出来。这些生产单位常常只是小规模、高度专业化、相对独立的工业企业。
>
> (Scott, 1988:61)

无独有偶,和施蒂格勒(Stigler, 1951)一样,斯科特也将伯明翰作为军工制造业(以及珠宝加工业)的中心来加以援引,生动形象地说明垂直分离(vertical disintegration)(专业化企业)这种现象,因为"1848年即已形成的伯明翰军工产业的地理分布……给出了*垂直分离*和*功能集聚*的良好个例"(Scott, 1988:65,斜体为原文所加)。如此一来,伯明翰军工制造业可以作为马歇尔的"微分法"(differentiation)(专业化,或者"垂直分离")以及"积分法"(integration)(部分可由地理上的集聚化来表示)的典型个案。

只是到了20世纪最后十年左右,才出现了一批文献,它们使用20世纪70和80年代发展出来的分析工具,对城市化的劳动分工理论进行形式化,并由此而切实地推进了这一理论。其中最引人瞩目的一支文献,就是所谓的新经济地理学(New Economic Geography,简称NEG),它是由保罗·克鲁格曼以及藤田昌久(Masahisa Fujita)、雅克-弗兰西斯·梯斯(Jacques-Francois Thisse)、安东尼·J.维内布尔斯(Anthony J. Venables)和其他一些人主要在90年代发展出来的。这支文献规模已经堪称庞大,且还在不断发展,但是其主要研究兴趣和目前所取得的成果,就专业化经济学而论,则是对下列思想成功地进行了形式化处理:一方面体现了生产中的规模报酬递增和城市中市场的深度与广度的集聚经济性，另一方面是交通成本，这两个方面的权衡，决定了经济活动的空间结构。[②]

从方法论上来说，庞大的NEG文献基本上是以各种不同的方式建立在迪克西特和斯蒂格利茨(Dixit and Stiglitz, 1977)这篇垄断竞争的原创性模型之上的，它们在不变替代弹性(CES)的效用或生产函数这一框架之内，表达了在生产每一类产品的规模经济和消费者产品或中间生产者产品多样性产生的收益之间，所存在的权衡，而且也通过引入新的维度——经济活动的空间区位——拓展了这一模型。[③]垄断竞争迪克西特—斯蒂格利茨的CES框架广为人知，已经被证明是在国际贸易和内生增长中规模报酬递增一般均衡分析的有力工具。将通常形式化处理成交通成本的空间因素引入到这个模型中来，对理解与经济活动的空间集聚相联的发展与增长，有着非同寻常的意义。因为若然如此，则在包括生产、交换和区位选择在内的经济活动的决定上，方向完全相反的向心力和离心力易于被简单而优雅地予以模型化，而且还可以让我们获得深刻的洞见。那么，这又是如何成为可能的呢？

基本原因在于，专业化的优点与不足都可以被纳入到空间框架中去。在收益方面，递增的收益现在可以以这样一种方式纳入框架：由于集聚化所带来的经济性，生产者和消费者有动机彼此走得更近，从而带来正反馈机制，从这一机制中产品和职业的多样性以及较大且异质性的劳动市场会因之产生，而这一切都发生在集聚所发生的地方(这个地方就是城市)。在成本方面，经济活动的集聚化催生且鼓励了专业化和交换，因此也就提高了交通、信息沟通、交易和资源(尤其是土地)的成本，所有这些相结合就构成了集聚化在支持专业化上所付出的代价。在文献中，主要出于技术的原因，交通成本函数一般假设是一个萨缪尔森式冰川型(Samuelsonian iceberg form)，它反映的是交通成本取决于距离的远近。这样一来，经过空间改进的迪克西特—斯蒂格利茨框架，就可以让我们能据此来确定广义报酬递增和交通成本之间的平衡。

有了这些强有力的工具，NEG文献就可以为其名称中所提到的“新”这一点增添几分信心了。就劳动分工的经济分析而言，它主要的优点实际上在于劳动的空间分工，也即空间上的劳动分工和占据空间的劳动分工(空间可以是消费品，也可以是为生产产品或劳动所需的投入品)，现在终于可以分析性地予以处理，其中一些长期难以理解的深远意义也终于可以清楚地呈现出来。在这一点上，藤田昌久和克鲁格曼（Fujita and Krugman，1995）对于冯·屠能（Thünen，1826）的模型进行的一般均衡形式化处理，就是其典型代表。屠能的模型是城市为中心，周围是大片的乡村。在藤田昌久和克鲁格曼（1995）的模型中，行为人的偏好由一个迪克西特—斯蒂格利茨的CES效用函数来描述。有两类区域，一类是乡村，农产品都在此生产，一类是城市，工业品在此生产。在工业品的生产上存在着规模经济，这些工业品是由生活和工作在城市的工人生产，而农产品生产的特征则是规模收益不变，农产品由生活和工作在乡村的农民生产。这里显然存在着规模经济、制造品消费种类的效用收益与交通成本之间的权衡。人口规模或交易效率上的增加会扩大在冲突性的力量之间彼此权衡的范围，因之也就提高了生产效率、人均实际收入，丰富了消费种类。此外，在那些可以由城市中制造业者集中居住所节约的交易费用之间，以及农民与城市里集中居住的制造业者之间的交易成本之间，也存在着权衡。制造业产品数量的提高会使后一种权衡的有效平衡趋向于一种更为集中的制造业者居住模式，这使得城市更可能涌现并增长。制造业者集中居住的收益是由制造业产品数量的增加所带来的，因之也是由城市中职业的多样性增加所带来，这就是被称为集聚的经济性之所在。冯·屠能的洞识亦即形成城市的主导力量是集聚的经济性和生产的集中性之间的循环联系，即可成功地予以形式化。随着交通技术的进步，“孤立城邦”（isolate state）* 的人口开始增加，而农业生产也变得更具生产效率，工业品的数量也开始增加，在城市中居住的人口份额也要上升（城市化）。这一观察结论和18世纪英国经济史以及其他一些国家的历史经验若合符节，因为在交通、农业、人口和其他领域巨大的前工业发展，为以工业化为主导的城市化铺平了道路（Deane，1979），④而这一大发展有时候也被冠以“革命”之名。

在城市经济学中有一个影响不是那么大的小分支，尝试着在现代竞争性均衡分析框架中复兴个体专业化的古典斯密主义经济学，尤其是利用它在

---

* 此语为屠能所使用，来表示他的书中那种设想的城市，也被翻译成“孤立国”。——译者注

城市的形成和增长方面的解释力。这个分支是由杨小凯和他的合作者所引领的。[5]不过，尽管所使用的是一个统一的框架，但是对城市演现与增长（以城市居民和面积测度）的分析在某种程度上可以彼此独立地进行。城市的演现与增长表现出了集聚的经济性和市场的扩张，但是在一种情况里主要的驱动力量，可能与另外一种情况里的主要驱动力量截然不同。为了说明这种差别，有必要对集聚的两种经济性做出区分，一种来自于非农工人居住的集中，另外一种来自于交易在地理上的集中（参看 Lindsey、Pratt and Zeckhauser，1995；McCann，1995；Sun and Yang，1998）。制造业从业者在地理上的居住集中，降低了彼此之间的交通和交易成本，而交易在地理上的集中则减少了所有这类成本——包括在城市居民和农村居民之间的交易成本，因之会增进市场的一体化。前者对于城市从劳动分工发展中演现而来，扮演着举足轻重的角色，而后者在与城市相联系的各种发展中则发挥着更为关键的作用，尤其是在城市中土地价格的上升方面发挥着主要作用。杨小凯和赖斯（Yang and Rice，1994）的工作给出了一个简单的瓦尔拉斯竞争性模型，集中关注由工匠们集中居住所带来的集聚的经济性，以此来解释城市的演现。由于在专业化的经济性和交易成本之间所做的权衡，当单位交易成本系数下降，则每一个个体都将会减少她自我供给的商品数量，从而提高她的专业化水平，因此劳动分工的均衡水平就会得以演进。农产品的生产是土地密集型的，因此农民们必然居住分散，而制造业产品的生产者可以在分散居住还是集中居住之间进行选择。这样一来，在农产品生产和制造业产品生产之间如果存在局部的劳动分工，每个制造业者住得离一个农民较近，就不会有城市存在；然而如果制造业者之间以及农民和制造业者之间劳动分工的较高水平，可以从充分改善过的交易和交通条件中得以呈现，则所有的制造业者就会居住在一起，从而缩减彼此之间的交易成本，最终产生了城镇或城市。与劳动分工的扩张和城市的演现相伴而生的，是所有产品的生产效率以及人均实际收入水平的提高，贸易依赖度、市场的范围以及个体的专业化水平也会因之得到提高。

这种概念之下的城市，在空间上是无维度的单点。只有在这个“点”变成了面——它本应如此——时，分析由专业化和市场交换的复杂网络所要求的交易的空间分布及其对城市化的深远意义，尤其是城乡之间在土地价格上的差异，才有可能。孙广振和杨小凯(Sun and Yang，1998)给出了对专业报酬递增的竞争性均衡分析，来解释下面这些典型的城市化现象。在城市区域土地租金不但绝对地在增加，而且相对于农村的土地租金也在增加，城市中土地的人均消费在减少，而乡村居民的人均土地消费则在增加。同时，贸易品的数量在增多，而不同职业的个体之间内生比较优势的程度随着城市化的进展，开始逐步变得显著起来。在该模型中，每一个行为人都是一个消费者—生产者，不但消费商品而且居住土地。在专业化的经济性和交易成本之间所做的权衡，表明劳动分工的均衡水平随着商品单位交易成本系数的下降而提高。劳动分工更大的网络规模将会产生人均更大数量的交易，因此贸易的集中模式可以通过将较大的交易网络缩减为一个集中的区域(城市)而节省人均交通成本。中心市场中的居民在没有什么交通成本的条件下即可对所有商品进行交易。因此，为居住于城市而竞争将会抬高城市的土地租金。在城乡之间以及各种不同的职业之间自由地迁徙，将会使得所有个体的人均实际收入均等化，使得城市居民的交易优势由其居住所需的更高土地租金和更少的人均土地消费所抵消。随着交易条件的改善，劳动分工的更大规模网络将会被构筑出来，由于集中交易而产生的集聚的经济性也会增加，从而使得所有上述提到的同时存在的现象作为劳动分工中演化的不同面向而得以产生。回归到城市化过程以及居住集中的根本要旨上来，可以看出是劳动分工、交易和居住的地理模式以及贸易的效率——所有这些必然都与地理学家所谈有些类似(例如可参看 Scott，1988)——导致了城市土地租金的上升，以及定居地、职业和经济活动集中的结构性城乡转移。

在内生专业化的框架里，劳动的空间分工分析尚有扩展的余地，尤其是在理解集聚与城市化的复杂关系上更是如此。正如前文所示的那样，集聚的确不应被局限在居住或交易的地理上的集中。有关集聚，被研究得更为广泛的方面，是马歇尔产业外部性的一个重要元素：由众多小型专业化企业的集聚而产生的收益，而这些小型专业化企业之间经由市场存在着复杂的纵向以及横向联系。[6]鉴于经济史学家关于工业化和城市化的某些方面之间因果性的争论无休无止(参看下文 7.3 节)，而二者的相关关系又毋庸置疑，所以沿着斯密主义的研究路线来构建一套统一的分析，以便涵纳在经验和历史研究中发现的城市增长中劳动分工的不同模式，乃是一项极富挑战性而又非常重要的工作。

7.2 工业革命

历史中另外一个非常重要的经济发展非工业化莫属，尤其是对于理解现代工业社会的起源和性质而言，此说当为不刊之论。工业化不仅是对当时通行的生产模式的一场革命，也是对制造业组织形式的一场革命，其中包括各种类型机器的使用与大规模工厂体系对现代科技广泛而系统的应用（例如可参看 Deane，1979：1—2；Rosenberg and Birdzell，1986：144—147）。其次，它也由此基本上以这样一种方式重塑了经济的结构：劳动、土地以及更让人瞩目的物质和人力资本，这些在工业化的过程中其存量累积非常迅速而且庞大的生产要素，都渐次集中到了制造业产品和劳务的生产上来。因此，一方面，涌现出了专业化报酬递增的更为复杂的网络和更为细致的劳动分工，另一方面，是职业和产品多样性的极大提高以及市场的极速扩张。这一切又是怎么发生的呢？

解释工业化起源和过程的一种自然的方式，就是对工业化原型的历史进行探究，也即对大约起于 18 世纪中叶所谓的英国工业革命进行深入研究。当然，对这一极具历史重要性的主题所进行的研究难以计数，毫无疑问日后还将连绵不绝。下面几个小节的内容，所述均可以很好地与本书第 4 章所述市场过程的斯密主义整体分析框架相合。在斯密主义的这个整体分析框架中，交易联系的报酬递增和遍布社会的专业化单位之间的相互依赖性，扮演着最为突出的角色。出于这样的原因，在斯密主义发展理论可以比其他理论提供更为强大的解释力方面，工业化堪称此中典范。⑦

7.2.1 英国在前工业时代的发展

正如英国经济史文献中的记载所示，在 18 世纪下半叶这段传奇最有意义的部分展开之前，英国已然历经了一段漫长而富庶的前工业时代的历史岁月。多个领域潜滋暗长，发生了实质性的变化和重要的发展，其中包括商业扩张、农业生产效率的提高、交通条件的改善、人口的增长，以及信贷和银行体系的革新，所有这些变化都有着极为深远的意义(Mantoux，1927；Ashton，1968；Deane，1979；Flinn，1966)。在芒图(Mantoux，1927)这项著名研究中，他首次试图在宽广的社会经济背景下来考察工业革命，该研究概括了18世纪中叶之前在制造业、商业和英国土地所有制方面的重要发展，将这些看成是18世纪下半叶工厂出现的先决条件。具体来说，土地的重新分配，尤其是在历经多个世纪的圈地运动之后，为工厂体系的出现和发展提供了便利的条件。事实的确如此，一方面是因为很多小规模的自耕农和农民失去了土地，成为工业雇佣大军以求继续生活下去，另一方面，土地集中在少数地主手中，使得集中劳作成为可能，因之再进一步辅之以机器的发明和改良，最终导致了工厂组织的诞生，取代了先前地理上分散的手工作坊。之后，经济史学家们在分析英国工业革命的过程和性质时，将前工业化时代所发生的变革的重要意义放在了显著位置，开始使用更为明确的术语，直接将它们称为“人口革命”、“农业革命”、“商业革命”、“交通革命”等等，这些变革为工业生产中的革命性变化铺平了道路(Deane，1979)。很大程度来说，英国的工业革命，或者准确地说，发生在英国部分地区的工业革命，是之前在17世纪和18世纪头几十年已经发生的那些稳步变革的自然结果和高潮。将工业革命自身看成是一个漫长的过程，其发展的脚步不但产业间有异，而且地区间也不同，这都是非常重要的。无论就其性质还是其深刻的影响而言，这都是一场真正的革命，但是它完全不像一些通俗读物所描述的那样，它既不神秘，也不是一蹴而就的天降之变。

为18世纪末叶英国发生工业革命所做的那些前工业时代的发展铺垫中，有些特征非常重要：一边是市场的显著扩张和支持自由与商业的举世闻名的英国政治遗产，另一边则是在英国已然存在的相对成熟的信贷市场。不过，这两者的发展也是紧密交织在一起的。我们可以逐个详细地予以考察。前者带来了所谓的商业革命，这个词语用在这里恰如其分。源于地理大发现的世界贸易的显著增长，以及由此而带来的直到17世纪一直都得到了稳定发展的国内市场，使得英国处在了一个非常特殊的地位上，的确，这些条件为英国提供了在制造业和贸易领域异军突起千载难逢的良机。传统上，英国在羊毛纺织品上是颇有竞争力的，而且一直持续到19世纪，即便在棉纺织业已经超过毛纺织业成为英国出口的主要引擎之后，仍然不失其领先地位，这正是因为英国有着源源不断的上等羊毛可以供应市场。实际上，尽管主要是棉纺织业而非毛纺织业成就了英国工业革命，[8]但是直到18世纪中叶，羊毛纺织品依然占据着英国国内出口半壁以上的江山（Deane，1979：54）。然而，这一传统优势在和新世界、远东以及扩张后的欧洲大陆进行贸易之后就明显开始减弱，因为羊毛制品的需求是缺乏弹性的，尤其是在热带地区市场上更是如此，因之英国为了与外国就各种原材料和消费品——诸如木材、大麻、树脂、条铁、丝、酒和白兰地——进行贸易而扩张其工业出口，亟需探索新的途径（同上：55）。要解决这一问题，其答案最终还是要在新产业的增长上才能找到，而其中最为重要的发展则是由两部分组成的：第一，伦敦作为组织复杂的国际以及国内商业活动的贸易中心而出现在世人面前，发挥着这个横亘多个大陆和众多经济体的商业帝国事实上的首都之功能；第二，英国出口部门的构成发生了根本的变化，稳定而逐步地将重心从初级产品和与羊毛相关的制造业转移到棉纺织品行业以及之后占支配地位的铁制品产业上来。这两大变革对于后来的工业增长和革命意味深远，但是主要是前者成就了后来英国的发展。还有一个有意思的问题，也与我们理解何以工业革命首先发生在英国而不是其他地方相关，那就是英国是如何成功实现向现代工商业社会转变的？举国上下对商业活动的支持，可以算是一个简要的回答：[9]

> 允许英国以这种方式扩张其海外贸易的国内资源有四个方面：他们在水手和航海家方面的基础人力资本，资金雄厚且天生富有冒险精神的商人阶级所体现的商业上的优势，具有丰富金融技巧和经验、以信贷中心的形式体现出来的组织背景，以及一个对于商人阶层渴求钱财的目标持完全同情态度的治理传统。这些优势可以让商人阶层自由地去实验，去拓展他们发现的所导向的任何最有潜力的贸易路线。正是在这样的商业氛围里，主要的创新在18世纪早期都已经出现了。
>
> （Deane，1979：56）

尤其是英国商人这样建立起来的国际贸易网络，不仅将纺织品特别是棉纺织品的市场扩张到全世界，而且也使得再出口行业的制造业所使用的原材料的供应大大便利起来（同上：66）。

英国出口产品构成的变化,要比其出口总量的增长,在促进英国工业制造业的发展上,作用更大,因为毕竟到了18世纪中期英国产品的出口也只是占到其国民产值的10到12个百分点(Finn, 1966:57)。出口部门是对英国工业快速增长的一个有效的刺激因素,同样也是工业再投资资金的重要来源,但是,在培育最终导向工业革命的产业之增长方面,与国内市场相比,它并不占支配地位。也就是说,正是国际贸易扩张的间接效应,尤其是在重塑英国工业生产结构和引发组织变迁方面,而不是贸易为英国过剩产品提供销路的直接效应,事关重大。

在刺激对英国工业品的需求方面,全体国民,尤其是英格兰北部和苏格兰的居民平均收入的巨幅上升,起到了关键作用。反过来,国内市场的发展,部分是拜"农业革命"所赐——其中包括农业生产中新技术的引入和由圈地运动与农业资本家所带来的组织的变化(例如可参看Deane, 1979,第3章)——部分是受到了17世纪人口显著增长的影响(例如,同上:第2章;Finn, 1966,第2章)。相对庞大而富裕的人口,确保了国内市场足够大到让工业自我持续发展的地步,最终在工业革命中达到顶峰。同时,农业生产领域的发展和人口的巨大增长也表明,在这个国家存在着很大比例的剩余劳动力,他们无法在农业部门找到工作,从而只能在经济体的其他部门进行重新配置。为了说明这一点,我们可以来看看一个具体的工业品制造业的增长,这种工业品经济学家对它情有独钟,常被视为——虽然不是那么恰当——劳动分工经济学的故事原型:制钉(或制针)。S. R. H.琼斯对英格兰西部内陆制针业从17世纪中叶到18世纪中叶的产生和发展进行了详尽的阐述,作者令人信服地表明"[国内]需求的增长和被迫寻找非农就业岗位的贫苦劳动阶层的出现,这一对共生的新社会现象在前工业时代的英格兰工业转型方面发挥着主要作用"(Jones, 1978:354)。也就是说,英格兰内部市场的显著增长,在需求方面为工业品提供了基础,而人口的增长以及因圈地运动带来的大批失地农民,为工业生产劳动投入的供给方面打下了基础,两相结合,就为转型提供了强有力的驱动力量。在17世纪中叶之前,在英格兰的确没有制针业存在,原因很简单,那就是彼时英格兰就工业而论颇落后于欧陆邻居,因此制针业的市场极为狭小之故。然而,到了17世纪后期,情势变化极快,英格兰已经远非昔日可比。到了17世纪末,伦敦的人口已经远在五十万人之上，而西部内陆三郡——伍斯特郡、沃里克郡和斯塔福德郡——的人口也在三十余万左右。在这一发展过程中，最为重要的是这些地区左近的产业不断扩张的国内市场，这些产业包括手套业、制帽业、制鞋业、马鞍业和其他各类皮革制品行业，这些市场都需要大量的制针产品。[10]

当然，制针业国内市场的扩大只是西部内陆在制针方面的崛起这一传奇故事的一个部分而已。另外一个因素则是它得天独厚的区位，它非常接近制针业所需原材料的供应地，相比较于其他地区的竞争者，这自然就转化成了它的成本优势。关于这一点，了解下面这一事实是很有好处的：原材料成本占到制针业总成本中的大约 30%，这种情况一直到 18 世纪结束尚未有改观（同上：359）。对于源于西部内陆而不是英格兰其他地方的制针产业而言，还有一个重要的原因，那就是在 17 世纪中期该地区居民极端贫困的事实，这就提供了大量为生存而斗争，自然而然地从农业转向制针业或其他类似产业来谋生的备用劳动人口。

所有这些因素综合起来，为西部内陆制针产业的发展形成了强有力的推动力，从而带来了在 18 世纪前半期的显著增长。到 1750 年，当地居民中的很大比例，其中尤其是伍斯特郡和沃里克郡，都在从事制针业（Jones，1978：363—364）。琼斯认为（同上：364—368），这一发展的主要原因是组织的变迁以及对工业品的全国需求，前者体现在外加工制（putting-out system）的引入，后者则是由国民收入、工薪阶层与农业工人之间收入的再分配以及收入引发的消费习惯的改变而造成。国内市场的深化可能只不过是在生产和交易范围内劳动分工的深化的一个反映。正如亚当·斯密、威克菲尔德以及艾伦·杨格所强烈认同的那样（参看本书第 4 章），正是这两项发展彼此强化，才使得一个稳定而又可自我持续的长期增长成为可能。照 A.H.约翰（A.H.John，1965）的讲法，大量挣工资的工人的购买力，足以弥补由于 18 世纪前十年一系列农业丰收所导致的农业品价格的显著下降而带来的农民和地主对工业品在需求上可能的减少。[11]此外，由于生产力的改进而带来的农业收入的提高可能已经足够补齐由价格下降所带来的损失（John，同上）。这些观察结果与斯密—威克菲尔德—杨格原理若合符节。尽管在这几十年里人口增长极为缓慢，但是市场的范围（居民们的购买力）不断得到扩展，而且是巨大的扩展。正如杨格所言，

> 然而,假定一个国家的经济禀赋是既定的,则决定其产业效率的一个最重要的因素看来是市场的规模。但是,构成大市场的又是什么呢?不是单纯的面积或人口,而是购买力,即吸收大量的年产出的能力。……在人口保持稳定时,市场也可以扩大,报酬也可以递增。
>
> (Young, 1928:532—533, 536)*

另外一个前工业时代必要的发展,发生在金融制度和资本积累上。海外贸易和经由在任何初等产业中都可以看到的传统的利润再投资行为而累积资本,二者都对18世纪中后期的工业生产提供了融资的功能,但是地租方面的巨大增长则发挥着更为重要的作用,地租升高部分是由于圈地运动,部分则是受到人口增长的压力所致。比如,在1750年到1815年间,苏格兰的地租增长了8倍(Finn, 1966:47)。资本能够赖以派上工业用场的融资渠道——商业银行和信贷融资——的长足进展,其作用也不可小觑。这基本上都是在18世纪发展出来的,它们提供了工业制造业扩张所必不可少的短期和长期信贷。截至1793年,英国全境已有大约400家地方银行(在不到四分之一世纪里这个数字就不止翻了一番),它们每家都在伦敦开设一间商业银行,从事资金转移支付的兑换业务(Ashton, 1968:83)。“地方银行对工业革命的主要贡献,乃在于它将短期资金调动了起来,把这些资金从没什么需求的地方转移到那些渴求资本之地”(同上:85)。此外,证券交易和保险也在相当大的程度上进一步便利了资本流向工业。银行和信贷系统上巨大的发展以及可以获得的充裕资本,带来了一个重要后果,就是利率的显著下降。

> 在18世纪早期,对财务大臣来说,可贷资金的丰裕使得付给该国那些债权人的利息缩水成为可能。在战争期间,威廉三世的政府曾被迫支付7或8个百分点的利息(这个国家并未实施高利贷法);但是在1717年,永续年金的利率降到了5%,在1727年进一步降到了4%。最后,到了18世纪50年代,Pelham再次下调了利率,而且通过化繁为简,在

---

* 此处译文曾参考过罗卫东编选的《经济学基础文献选读》(浙江大学出版社2007年版)第276和278页的译文,该译文由贾根良译,草木校对,本处译者有所改动。——译者注

> 1757年实现了3%的无期有息公债……这些转变并不是强加于公众之上的;它们只是反映而不是开创了*在这个社会利息率一般性的下降这一事实*……在这个时代,很多经济活动都被合伙制的小群体所掌控,他们每个人要么可以获得年利润的股份分红,要么就全部或部分地投给企业来收取利息。在18世纪早期这个阶段,允许货币以这种方式再投资,带来了利息的平稳下降。例如,伍斯特郡铁器制造企业Edward Knight and Company在20年代和30年代早期以5%的利率向每个合伙人的未分配利润进行借贷,但是到了1735年,这个利率就降到4%,到了1756年,只剩下了3%了。
>
> (Ashton, 1968:7—8;斜体为原文所加)

艾什顿进一步评论道:“工业革命中那些幽深的矿井、坚实的工厂、精良的管道以及数不清的房屋,都是相对廉价的资本的产物。”(同上:9)正如稍后即可看到的那样,利率在18世纪数十年中保持低位,当是在塑造制造业所用资本的结构之特征上的一个关键因素,这一点有些作者把它看做工业革命的决定性特征,因为与资本结构上的变化相伴随而生的,正是工厂体系的诞生。

7.2.2 大规模固定资本和工厂体系的兴起

约翰·希克斯认为,工业革命带来的是用于生产而不是用于商业的固定资本货物种类的显著增长

> 并不仅仅是资本积累的增长,而是体现投资的固定资本货物的*种类和花色*的增长。我认为这才是我们正在考察的这一变革(工业革命)在经济学上的正确定义。
>
> (John Hicks, 1969,第IX章:143;斜体为原文所加)*

更为准确地说,是固定资本而非流动资本,在促使令人满意的组织变迁成为可能方面,最为相关,这样的组织变迁使得生产不断地得以集中并由此带来规模报酬递增的实现。正如卡尔·马克思以极为繁缛的历史细节所阐明的

* 本处译文参考了商务印书馆厉以平译的希克斯《经济史理论》一书第129—130页的相关译文,但是厉先生译文没有加斜体,而且最后一句译为“我们正在考察的变化的经济学上的正确定义”,未将the change的确切含义译出,在此不揣浅陋,做了订正。——译者注

那样(参看本书第5章),技术发明和科学发现的进步,极大地便利了生产中机器的广泛使用,这又要求更为庞大的固定资产投资。与不断转化且因此而易用于再投资的流动资本不同,固定资本投资通常为数甚巨,其收益的实现必然也要有一个更为漫长的过程,而且有着更大的不确定性。因此,银行、证券交易、信贷融资方面金融制度的充分发展以及有限责任商业公司的出现,再加上前文所描述的那些大量可用的流动资金——这使得可贷资金的利率保持在了较低的水平上,对于工业革命的产生来说是极为关键的。幸运的是,这些条件在18世纪的英格兰(以及欧洲大陆上西欧的一部分)都得到了满足(Hicks, 1969:77—80, 141—145)。⑫顺带说一句,还值得注意的是,希克斯明确地告诫道,真正重要的不是利率下降本身,而是一般性的金融发展:"不是简单的利率的下降(它们确实是下降了)。更重要的是更多可用的资金,利息下降是一个征兆,而且也只是个征兆而已"(同上:144)。⑬尽管如此,对于某些需要很长时间才能实现其收益的产业来说,利率本身还是大有干系的(Ashton, [1955]1972:27—28)。⑭

鉴于很多作者在解释工业革命时都赋予固定资本以重要的地位,所以详细地审视一下在英格兰工业革命期间制造业所用资本的组合变化,似乎还是颇有裨益的。在这个主题上,西德尼·波拉尔德(Sidney Pollard, 1964)给出了关于1760到1830年期间英格兰固定投资的异常丰富的研究。为了理解这一过程以及对于工业革命而言资本结构的变化性质及其重要性,我们必须牢记于心的是,在所述的这一时期,固定投资主要是用在了诸如交通运输业基础设施建设这一类的公共工程之上,这部分通过扩张得相当迅速的国内市场而在使工业革命成为可能上发挥了基础性的作用。但是,私人生产和交易部门的固定资本投资,对英格兰工业生产能力的真正改变则有着直接的关系,由波拉尔德所做的研究指出,在这方面信贷融资体系发挥了极为重要的作用。正如上文所述,英格兰在18世纪中期之前即已累积了大量资本。资本一旦被注入工业生产,必会在资本结构上产生一些深远意义的变化:

> 在接下去两代人左右的时间里[18世纪60年代之后],值得注意的是,资本数量的绝对(可能还有相对)增长并不是那么大,但是其组合上却发生了一个变化:固定资本的大规模集中首次出现了。
>
> (Pollard, 1964:299)

在外加工制里，由于一些显而易见的原因，固定资本相对于流动资本的比例一般来说比较低一些，而且在很长一段时期内这一比例比较稳定。然而，在工厂制兴起之时，这一比例发生了显著的变化（尽管这一变化的程度有时候被夸大了）。

> 随着工业革命的到来，这些比例在一些关键性行业中大大提高，因为每一个都相应地被工厂或其他资本密集型的生产方法所改变。这一转变发生的时间每个产业各个不同，事实上每家企业也不一样；但是新的模式一旦建立，直到我们关注的这个时代[1760—1830]的最后，也没有再发生明显地改变，至少就固定资本比例而言是这样的。
>
> （同上：302）

最令人瞩目的变化当属棉纺织业，在这个行业，在1780到1830年这段时间里，固定资本大概占到了总资本的一半以上（同上：302—303）。生产的资本密集型模式和工厂体系的出现与增长一起，逐渐地扩散开来，基本上成为了一种与国内生产相比更为有效的组织工业生产的方式，而不是一种对技术发展的回应，其结果是"到1830年的这一时期，每个产业都见证了高固定资本比率企业在比例上的提高，而不是在那些先进企业自身内固定资本比率上的那些显著变化"（同上：302）。由于他们对流动性的关注，所以英国银行为企业流动资本融资主要提供的是短期信贷，因此使得一大批小企业如雨后春笋般成长起来。有意思的是，当产生对固定资本的需要时，这些贷款可以有效转变为固定投资所要累积的资本（同上：307—312），此外，商人阶层对于工业生产所需的资本积累也贡献良多。

大量使用固定资本，逐渐带来了生产组织在质上的变化，通常在工厂的高墙之内实现了生产的高度集中，也即外加工制被工厂体系给取代了。值得强调的是，正是工厂体系——也就是说在整个经济中对这种组织形式的大规模使用——而不是工厂作为一种生产的模式，准确地勾勒出了工业革命的轮廓，而工厂则显然早在18世纪之前就已经在英格兰、欧洲大陆、中国以及其他一些地方存在很久了。值得再次注意的是，波拉尔德对1760到1830年之间这一时期的观察结果表明"每个产业都见证了高固定资本比率企业在比例上的提高，而不是在那些先进企业自身内固定资本比率上的那些显著变化"（同上：302），反映出这种组织上的变化即便在生产中实际使用的技术没有重大革新时还是逐渐地发生了。产生这种变化的关键因素是市场的显著扩张。此外，也只是在这种市场扩张而且还在不断扩张以及最终在组织上产生变化的情况下，诸如由水力向蒸汽动力的过渡，以及在制造业中广泛使用铁制机器这类在工业生产中使用的技术所产生的革命性变化，方才有实现的可能，尽管者两个变化总是彼此交织，从历史上看也是携手共进的(Rosenberg and Birdzell, 1986:144—163)。由于贸易及其扩展不仅给交易双方带来了这种明摆着的收益，而且还通过激发技术发明来作为对扩展贸易网络所需条件的回应，通过为进一步提高技术、改进生产组织、交通和分配而提供必要的条件和激励，间接地带来经济福利上的提高(同上:163—165)。

7.2.3 引领英国工业化并且规定其节奏的棉纺织业

我们现在开始对开启英国工业化的这个先导性行业——纺织业，尤其是棉纺织业——进行详述，来阐明市场范围和劳动分工这一对如影随形的发展是如何从根本上塑造了工业革命的整个框架的。如前所述，在工业革命之前，毛纺织业才是英格兰的传统强项，在工业革命中这个行业也在继续发展，但是已是大大地落后于其他纺织品行业了，到了18世纪的最后几十年，棉纺织业异军突起，开始快速增长，这个行业在17世纪整个英国制造业经济中还没有出现，只是进入到了18世纪才略有提到(还可以参看 Hudson, 2009:尤其是第339—340页)。[15]

> 在四分之一稍强的世纪里，棉纺织业逐渐从一个最不起眼的产业一跃成为最为重要的行业。1802年，它大约占到了大英帝国4%到5%左右的国民收入，到了1812年，短短十年之后，这一份额估计已可达到7%到8%之间，远远高于毛纺织业在国民收入中重要性。在这个阶段，棉纺织工厂里大约有十万个棉纺工辛勤劳作，可能另外还有二十五万织工以及其他在棉制品方面工作的辅助工。到1815年，棉纺织品出口占到英国国内出口总额的40%，毛纺织品占到了18%，到了1830年，超过一半的英国本土生产的出口品都是棉纺织品。实际上(比如用所产布匹的平方米来计算)，棉花产业的增长甚至更为可观，因为价格以制造业的历史上前所未有的速度在下降，而质量却不降反升。
>
> (Deane, [1965]1979:91—92)

值得指出的是,棉纺织品市场富有弹性这一事实在使棉纺织业实现突飞猛进的增长方面起到了关键作用,在这个行业里生产成本得以下降,部分是因为技术创新——尤其是在生产过程中的纺纱环节的技术创新,部分是因为原材料成本的下降。另外一个原因就是英国本土棉制品海外市场的不断扩大所致(Deane,同上:92)。

工厂体系的兴起基本上发端于棉纺业。而织布行业的转型则相当靠后,很大程度上是迫于棉纱的充裕所带来的巨大压力才启动的。[16]由于工厂体系经常被恰当地看成是工业革命的标志,所以我们简要描述一下纺纱业的巨大变迁当是颇有裨益的,这场变迁起自詹姆斯·哈格里夫斯的珍妮机,珍妮机在大约1765年被发明出来,1770年取得了专利,两年后,它开始被实际投入使用,下迄18世纪末,就工业革命的性质而言这是一段最具意义的历史时期。尽管它对纺纱行业的迅猛发展有着巨大影响,但是珍妮机却没有对国内生产体系带来任何引人注目的背离。真正的变化始自理查德·阿克莱特所从事的工作,在使工业革命成为可能方面,此人即便不是最为重要的企业家,也是当之无愧的最伟大的企业家之一。同时,作为机器专利所有者,很大可能他并没发明这些发明,而是从他人那里偷窃了这些专利,在这方面他即便不是声名狼藉也是一个广富争议的人物。他真正的成就在于其作为新型大规模生产成功的*组织者*所具有的出色才华。工厂工业正是从阿克莱特及其水力纺纱机专利的企业合伙人的成功组织当中兴起的,因此,他自然博得了一些历史学家的赞誉,把他视为现代工厂的主要开创者,他所开创的事业"预示着一个新的社会阶层和一个新的经济时代的到来"(Mantoux,1927:233)。机器动力在纺纱上取得的成功被技术方面的深入推进予以强化,这当中尤其要数1779年发明的塞缪尔·克朗普顿的骡机(Samuel Crompton's mule),它不但改进了珍妮纺纱机,也改进了水力纺纱机,此外还包括1785年首次用于纺纱的马修·伯顿(Mathew Boulton)和詹姆斯·瓦特的蒸汽机(同上:324)。值得注意的是,阿克莱特的水力纺纱机专利到期也是这一年,终于使得这种机械能够公开为社会公众所获取。无独有偶,卡特莱特织布机的专利正是在这一年取得,从而满足了随之而来对棉纱织布的巨大需求。如果必须为工厂体系确定生辰八字,这一年很可以作为工厂体系诞生的年份。[17]的确,芒图(Mantoux,1927)以编年史方式记录了棉纺织业中工厂体系的发展,他大体把英国在工业革命时期的发展分成三个阶段:从18世纪70年代中期开始的十年,"是国内工业的黄金时代",此时哈格里夫斯的珍妮机大盛,有效加强了小作坊式生产;从18世纪80年代中期开始到18世纪末,这一时期水力纺纱机占据优势,在纺纱行业中蒸汽动力才是逐步被接受;之后的这个时期,蒸汽机普遍投入使用,工厂体系完全成熟。从1785年开始的这一关键时期,乃是以阿克莱特专利到期为标志,这是因为"从那时起,工厂开始遍布纺织品行业"(同上:246)。

的确,纺纱工厂一开始在地理上集中在那些河流众多的地域[18],这有着明显的技术原因在其中,但是更为基本的经济变化则是产业集聚的形成和(固定)资本的集中,正是相对成熟的信贷市场和工厂工业的拓展使这些变化成为现实(同上:248—250)。应予注意的是,仅仅出于经济上的原因,甚至在工厂的机械被发明出来以前,也即蒸汽机和铁制机器工具得到广泛应用之前,工厂体系即已为棉纺织品行业所接纳(Rosenberg and Birdzell,1986:159)。换言之,组织变化与技术变迁以一种复杂的方式携手并进,任何意欲单方面考察这一微妙的因果性议题的尝试,可能注定都要失败。这两者每一个都代表了遍布社会经济领域实质性发展的一个不可缺少的方面,这不是一个或两个产业的发展,而是一个工业体系的发展,在这之中,既有马歇尔意义上的分化(经由专业化)也有马氏意义上的整合(劳动分工和市场交换)在起作用。这样一来,在这个时期,作为英国棉纺织品制造业之特征,其表现并不是在十九世纪才建立起来的、尤其是在钢铁行业中得到充分体现的大规模工厂,而是相对较小的专业化单位的集聚。英国棉纺织品行业的这一有趣的组织特征很久之前即已为经济史学家们所关注。

> 英国纺织品行业的组织不同寻常,因为企业在生产棉布的过程中倾向于在单一的一个环节上进行专业化生产。英国纺织品制造商不是像钢铁工业中所使用的那种建造全面综合的工厂,而是将高度专业化的工厂尽量彼此相邻。
>
> (Rosenberg and Birdzell,1986:159)[19]

棉纺织行业以一种复杂网络的形式组织了起来,这一复杂网络由每个生产阶段上众多小型专业化公司而罗织而成,也因此在该产业的上游和下游之间存在着竞争性的专业化市场。

> 像 Peels、Arkwrights 和 Douglases 这些纵向一体化的公司即便在它们那个时代也是异数，而且这些公司的相对重要性已经开始下降。为数众多的专业化于梳毛和纺纱的小型公司的存在，产生了另外一个有关纱线的专业化市场……这个市场和其他市场一样，也是高度竞争性的。
>
> (Chapman, 1987:39)

这与艾伦·杨格对马歇尔在集聚现象中存在的所谓外部经济这一概念所做的斯密式解释如出一辙，“马歇尔的‘外部经济’……大体而言就是更为深入的专业化和劳动分工的经济性”(引自 Charles Blitch, 1983:362)，[20]而且那种“大型生产，而非大规模生产，也允许报酬递增的存在”(Young, 1990:54)。

棉花产业中的发展为什么如此显著，以至于引起了如许之多的关注呢？有一个非常突出的理由：它引发并且设定了工业化的节奏，不仅在英国如此，而且在美国和日本以及其他国家亦复如是(Bagchi, 1987:800)。那么，有一个重要的问题需要问及：以棉花为主导的工业化能够自我持续，并且由此扩展到其他众多的产业部门吗？为了回答这个问题，我们不仅需要从一个宽广的视角下描述棉花产业的主要作用，而且还要把它的发展与整个国家的经济进步联系起来才行。

从某种意义上来说，这场从农业向工业社会的大转型，其出发点发端于纺织行业，并不令人感到意外。纺织业是可以在任何一个农业社会中吸纳大量人口的不多几个行业中的一个，因此在生产中也具有丰富的经验和技能；它是劳动密集型的行业，在制造业中也易于劳动的垂直分工，因此，从历史上看，纺织品制造业中的外加工制，通常只能是从传统家庭手工业向工厂体系转变的中转站。进一步而言，与食品相比，纺织品更易于储藏和运输，因此也更适于长途贩卖。但是，英国棉纺织品行业令人瞩目的发展之根本的原因则是对其产品的大规模市场需求的出现，以及它对这个社会和经济的其他部分产生的影响。而两个效应大抵是由前工业时代的发展塑造而成。宏观经济层面的报酬递增，使得英国工业化实现了可持续发展。正如沃尔特·W.罗斯托所注意到的那样，在英国

> 尤其是自 18 世纪 80 年代以降，棉纺织品总产出中有很高的比例是直接销往国外的，到了 19 世纪 20 年代，这个比例高达 60%。该产业的这一演化，要比它只是简单供应国内市场更能说明问题，其间接的反响

余韵不止。这种规模的工业企业对城市地区的发展具有间接的反作用力，对煤炭、钢铁和机器的需求、对营运资本的需求以及最终对廉价运输的需求，都强有力地在其他方向上刺激了工业的发展。

(Walt W.Rostow，1993：54—55)㉑

意料之中的是，数十年后，相同的模式又重复在美国新英格兰地区上演，这一地区大规模的棉纺织行业再次启动了工业化的进程。若然把新英格兰看成是一个经济体，那么就好似它在出口棉制衣服到这个国家的其他各个地区一般(同上：55)。

棉花产业是劳动密集型的产业，这一事实也被证明对于工业化的自我持续这一方面，它是至关紧要的。通过广泛深入的劳动分工，流动的劳动力大军，他们或者在其他行业面临失业、或者在农村很难找到工作，却都在工业生产中重新找到自己的工作岗位，这带来的不仅是生产效率和产出上的提高，而且还有国民收入的增长和分配，为市场需求做出了积极的贡献，因此也就为进一步工业化做出了积极贡献。对历史事实的估测表明，在18世纪后几十年间，在英格兰，工业和农业从业人员的工资都得到了提升，但是前者提升的速度更快，因此，早在前工业社会即已存在的工农业工资之间的差距变得更大，使得劳动人口持续不断地从农业流向工业。在东部诸郡以及伦敦周边地区，

1770年一个日工在冬季每周可以挣5到6先令，在夏季可以挣7到9先令。在收获季节，他可以挣到12先令这么多，而且那只是在很短的一个时间段内在某些地区才能有这样的工资待遇。同一时期，在曼彻斯特，一个棉花织工每周可以挣7到10先令，利兹的布料织工大约可挣8先令，布雷茵特里粗呢织工可挣9先令，而威特尼毛毯织工或威尔顿地毯工可以挣11先令甚至更多。

(Mantoux，[1927]1964：421)

直到18世纪末，尽管农业劳动者的工资也有明显增长，但是工业劳动者的工资由于棉纺织业和金属工业以及不断发展的工厂体系而得到了更为显著的提升。农业中，平均周工资在冬季可达7到8先令，在夏季达到10先令，但是这样的增长与工业中的情况相比只能算是温和的了。

在1795年，尽管有多天失业，曼彻斯特、波士顿、伯里和卡莱尔等地

> 的棉纺织工厂里的工人每周仍可挣得16先令的工资，而像印度薄细布的印花工这种专业人员的工资水平甚至可达每周25先令之多。伯明翰、伍尔夫汉普顿和谢菲尔德的金属加工工人可以挣15到20先令：这是伯顿和瓦特支付给其工人的工资水平。
>
> （同上：422）[22]

然而，工资率的变化尚不能充分反映平均收入和国内经济购买力的增长。工业革命为劳动专业化不断地创造机会，因此，越来越多的劳动力从低收入/低生产效率的部门重新分配到那些具有高收入/高生产效率的部门。即便每个部门的工资率基本上保持不变，平均收入依然会增加。普罗大众提高了购买力，必然会导致工业品市场的扩张，因此也进一步刺激了工业化的进程（Deane，同上：271）。亚当·斯密关于在文明社会劳动分工得到的收益更为巨大并可惠及社会各阶层的伟大洞见，在理解由诸如棉纺织业这样的劳动密集型产业所启动的自发工业化之自我持续方面，堪称是一个极有帮助的指导原则："在一个政治修明的社会里，造成普及到最下层人民的那种普遍富裕情况的，是各行各业的产量由于分工而大增。"（Smith，[1776]1937：11）

7.2.4 斯密式同生现象的增长：产业劳动分工和市场

在前文中，我们已经在多个地方提到，劳动分工和市场过程的斯密学说对于理解工业革命的性质来说具有重要意义。尽管如此，明确指出劳动分工在这场革命性变化中居于核心地位，仍然是很有益处的。在有关这一主题的最初研究里，芒图早在很久之前就已经指出，劳动分工和市场范围的斯密式共生要素，乃是塑造社会经济基础的根本元素，正是在这一基础之上，工业革命才得以发生。"这两个基本事实，彼此紧密交织，相互转换，其结果变化万端，而其理一也，正是它们掌控着这整个演化：商品的交换和劳动分工"（Mantoux，1927：40）。经过对斯密有关生产中劳动分工的相互强化的主题进行重新表述和阐释——一方面，生产中的劳动分工"辅之以技术改进这一最为活跃的表现"（同上），另一方面则是市场交换的扩展——之后，芒图随即以一种归功于卡尔·马克思的广为接受的观点来处理了这一主题，这种观点就是将现代工厂体系与机器的广泛使用区别对待：

> 在经济学史中值得铭记的历史时期，多多少少总是对应着可以清晰地以这种双重的发展(劳动分工和市场交换)予以定义的历史阶段。据此而言，*机器的使用*尽管其后果颇为重要，但是却只是一种相对次要的现象。在它成为影响现代社会的最具威力的原因之一之前，它乃是作为其他方面社会进步的结果而开始的，可以说，在这两种现象演化的关键时刻当中，它成了这两种现象的表现。正是由机器的出现作为显著标志的关键性时机，极佳地定义了工业革命。
>
> (Mantoux，同前：40—41；斜体为本书所加)

我们一再申明，在英国前工业时代的诸般发展和以棉花为主导的工业化中，市场范围非常重要。但是，就工业革命而论，到底是什么决定了市场的范围，又是什么使得市场扩展成为可能的呢？交通条件的改善，是斯密在其著作中多处强调过的一个因素，征之于英国工业化的情况，它确确实实起到了非常重要的作用，因为如果在工业革命之前和之中没有出现所谓的“交通革命”，那么，英国工业革命的出现几乎是无法想象的(Deane，同前，第5章)。然而，对于英国(以及荷兰)来说，早在18世纪中期即已为一场革命性变迁做了准备的一项更为重要的元素，乃是其更好地界定了财产权利这一制度。在解释英国工业革命的起源和性质方面，有一个颇有影响力的分支，它的奠基人和主要的贡献者是道格拉斯·诺思，这一文献源流颇具说服力地认为，正是对私人财产权利更好地界定和保护，反过来为市场的扩展铺平了道路，才使得这整场革命成为可能。[23]作为市场扩张、专业化和劳动分工提高的后果，交易费用提高了，这是其所需付出的代价所在。为了更好的扩大专业化和劳动分工的经济效益减去交易费用之后的利益空间，通过组织变迁来降低高昂的交易费用，就成了必要之举。技术革新紧随这种组织上的变革而来，因为“组织变革具有在大幅降低创新成本的同时扩大市场规模，更好地界定创新的知识产权这样的后果，而市场的扩大和良好的知识产权保护则提高了创新的回报率。”(North，1981：159)。就工业革命之前和之中的组织变迁而言，经过扩展的关于市场范围的斯密主义框架，涵纳了对产权和交易费用的分析，这样就给出了一整套关于市场扩展引致组织变迁的完整解释，这一变迁经过对专业化的促进，从手工作坊到外加工制，然后再到工厂体系，横亘若干个世纪，终于完成。市场的扩张，使得手工业生产中通行的纵向一体化模式宣告完结，从而将手工业向外加工制转变，这后一种组织生产的形式充分利用了专业化所带来的收益，从16世纪到18世纪前期成为主导的组织形式。但是，随着工业品市场的扩大，外加工制所带来的交易费用——即测量投入和产出的费用——最终引发了进一步的组织变迁，这一次是从外加工制转向了工厂体系。

> 像我所理解的，工业革命是由市场规模扩大开始的，这迫使以完善规定的普通法来取代中世纪和王权对企业家的约束。市场规模的扩大也使组织变革，脱离了家庭和手工业生产那种纵向合并而进到专业化。衡量投入产出的交易费用随着专业化而增长了……为改进质量而相应加强的监督和对投入的集中控制，从根本上降低了发明新工艺的成本……在许多文献中，对工业革命的强调走的是错误的路线——即从技术变革到工厂制度，而不是从中央工场经由监督、扩大专业化、改善对投入贡献的衡量再到技术变革。交易费用和技术当然纠结在一起不可分开：专业化扩大引起了组织创新，组织创新导致了技术变革，技术变革反过来需要进一步的组织创新来实现新技术的潜力。
>
> (North, 1981:167—169)*

制度主义的观点极大地改变了以往工业革命所纳入理论框架的方式，使得这场革命的经济维度——主要体现在了市场交换网络和专业化单位之间依赖性的不断扩大上——更为突出，而且也比历史学家传统上所认识到的更为重要。由于对工业化的经济分析一直以来主要是在李嘉图—刘易斯传统下开展，这一传统用一个二元部门模型来表达，主要关注的是部门间的劳动力转移问题，所以在工业化(以及相关的城市化)研究的斯密主义进路上，似乎还有很多未竟的工作需待完成。

7.3　城市化和工业化：因果性问题

工业化首先出现在农村地区，然后集于城市的这种模式，确实不止英国

* 此处中译参考了商务印书馆厉以平翻译的《经济史上的结构和变革》165—166页的相关译文。——译者注

如此。在19世纪的美国,也可以观察到类似的情况。19世纪前几十年里,随着工厂体系在纺织业以及其他若干产业中的兴起和成长,美国工业革命首先在新英格兰的农村地区。然后,随着产业横贯东北地区而逐渐集聚于城市间,在该世纪的下半叶以及20世纪早期的几十年里,演变成了一场城市的勃兴,美国东北部也逐步成为该国制造业的大本营。同时,大规模的城市化开始了。就时间上的先后顺序而言,毫无疑问,在人类历史上,城市化出现的要远比工业化来得早。然而,在工业革命之后,以及这场重大事件之前不久和发生发展的过程中,城市化变得极为普遍,有时甚至会以大规模且快速推进的方式呈现。这自然提出了一个有关城市化和工业化之间孰因孰果的问题。在这种情境下,对这个问题的恰当问法是,城市化达到何种程度才能归因于工业化主导的发展呢?尽管工业革命通常是在经济活动的空间分布上产生了革命性的变化,但是此一问题的答案却远非那么一目了然或者确定无疑,这要取决于我们在何种程度上定义工业化。

针对美国的经验,经济史学家就技术和组织对于美国在19世纪下半叶城市化的相对重要性,尚且存在着耐人寻味的争论。当然,技术和组织/制度的相对重要性是一个老生常谈的话题,将来势必仍将会在各种情况下继续争论下去。纳森·罗森伯格和曼纽尔·特拉腾伯格(Manuel Trajtenberg, 2004)认为蒸汽机是美国城市化的主要动力,因为从理论上来说这一技术使得大规模集聚经济的产生成为可能。他们在文献中首开对试图确证这一(极为古老的)理论而进行严格经验分析的先河。苏库·金姆使用可以提供有关企业区位和这些企业所用动力的类型更为具体信息的企业层面数据,发现在1850年到1880年使用蒸汽动力对于城市化的贡献,相比较于从手工工业到工厂生产的组织变化而言,并不十分突出。因此,美国在这一时期的城市化不可以归功于工业化(Sukkoo Kim, 2005);其次,城市化的真正根源另有他途,主要还是在于劳动分工的经济性,尤其是在由产业多样性所带来的收益以及在一个集中性的劳动市场上匹配成本的下降这些方面所造成的结果(Kim, 2006)。关于金姆的第一点发现,从其全面的定量分析中可以更为恰切地总结得到的是,作为一种新组织形式的工厂在提高产业生产率方面要比蒸汽技术的使用更为重要,而不是工业化对于培育城市化所做甚微这样的结论。

金姆的第二个结论意味更为深长，也更重要。在工业化的早期阶段，劳动分工很低，因此劳动力多为同质且非技术工人，而这已经能够满足生产的需要了。劳动匹配的成本即使有也很是一般。但随着劳动分工和工业化不断加深，劳动专业化和技术工人种类的多样化不断增加，在劳动市场上就产生了可观的匹配和搜寻成本，这一问题只能通过制造企业和劳动力在城市中的集聚方式予以缓解。值得指出的是，这样来解释与美国工业化相联的城市化进程，会发现关键要素在于两类市场上的平行发展：一类是工业产品市场的扩展和不断加强，而上述文献则对此并未涉及，另外一个就是劳动力市场的显著增长。后者构成了向工厂体系过渡的一个重要因素，当工厂体系得到充分发展之后，在工业化的高级阶段这一要素就更加显示出它的重要性来了。在工厂体系中，工人所承担的生产任务所需要的技术使得专业化和工厂内劳动分工的收益更形显著，而当工厂和工人都集中于城市时，与乡村中生产单位分布和劳动力居住的分散性相比，一个庞大、异质性的劳动市场带来的劳动匹配和工作搜寻的成本下降就相当可观了。

在早期工业化过程中，横跨大西洋两岸，在劳动密集型产业中出现了备受争议而且臭名昭著的童工问题，对此所做的解释㉔，强调在工业化和以工业化为主导的城市化过程中劳动市场所发挥的基础性作用，是颇有裨益的。

在工业化时代早期，尽管有的时候劳动分工高度发达也是不争的事实，但总体上对劳动的技术要求还是相当低的。㉕因此，报酬较低的妇女和儿童，而非成年男性，经常成为企业招聘政策所青睐的目标人群。对这些妇女和儿童支付的报酬较低，是因为她们在农业或者其他传统贸易中劳动的机会成本要比那些成年男性低得多。我们可以由此得到一个重要的启示，一方面是妇女和儿童，另一方面是成年男性，二者之间的生产力差距越显著，工业化过程就开始得越早、越快。这就是克劳迪亚·戈尔丁和肯尼思·索科洛夫(Claudia Goldin and Kenneth Sokoloff, 1984)所发展的所谓相对生产力理论的要旨所在，两位作者使用1820—1850年间美国的情况来阐释和支持自己的理论。相对生产力理论最为超卓之处在于，它在解释工业化时将劳动市场的重要性提上日程。与此高度一致的是，金姆(Kim, 2005)进一步将妇女劳动力密集型企业与儿童劳动密集型企业区别开来，并且发现在1860到1880年这一时期女性劳动力高度密集的企业更有可能移往城市，而儿童密集型企业在仍会留在乡村(同上:593)。很可能,这是由于各种显而易见的原因,后者更不可能是技术密集型企业,因此从劳动分工的收益中所获不多的缘故,如果集中在城市,它们这些企业也无法从相对为低的劳动力匹配成本中得到什么好处。在组织形式和企业区位选择上,对于劳动分工的优劣短长,企业家们需要做出一番权衡。

还需提及的是,集聚经济的概念描述的是经济活动集聚所带来的收益,这一概念是颇为复杂的,而且根据具体的情况也会被做出不同的解读。如前所述,贸易活动集中所带来的收益,构成了城市成长的主要驱动力,但是在概念上又颇不同于由于制造业的集中——尽管制造业经常而不是总是体现在地理上的集中——所引起的不同交易的集中(包括中间产品尤其是劳动力的交易),这又会转过来带来居住的集中。假定某一类集中(例如制造业的集中)必然会带来另外一类集中(例如城市化),并没有什么特别大的意义。

城市化和工业化之间并不存在简单的因果性关系,这一点应当不会让我们感到意外。在很大程度上来说,工业化和城市化之间内在的相互作用,彰显了市场过程的斯密式(一杨格式)原理,即劳动过程和市场范围彼此依赖,二者之间的动态互动所带来的经济成长,可以以遍布整个经济的交易网络的递增收益来予以概括。作为横扫众多产业的一场革命的结果,随着市场的显著扩张,它所未触及到的社会经济生活基本上荡然无存。但是,贯穿整个经济的这种变化的脚步和模式,在同一个经济体的不同部分以及不同的国家之间,却各不相同。

注　释

① 在本书前文第4章对马歇尔关于产业集聚的外部经济有一段细致的阐述,引述也很详尽。

② 有两本教科书/专著,即藤田昌久、克鲁格曼和维内布尔斯(Fujita、Krugman and Venables, 1999)与藤田昌久和梯斯(Fujita and Thisse, 2002),已经将这支文献中重要主题的处理进行了全面的介绍。值得强调的是,“交通成本”NEG所接受的解释范围很宽。例如,在藤田昌久和梯斯(2002)中,这个术语显然可以这样描述:“纵贯本书,交通成本可以宽泛地定义为包含所有

由距离而产生的那些障碍,比如船运成本、贸易的关税和非关税壁垒、不同的产品标准、沟通的困难和文化差异等"(同上:20)。

③ 实际上,藤田昌久、克鲁格曼和维内布尔斯(Fujita、Krugman and Venables, 1999)基本上是对威力强大的CES函数的迪克西特—斯蒂格利茨框架进行了一些改变,加以巧妙的裁剪,以便于处理在区域和城市发展以及国际贸易中的不同主题,这一点该书的副标题已然表达得很清楚。藤田昌久和梯斯(Fujita and Thisse, 2002)一书对于垄断竞争之外的市场结构也有处理,但一旦抽去迪克西特—斯蒂格利茨模型的相关内容,此书将变得单薄乏味。

④ 对工业化的经济分析之更为详尽的介绍,参看下文。

⑤ 在下一章8.2节将留出更大的篇幅来描述这一框架,其中内生的个体专业化是其最为重要的特征。

⑥ 马歇尔自己也意识到集聚的经济性有不同的类型,而且至少也留意到了它们的某些意义所在,但是他却没有更进一步,只是对它们的关系做了如下评论:"在我们的某些工业城市,取业多样化的利益与地方性工业的利益兼而有之,这是它们不断发展的一个主要原因。但是,另一方面,一个大城市的中心地带所有的用于贸易的目的之价值,使它能有比用作工厂的厂址所值的高得多的地皮租金,即把上述兼有的两种利益考虑在内,也是如此:在商店职工与工厂工人之间,对于住宅地位也有类似的竞争。结果是:现在工厂集中在大城市的郊外及其附近的工业区域,而不是集中在大城市之中。"(Marshall, 1920:272—273(中译参考了商务印书馆朱志泰、陈良璧二先生所译的《经济学原理》的相关译文。——译者注))

⑦ 出于同样的原因,我们可以合理地认为,在研究与工业化相关的经济发展方面,沿着斯密主义的探究路线,还有大量的工作有待完成。

⑧ 下文会对棉纺织业何以能够如此进行详述。

⑨ 值得注意的是,甚至在工业革命露出端倪之前,孟德斯鸠就已经指出"英国崇尚商业的精神"——他把这句话当作了其著作中一个短章的标题(Montesquieu, 1748,第20卷第7章)——乃是使得英国超越群伦的原因所在。"其他国家总是让商业利益为政治利益让路;英国则一直是让政治利益为其商业利益让路。在这个世界上,通晓如何同时利用宗教、商业和自由这三种伟大事物中的每一个的,正是这个民族。"(同上:343)

⑩ "对针类的国内需求得到了不断扩张的工业市场的支撑。如此一来,位于伍斯特郡伊夫舍姆、铂肖尔、赛文厄普顿以及其他地方的广大手套产业,源源不断地需要大量制针产品,比尤德利的制帽匠也是如此。以西伍斯特的鞣皮工厂为基础,制鞋和皮革加工业也是当地重要的产业,伍斯特、布罗姆斯格罗夫、奥尔夫彻奇和伊夫舍姆的工匠必然为制针业者准备了一个需求大

量钢针的市场。伯明翰和沃尔索尔二者皆有着广泛的马鞍贸易,也扩大了这一需求。”(Jones, 1978:359—360)

⑪ 也可参看琼斯(Jones, 1978:366—367)。

⑫ 罗森伯格和博德泽尔(Rosenberg and Birdzell, 1986:166—167)给出了一个关于英国地方银行如何具体地为工商提供资金的简洁的描述。

⑬ 当然,如上文所述,艾什顿也有这样的观点,尽管可能不是像所期待的那样明显。福林(Finn, 1966:51)也明确地警告称“在对资本有着高需求的时代,相对比较低的利率与其说是资本形成的手段,不如说是资本业已存在,而现在开始注入生产之中的一个标识罢了。”

⑭ 还可参看 L.S.普莱斯纳尔(L.S.Pressnell, 1960)对 18 世纪英格兰利率的详细阐述,以及就其对经济活动、尤其是那些需要较长时间方能实现其收益的项目的重要意义之讨论。“投资收益实现得越慢、越低,资本每年分期偿还的利率就越高,因此利率也就可能具有更重要的意义”(同上:190)。

⑮ 这种变化以及由此带来的整个氛围,在那些亲身经历了这一转型的制造业者的观察中得到了良好的反映,“从 1770 年到 1788 年,一种翻天覆地的变化逐渐席卷了纺纱行业。毛纺织业渐渐趋于完全消失,麻纺织业也濒临绝境。棉花、棉花,棉花几乎已经成了可资利用的普遍材料”(引自 Deane, 1979:90)。也可参看迪恩(Deane,同上:96)。

⑯ 参看芒图(Mantoux, 1927:238—245,尤其是 240—243),可以看到在英国织布行业的发展中的核心人物埃德蒙·卡特莱特,这位商业才能欠奉的天才发明家是在 18 世纪末才开始推动广泛使用 1785 年取得专利的动力织布机的进程的。也可以参看 S. D.钱普曼(S.D.Chapman, 1987,第二章),这里有对棉花行业各部门技术变迁的不同步幅所做的描述。

⑰“在 1785 年,阿克莱特的专利到期……而伯顿和瓦特的蒸汽机首次在纺纱作坊中被使用……一种新的生产体系,大规模的工厂工业变得可行了;对于英国工业来说,适于庞大市场的全新产品类别的发展道路被打通了”(Deane, 1979:90)。

⑱ 截止到 1788 年,纺纱厂中绝大多数都位于四郡之内(兰开夏郡、德比郡、诺丁汉郡和约克郡),其他几个郡也有相当多纺纱厂,这些郡要么可以被视为兰开夏地区的一部分,要么可以被看成是德比地区的一部分(Mantoux, 1927:248,脚注 2)。

⑲ 也可参看钱普曼(Chapman, 1987:30—31),尤其是其中对于很多企业在 19 世纪 30 年代整合纺纱和织布方面的失败教训,给出了颇为有趣的叙述。芒图曾更早给出过这样的观察结果,在棉纺业中“工厂集中在一起,乃是与他们对原材料和市场的共同需要密不可分的。”(Mantoux, 1927:248)。值得

强调的是,在英格兰北部各郡中,这种集中行为和现象早在伯顿—瓦特的蒸汽机被接受之前即已产生,当然,毫无疑问蒸汽动力可以显著地加强了这一趋势,并且完成了产业的集中化和中心化(Mantoux,同上,论蒸汽机的那一章的最后一节)。准此,集中并非技术发明的结果,"基本上是一种商业现象"(同上:475)。

⑳ 也可以参看布里奇(Blitch, 1983),从那里可以找到对杨格关于外部经济观点的详尽阐释。

㉑ 对于棉花与其他产业的众多直接的产业联系之阐述,常伴有若干有趣的具体事例,可以在钱普曼(Chapman, 1987:58—59)中找到,这些产业联系促成了后者那些产业生产过程中的创新和标准化。

㉒ 也可以参看迪恩(Deane, 1979,第 9 章,特别是 150—151 页)。

㉓ 在阐释这种制度于产权和交易活动有效保护的提供,它所具有的无与伦比的重要性上,有一个非常恰切的例子,那就是诺思(North, 1968)对从 1600 到 1850 年这段历史时期大洋贸易生产率增长的动因研究,在这篇文章里,他表明由于海盗活动的收敛而带来的交易费用的下降,对生产率增长所带来的贡献,要大于同一时期实际的技术变迁所带来的贡献。

㉔ 必须要注意到,使用童工并非是工业化所带来的一个新的罪恶,在前工业时代的国内生产中,这已经是司空见惯之事了。然而,抛开童工对工业增长的重大贡献不谈,在英国工业化早期对童工的使用的确成为了一个严重的社会问题,激起了普遍的义愤,谴责之声不绝于耳(Mantoux, 1927:408—417)。

㉕ 有必要铭记在心,即便是蚂蚁群落里,也存在着高度发达的分工,虽然一项项具体的工作不太可能需要蚂蚁辛勤学习或接受训练,以掌握复杂技能,才能胜任。可参看霍德伯勒和威尔森(Hölldobler and Wilson, 1990);图洛克(Tullok, 1994);孙广振(Sun, 2002)。

8 人力资本、市场范围与经济增长

8.1 人力资本、专业化与风险分担

艾伦·杨格(Young, 1928)和乔治·施蒂格勒(Stigler, 1951)的著作,代表了20世纪前半叶对专业化进行经济分析的斯密主义进路一些最为重要的发展,但是与斯密对这一主题的最初处理相比,他们在关注点上却有着显著差异。无论是斯密关于劳动分工的微分学还是积分学,尤其是他根据作为一个整体的社会集体之知识的显著增长而对商业社会德性所做的强有力的辩护(参看本书前文第4章),都是对个体层面而非企业或行业层面上的专业化,赋予了最大的权重。

20世纪最后的20年,见证了个体专业化报酬递增研究兴趣的复兴,其中在形式化分析上实至名归的先驱之作,当属亨德里克·S.霍撒克(Hendrik S. Houthakker, 1956)这篇短小精悍的文章。自斯密(Smith, 1776)以来,有关专业化与市场的关系、进而至于对斯密关于劳动分工受制于市场规模这些方面的著名论断,研究的进展颇为缓慢,这一状况令霍撒克感到极端失望,霍撒克尝试着要把这一主题重新纳入到经济理论的核心中来。

> 在《国富论》发表后180年间，对于廓清这一陈述，其进展迹近于无，经济学家们当感到无比汗颜，这一陈述的简略颇有欺骗性。大部分经济学家可能会认为劳动分工是一种“喋喋不休的老生常谈”(熊彼特语)罢了，然而几乎没有哪一部分的经济学不会因其对有关专业化及相关现象的进一步分析而得到推进的。
>
> (Houthakker, [1956]1994:62)

霍撒克是从个体的不可分割性(indivisibility)出发的，这种不可分割性首先源于每一个个体所能实施的活动之有限性，因之劳动的社会分工就有其必要了，其次来自于使用边际分析(援用传统的微积分)在处理该问题时面临的方法论上的困难。霍撒克认为，前者说明，如果一个人想从事若干项活动，必然会带来某些成本，令人足感惊奇的是，他将这一成本称为完成所有这些活动的个人内部协调成本。① 这类个人内部成本的出现，意味着配置到每项经济活动上的资源之收益得到了提高。因此，显而易见的是，即便对于由两个在所有方面内在里都相同的个体成员所构成的两种活动的简单社会而言，如果这个社会中的个体彼此专注于不同的活动，并且彼此贸易，这类成本仍可以部分地予以避免，因此最终会带来帕累托改进，只要与相应的自给自足情况下的个人内部协调成本相比较，劳动分工中的人际间协调成本大小适度即可(同上:63—64)。这个观察结论指出了斯密主义的贸易逻辑(在事前同质的生产单位之间进行的贸易)，这与(后来的)主流李嘉图式贸易理论形成了对照，李嘉图式的理论认为人们之所以进行贸易，是因为人们生来具有不同的生产能力或禀赋。②

值得一提的是，在霍撒克对斯密式贸易故事的阐发中，只涉及两种活动和两个个体，只是通过个体间或其他生产性单位间的贸易，部分内部协调成本才得以节省。换言之，只有通过由互相受益的市场交换或贸易协商条款支持的劳动分工这一途径，个体在生产上的专业化，才能结合在一起，为双方带来收益。正是由于劳动分工的这一综合性质，看似简单的关于专业化和劳动分工的斯密式理论才不能那么轻而易举地用传统的微积分来加以表述，因此也就需要更为强大的分析工具。此外，霍撒克(Houthakker, 1956)给出的两个特别的结论可能也值得大书特书：专业化的报酬递增随着内部(个人内部)协调成本越大而变得越发显著；而自发的劳动分工中外部(人际间）协调成本与内部协调成本之间的平衡，对于决定劳动分工程度是必不可少的。正如稍后将看到的那样，在二十年后出现的有关劳动专业化的现代经济分析中，这两点扮演了重要的角色。

从20世纪70年代末开始，并且一直延续到20世纪80年代，有几项研究明确地关注专业化这一主题，它们很大程度上成就于芝加哥经济学家之手，与人力资本文献关系紧密。正是因为如此，所以在某种意义上，这很可被视为芝加哥大学经济学派主导下的人力资本研究的附属产物。市场范围的重要意义以及其对劳动分工的依赖，这两个斯密-杨格经济学传统中的主要专题，只有在以人力资本为基础的专业化方面的文献足够成熟，从而呼唤市场的回归之后，才（重又）引起诸多关注。

毋需说，人力资本这个概念在经济学中有着悠久的传统，这一传统可以追溯到古希腊的色诺芬和柏拉图，也贯穿于如伊本·赫勒敦这些很少被提及的中世纪伊斯兰作家（参看前文第2章）的作品之中。最值得注意的是，斯密在引入他的资本范畴时，赋予了它极为重要的地位，认为对于社会总体而言，资本由固定资本和流动资本构成，流动资本包括：

> 社会上一切人民学到的有用才能。学习一种才能，须受教育，须进学校，须做学徒，所费不少。这样费去的资本，好像已经实现并且固定在学习者的身上。这些才能，对于他个人自然是财产的一部分，对于他所属的社会，也是财产的一部分。工人增进的熟练程度，可和便利劳动、节省劳动的机器和工具同样看作是社会上的固定资本。学习的时候，固然要花一笔费用，但这种费用，可以得到偿还，兼取利润。
>
> （Smith，1776，第二篇，第一章：265—266）*

马歇尔花费了一整章（Marshall，1920，第VI篇**，第VI章，论“工业训练”）来分析人力资本，描述了“一般能力与专业技能”、“文化和技术教育程度”、“学徒制”、“教育”等等。在其他地方马歇尔还根据劳动收入而谈到了人力资本投资的收益（同上：第VI卷第V章）。

---

* 本处译文参考了郭大力、王亚南翻译的《国民财富的性质和原因的研究》中对应的翻译部分。——译者注

** 查看马歇尔《经济学原理》的英文原文，可知此处当为第IV篇。原书此处疑为印刷错误。——译者注

即便不是有关人力资本的现代文献的唯一奠基人，至少也是其主要贡献者的西奥多·W.舒尔茨，特别研究了农业中专业化人力资本的重要作用(例如可参看 Schultz, 1993)。有关农业科学家的专业化人力资本对现代农业所起的巨大作用，以及农民的教育程度同样起着重要作用这些方面，已经累积了充分的证据。结果，专业化和专业化人力资本的递增收益成为现代农业中农业生产的主要特征。在诸如商业、制造业以及学术领域等其他产业里，专业化人力资本的作用只会更加明显。一般来说，体现在人力资本中的知识或者至少很大一部分这样的知识，对报酬递增现象的影响是难以抹煞的。另一方面，那些在经济增长领域进行研究的经济学家，长久以来一直备受美国长期经济增长中那个有名的剩余所困扰，这一剩余无法被要素投入所解释，而这些经济学家几乎完全忽略了斯密—马歇尔—杨格对报酬递增的研究思路。这使得舒尔茨和施蒂格勒(Stigler, 1951)与霍撒克(Houthakker, 1956)一样，对专业化报酬递增研究的寥落之状同声悲叹，他写道："甚难索解的是，对于宗奉杨格的经典论文一脉的经济学家，何以被埋没如此之久"(Schultz, 1988;在 Schultz(1993)中的第 28 页)。

这种状况在 20 世纪 80 年代早期开始改变，对于专业化中被长久忽视的因素，研究兴趣大大得到了复苏，这 因素就是：在我们真正开始生产什么之前，对于生产活动中的劳动(时间)投入所存在的那些预备条件是什么。这大概就是巴贝奇老早就明确称之为固定学习成本("物质和(时间)的浪费")的东西，这一点在学徒制里表现得最为明显。这个固定学习成本被巴贝奇认为是产生规模报酬递增的一个重要因素。关于人力资本的成熟文献使得经济学家可以富有成效地重新解释那些"被浪费的"时间或物质，由此开始了一场重塑某些被遗落的观念的智识旅程。[3] 大约同时，舍温·罗森(Sherwin Rosen, 1983)和约拉姆·巴泽尔与本·于(Yoram Barzel and Ben Yu, 1984)彼此独立地发展了个体决策模型，来探讨专用性人力资本投资的密集使用在促进专业化上的方式，因为——用罗森的话说就是(Rosen，同前：43)——"(人力资本)投资的固定成本要素是独立于之后的使用的。因此，回报率是随着这种使用而增加的，从而会通过尽可能地密集使用专业化技能来最大化回报率。"

丝毫不让人感到奇怪的是，不管是罗森(Rosen, 1983)还是巴泽尔与于

(Barzel and Yu, 1984),他们都指出,事前同样的个体,通过专业化于不同的活动,避免了在每一项活动中每个人都重复进行人力资本投资,可以通过彼此贸易,带来生产效率的提高,因之也就带来了经济增长。值得注意的是,人力资本理论在经过适当地扩展之后,即可用于在一个现代分析架构下复兴斯密式贸易理论,这一贸易理论恰与基于外生比较优势之上的更富影响力的李嘉图式贸易学说形成对比。斯密式的贸易理论,乃是基于事前相似的个体/地区/国家之间通过交换和劳动分工而共同受益这一观念而建立起来的。因此,在交换和专业化的斯密式传统中,同样的逻辑不但可以用于国际贸易,也可以用于国内贸易。正如丹尼斯·奥布莱恩(Dennis O'Brien, 2003:120)所说:"斯密立论的基础牵涉到打破对内贸易和对外贸易之间的区别",主要基于盈余学说(vent for surplus doctrine)。一旦认识到贸易的广大收益源自专业化和劳动分工的优势,通过利用规模报酬递增的概念,我们就可以安然地进一步解释发生在相似国家间的贸易了,比如我们举个例子,那些在人力资本和物质资本上双重丰裕的发达国家之间的贸易,即属于这一类。新贸易理论就是这样做的。④在国际贸易中,那些持续了相当长时间依然存在的困惑,根据这些说法,亦可迎刃而解。我们引述一段舒尔茨中肯的观察结论,

> 人力资本对进行贸易的产品之构成所带来的贸易效应,可以解释所谓的里昂惕夫悖论,这个悖论断言,与贸易理论相反,资本丰裕的国家会出口劳动密集型产品。现在,我们知道,进入这类商品的劳务是人力资本密集的。资本丰裕的国家出口的是专业化的人力资本的服务。
>
> (Schultz, 1993:26)

同样值得一提的是,专业化人力资本的递增收益,在内生增长模型中起到了主要作用。例如,在罗伯特·卢卡斯(Lucas, 1988)论经济增长机制的重要论文里,在解释经济增长方面,岗位培训(干中学)的递增收益被赋予了核心的重要性。作者明确指出,人力资本的外溢效应在解释何以人力资本会成为现代经济增长的引擎时乃是一个重要的因素,这些效应是通过知识外部性的形式由一个人向另外一个人进行溢出的。

但是,人力资本并不必然是一项专门的活动或任务,即便人们被限制在那些满是竞争性专业分子的职业上进行专业化,亦复如是。真正的情况是,

密集的人力资本可以让人们集中在一些相对狭小的活动领域内，由之而实现对学习成本的节约，从而提高生产效率。而分散在多个方面的人力资本，扩大了人们的技能范围，同样也是重要的，这并不仅是因为人力资本的不同种类之间具有互补性的缘故。为了说明这一点，将所获技能分成一般目的性的技能和特定活动上的技能（格罗斯曼和夏皮罗（Grossman and Shapiro, 1982），颇有裨益；而且，通过转向讨论工人们的人力资本其广度和深度是如何由市场决定，以及因此而如何受市场规模变化的影响，去分析专业化的最优模式，也更为恰切。这一方面正是金善雄（Kim, 1989）一项有意义的研究讨论的重心所在。一方面，如果我们从事某一具体的生产活动，则与该活动相联的技能之密集性确实可以带来生产效率上的提高，从而也会带来更高的工资率。然而，由于工人们（在市场中找到可以利用所学技能的工作机会之前）能够用于获得技能的资源有限，专注于这样的技能，可能会付出与最终所从事工作不相匹配的代价。工人们进行人力资本投资的活动集合越小，可以期待的匹配就越少可能发生。获得专业技能之收益与一般技能之学习，二者之间的权衡，决定了工人们专业化的最优选择。更大的市场，可以允许更多企业运营其间，其中每一个都可以比在较小市场里达到更高的专业化程度，在需求方面，这也会带来更为异质化的劳动市场。结果，相对于得自泛化技能的收益而言，更大的产品市场有利于扩大专注技能的获得所带来的收益，从而使工人变得更加专业化。

在金善雄（Kim, 1989）的研究里，在一般技能上所做的投资实际上相当于购买了某一种对抗失业风险的保险，或者说是购买了一种对抗由工作误配的程度所代表的那种学非所用的风险。市场的扩大，使得企业间的竞争加剧，因此也就收窄了每家企业所从事经营的范围，这就会降低企业提供的岗位与工人拥有的技能之间出现误配的风险，使得工人们更为关注所专业化的方面，从而取得更高的工资率。但是，事实上这样的保险市场并不完备。因是之故，从社会角度来看，工人们会有动机过度投资在泛化的人力资本上，从而在效率上蒙受损失。⑤

贝克尔和凯尔文·墨菲（Kelvin Murphy, 1992）这篇文章，可以被视为加里·S.贝克尔（Becker, 1981, 1983）关于家庭内部劳动分工中人力资本作用的富有影响力的研究之续篇，该文扩展了对影响市场和得自劳动分工的收益之因素的研究。除了专注(于特定任务或活动)的人力资本以及每个个体选择从事的任务之范围而外,贝克尔和墨菲认为,一般性目的的知识和团队生产中的协调成本是另外两个决定劳动分工的重要因素。原因也不难理解:一般性知识突出了专业化人力资本的递增收益,而协调问题降低了扣除与专业化相联的协调成本之后的专业化收益。经由社会中所有成员均可取得的一般性知识的存量,有助于强化技能的递增收益,而协调成本与社会的人口规模一起对市场规模进行了限制。由此而论,贝克尔和墨菲的研究可以很好地被看成是斯密劳动分工研究项目中微分学部分的颇有意义的扩展。此外,两位作者还试图探讨何者堪称知识和劳动分工之间的"相互决定"(同上:第 IV 节),毫无疑问,这是一个至今仍待认真研究的课题。通过将当前时期知识的增长,处理成前一个时期不可消费的产出,两位作者在惯常的宏观经济储蓄—投资模型中将知识生产纳入了分析框架,由之也完全遗漏了斯密-哈耶克在劳动分工进路中有关知识分工的核心论点(参看前文第 4 章和第 6 章)。

另外一条值得注意的研究路线,关注的是物质资本和人力资本之间的互动这一具体的方面,也即由计算机技术的广泛使用所带来的机械化和标准化,与它所需要的相应工作技能之间存在的互动。与计算机相联的机械化在近几十年里取代了大量人类劳动,这一点已被广泛地观察到。弗兰克·列维和理查德·穆纳尼(Frank Levy and Richard Murnane, 2004)生动地描述和阐发了美国的蓝领工人和文职人员因其工作让给了计算机来做而失去工作的情况,这恰恰是因为,"基于规则的常规性"工作可以由计算机完成,计算机在这些工作方面又比人类劳动更有效率。由这两位作者提出、此后还与大卫·奥托(David Autor)一起展开的经验研究加以检验过的基本假设是:计算机资本不但替代了那些用于执行常规任务的劳动,而且还促进了对非常规性问题的解决以及复杂沟通活动的开展(Autor、Levy and Murnane, 2003)。这种替代/互补效应可以在加总的柯布—道格拉斯生产函数中得到极佳的表述,在这个函数里,计算机资本和常规劳动投入之和,与生产中的非常规劳动投入具有互补性。这些作者们认为,工作的计算机化应当对美国职业结构空心化负有很大一部分比例的责任。这样一种潮流持续多年,对于收入分配、人力资本积累和劳动市场政策而言,均意义深远。沿此路线所做的研究，不仅有助于我们理解背后的经济逻辑，而且也有助于更好地制定政策。

除了市场交换和协调的成本之外，专业化还蕴含着那些不只是来自异质性劳动市场上供求双方可能误配所带来的风险，而且还有作为贸易和专业化网络规模的产品市场中不确定性的加剧而带来的风险，这些风险也在随着专业化而扩大。刘孟奇(Lio, 1998)对产品市场上的交易不确定性和劳动专业化之间的相互作用进行了一个颇有意义的一般均衡分析，他发现，作为受不确定性影响的个人之间分散风险承担的一个有力制度——保险，会促进劳动分工。换言之，作为一个交易风险的市场，保险制度可以通过减低在每个市场上因交易中的不确定性而导致的损失，提高劳动分工网络的稳定性，从而鼓励个体更加地专业化。某种意义上，金善雄(Kim, 1989)就个体工人在宽泛的人力资本上所做的投资这一研究，也可以就此给出佐证，实际上这些个体工人对人力资本所做的泛化投资，也可以视为起到了一种保险市场的作用，一方面，更为专注的技能投资可以提高生产率/工资，另一方面，更为宽泛的技能投资则可以降低工资误配所带来的风险，这一保险市场表达了人们内心当中对这两者之间进行权衡的一种形式。

在生产性获益和与专业化相联的不确定性之间的权衡，也会在地区、甚至是国家的层面出现。沿着这一研究路线，在本世纪初取得了不少进展，可谓是20世纪80年代和90年代早期出现的贸易和增长理论研究兴趣的一个扩展。举个例子，琼·菲尼(JoAnne Feeney, 1999)就提出了一个理论，讲的是通过让发展中国家占有产业专业化的递增收益，而如何由国际风险分担对发展中国家的转型增长有所促进的。塞班内·卡莱姆利-奥兹肯、本特·E.索仁森和奥维德·约沙(Sebncm Kalemli-Ozcan、Bent E.Sorensen and Oved Yosha, 2003)从经验上发现，地区产业专业化的程度与地区间——尤其是实行联邦制的国家之内——的风险分担，都高于那些经合组织(OECD)内部国家间的情况，他们对这两个令人注目的规律性之间的相关关系进行了回归分析。他们得出结论认为，控制其他诸如地区间或国际间贸易可能会影响地区专业的因素，地区之间更好的风险分担确实可以促进生产上的地区产业专业化。也就是说，通过形形色色的地区间保险这一渠道，就风险分担对地区专业化进行回归而得到的因果联系的确存在。

当然，制度性的风险分担并不是促进地区专业化的唯一途径。在一些产业上专业化了的地区，对于外部冲击更为脆弱，于其中工作的工人也会遭遇更大的失业几率，此外还要蒙受地区间的高流动成本以及产业间更换工作的高成本。在更为专业化的城市，工人们较高的工资率是对其失业的高风险的一种补偿。⑥使用1977、1978、1979年的美国人口普查数据集，这一数据集涵盖了43个大城市近40 000个被私人雇佣的个体，查尔斯·戴梦德和柯蒂斯·西蒙(Charles Diamond and Curtis Simon, 1990)的回归分析证实了补偿性工资差异理论。

除了以上所讨论的那些重要意涵之外，专业化人力资本对长期经济增长和经济组织还有着深刻的影响，关于这方面的研究在下一节和第9章我们将予以分析。

8.2 增长与市场的斯密经济学:复兴及其现代表述

在某种非常重要的意义上来说，亚当·斯密(Smith, 1776)的著作可称是对经济增长的一项研究。亚当·斯密认为，经济增长的主要源泉是专业化和劳动分工。不但是他对现代商业社会兴起的论述(同上:第III卷)，对不受约束的市场所做的强有力的辩护(同上:第IV卷)，以及他关于政府在提供适当的制度条件以确保市场力量能全面用于财富创造和分配方面当发挥功能的理论(同上:第V卷)，而且还包括他在第II卷给出来的资本理论，都应当视为是对专业化和劳动分工收益得以有效利用所经由的渠道所做的阐释。

正如4.1.2节所详列的那样，斯密(Smith, [1776]1937:第二卷)乃是从这样的观察着手进行阐发的:野蛮社会中资本是没有必要的，在这样的社会里并无劳动分工存在，不过，当劳动分工发展到某种水平，足以允许存在某种初级的迂回生产，从而开始存量累积时，这样的社会就一去不返了(同上:259)。进而言之，资本并不是一项被动的要素，相反地，它发挥着进一步深化劳动分工的强有力的媒介功能，带来了斯密标示为"有效劳动"的生产率的提高。

> 投资雇用劳动的人，自然希望投资方法能够尽量产出最大量的产品。所以，对工人职务的分配，必努力期其适当；在能够发明或购买的限度内，他所备置的机械，必努力期其精良。当在这两方面，他的能力怎样，往往要看他能有多少资财，看他能雇多少工人。所以，在每一国家里，不仅产业的数量随着举办产业的资财的增加而增加，而且，由于资财增加的结果，同量产业所能生产的产品亦会大增。
>
> (Smith, [1776]1937:260) *

最早对亚当·斯密以增长为导向的资本理论进行数学化表述的，是约翰·希克斯(Hicks, 1965:第 IV 章)。⑦希克斯的表述很大程度上是基于他对斯密(Smith, [1776]1937)第 II 卷第三章的解释而做出的，这一章的标题是"论资本积累，或论生产性劳动和非生产性劳动"。多少有些让人难以理解的是，希克斯竟如此自信地写道：

> 我认为，几乎无可非议的是，斯密是打算把这一章当做其整个著作的核心篇章的。第一卷和第二卷前面几章乃是为这一章所做的铺排；这部著作余下的部分很大程度上都是对它的运用罢了。
>
> (1965:36)⑧

由于在斯密的时代固定资本在生产过程中起着相对比较次要的作用，所以至关重要的是流通资本，在决定对用于生产的生产性劳动的需求上，它起到了工资基金的功能。希克斯建立了一个简单的模型，其中经济体只生产一种商品，那就是谷物，劳动的工资率也用它来衡量。产出的储蓄率用 k 表示，表达的是生产性劳动力占总人口的比重，而 p 和 w 分别表示劳动生产率和劳动工资率。令 x 为整个经济体的年产出。容易得出，增长率为：

$$\left[\left(\frac{x}{w}\right)\cdot k\cdot p-x\right]/x=\frac{kp}{w}-1$$

对储蓄率(或生产性劳动力占总人口的份额)显然有着某些限制。这样一来，增长率就依赖于劳动生产率和工资率之间，而这两者乃是和劳动分工一起增加的；不过，尽管二者一起增加，但是前者要更加显著一些。也就是说，

* 本段译文参考了商务印书馆郭大力、王亚南翻译的《国富论》译本上册 254 页的相关译文。——译者注

在这个高度简化的斯密模型中，劳动分工的程度决定了经济增长的步伐。[⑨]

很自然，在希克斯对斯密增长理论于静态模型中所做的必然是过度简化的表述里，有不少元素给遗漏了，巴尔卡(Barkai, 1969)曾赋予人均资本以压倒一切的作用，在这个更为全面的总体模型中，这些元素同样也被遗漏了。就斯密经济学集中于劳动分工和市场范围这一孪生观念之上而论(参见第4章)，二者均具有误导性，因为他们完全忽略了市场的规模所扮演的角色。劳动分工的深化诱发市场的扩张，进而导致人与人之间的相互依赖加深，资本变得必不可少。反过来，资本对于经济增长也意义非常，正如前述，这主要是通过它能够促进市场扩展而予以体现的。[⑩]在希克斯的表述中，关于(流通)资本的增长是如何导致生产率的提高的，也语焉不详。可能希克斯想通过他对斯密的"资本与增长"理论进行简单表述而传递的只是，资本上的变化表达的是劳动从"非生产性"到"生产性"劳动(使用斯密的术语)的转换，从而带来劳动分工的变化，这又转化为生产率(p)的提高。如果是这样，至少可以这样说，这一过度简化的表述并没有充分地达到预设的目的。当要进入正式分析时，劳动分工的经济，的确是一个非常难以捉摸的概念。在严格分析中所存的巨大困难经常被简单地予以忽略这样一个事实，反映了劳动分工的经济性质尚未得到完全地理解这一现状。

这个问题长期以来作为一个理论问题悬而未决，抑或它已经成为了一个几乎很少有人去尝试寻找令人满意的答案的问题：如果专业化提高了熟练程度，节省了变换工作的时间，促进了发明创造，产生了其他诸多好处，那么，各种专业化的组合能够递送给从事一项或若干项活动的个体的到底是什么呢？这又是怎么做到的呢？也即是说，从理论上而言，个体专业化之间的联系以及由这些专业化个体组成的共同体的"集体智慧"，[⑪]需要严格地予以表达。舍温·罗森(Rosen, 1978)对此给出了一个值得嘉许的尝试，他首先考虑大量生产任务和具备各种外生比较优势的工人不同类型集之间，在团队生产中的匹配问题。罗森引入了一个矩阵来描述每一个工人(如果专业化)于一项活动上的生产率，然后证明，由生产技术所揭示，一个技术性的效率匹配表现出了专业化劳动组合的经济性。"最优的任务分配会产生一类*放大效应或超可加性*(*multiplicative effect or superadditivity*)。这一交互关系抓住了生产中互补性的基本概念，并导致了团队中工人类型的不完美

替代。”(同上:237;斜体为原文所加)

有意思的是,与霍撒克(Houthakker, 1956)的分析形成对照的是,罗森(Rosen, 1978)忽略了不可分性问题以及相关的专业化递增收益问题,但为了体现团队生产里的工作分配方面专业化值得期许这一观念,罗森借助了生产能力上外生的人际间比较优势。引入超可加性来表达专业化个体之间的基础互补性,确实代表了在对劳动分工报酬递增古典思想的形式化方面的一个不错的努力。它抓住了在劳动分工中体现出来的社会(人际间)交互依赖性,这种交互依赖性究其本质而言,既与由投入产出数量关系所衡量的规模经济的技术概念不同,也与霍撒克提出的个人内在协调问题有异。然而,允许外生比较优势的李嘉图传统悄然进入这里的分析,实有退步之嫌。

杨小凯(Yang, 1988)完全抛弃外生比较优势而采取一种竞争性均衡方法,发展了一个分析性框架,将斯密关于在竞争性价格体系这一看不见的手引导之下,内在相似、通过非人格化市场交换而进行互动的个体之间产生分工的思想,进行了形式化处理。在任一产品的每个个体生产中,均假定规模报酬递增,每个个体既作为消费者也作为生产者进行行为。由于每个人的劳动(时间)禀赋是固定的,所以专业化的递增收益都是局部性的。作为消费者她需要从市场得到需求的满足,作为生产者她需要向市场进行供给。哪些商品应被生产出来,每种商品又要生产出多少,哪些用来贸易,贸易多少,这都构成了个体的生产—贸易投资计划,这些计划完全是在通行的市场价格下她自己进行的选择。但是,利用价格体系并不是没有成本的:确实包含某种成本,而且这种成本还随着市场交易而增加。在专业化的收益与因专业化而必需进行交易的成本之间基本的权衡,决定了她生产—贸易计划的个体最优选择。均衡价格从所有个体选择的分散化的互动中产生,这正是典型的新瓦尔拉斯竞争性模型。

在20世纪90年代和21世纪早期,由杨小凯和其他一些主要是与澳大利亚莫纳什大学相关的学者使用和扩展的这一框架,对根植于劳动分工报酬递增上的经济发展的不同形式进行了细致的研究,这些表现形式包括城市化、经济增长、企业制度的出现和演化,等等。[12] 最重要的是,市场范围和劳动分工的程度与结构,是作为个体间经由价格体系进行的复杂互动之结果,而同时被内生出来的,这些个体间的选择尤其针对的是生产、销售和购买哪些商品，而不是每种商品生产多少。在市场博弈中个体既作为消费者，以其需求扩大市场范围，又作为生产者以其生产构成劳动社会分工网络的一部分，其参与的程度也是被内生出来的。个体的购买力和他的生产能力，以及他对社会总供给的真正贡献，都是相互依赖在一起的。杨小凯的模型最突出的特征，莫过于每个人都既是生产者又是消费者这一先决条件，他们要做出专业化选择，在竞争性市场中承担交易的成本。所有个体的生产与贸易计划彼此结合，作为劳动分工这枚硬币的两面，市场需求和市场供给就被同时内生化了，这就反映出了前述的事实，即在个体层面，一个人的购买力和向市场的供给，乃是其专业化选择这枚硬币的一体两面。

从理论上说，市场可以以分立的模式将所有个体的专业化选择有效地进行协调，从而利用劳动分工的正网络效应减去市场交易成本的机理，在孙广振、杨小凯和周林(Sun、Yand and Zhou，2004)对杨小凯模型的竞争性均衡分析中，已经得到严格的处理。这篇文章表明，即便在个体专业化的报酬递增存在时，在社会上的工作分配这种资源配置上，价格机制仍然威力巨大。这使得作者们可以这样断言："使用消费者—生产者、专业化的经济性以及交易费用这一分析框架，我们可以在现代数理形式主义中复兴劳动分工的古典经济学精神"(同上:237)。有必要一提的是，要使这一观点有效，作者们必须要考虑一个所谓"大型"经济体(个体数目为一连续统)，因为否则的话很容易会发现由于生产集的非凸性，市场均衡非常可能是不存在的(同上:239)。就我们努力希望将劳动分工和市场(既包括市场的规模也包括市场体系的结构)纳入新瓦尔拉斯模型这一点来看，生产—消费者之数目为一连续统这个假设条件无可厚非，只是如此一来，相关研究已明白无误地表明，有限数目个体间劳动分工的组合性质就只好回避掉了。在这个分析框架内，个体最优生产—贸易计划的角点解是规则而非个例；从方法论上来说，边际分析和超边际分析(跨越不同的生产—贸易模式的成本收益分析)都是需要的，因此之故，相关研究被人称为"超边际经济学"。[13]如何合理地以一种现代分析的框架，来复兴斯密关于竞争性市场在利用源自有限个体之间劳动分工的组合性质这方面的深刻洞识，或者再退一步，复兴马歇尔和杨格关于此的洞识，仍然是一个悬而未决的问题。尽管如此，在所有到目前为止对专业化的古典经济学所做的现代尝试里，如果说杨小凯的模型最为接近亚当·斯密关于劳动分工和市场的思想，应该是毫不为过的(例如可参看 Buchanan, 2008)。[14]

尤其是对经济增长所做的理论工作来说，杨小凯和博兰(Yang and Borland, 1991)的专业化干中学(specialized learning-by-doing)的模型在内生经济增长文献中独树一帜，成功地通过专业化与干中学的动态交互，而将劳动分工和市场范围的共生演化予以内生化。通过干中学，人们积累了让我们更为专业化的人力资本，而专业化又反过来加速了产生自干中学的人力资本积累。结果，每个个体都变得越来越专业化，随着时间逝去也越来越具有生产效率，从而带来经济上的增长。同时，市场的范围也在扩大。但是，随着专业化趋近于其极限，市场进一步增长的范围会受到限制，而且劳动分工演化的范围也会被耗尽，故而经济增长的推动力实际上全仰仗于干中学，使得经济增长逐渐放缓。在杨小凯和博兰的模型里，专业化干中学就这样完成了经济体的增长率的一个生命周期：起飞，成熟，然后衰落。由于不同的经济体可能处在劳动分工网络发展的不同阶段，因此这些经济体之间增长率收敛和发散都是可能的，由此看来，关于国际之间经济增长到底是收敛还是发散的辩论，实为无谓之争。

与以上在表达斯密精神下的经济增长上的方法截然不同的一些研究，并不是要么专注于资本要么专注于专业化干中学，而是出于技术上的原因更为方便地将市场规模看成外生的，来检验它对增长的影响。这一影响很大程度上是通过劳动分工的提高而产生的。但是，以市场为导向的劳动分工，作为经济发展的最为重要的推动力，自身所呈现出来的步伐，对于短期总体分析中予以正确估计的市场过程和专业化的威力来说，可能还是太过缓慢了。就此而论，市场和专业化在经济增长中所起的作用，可能会很容易地就被诸如资本积累这样的其他因素所遮蔽。为了便于在经验上将市场扩展所起到的作用进行阐明，接纳一种长期的视角是非常必要的。在这方面的探究中，一些关于三大经济体的发展之研究，也即美国在19世纪后半叶和20世纪前半叶的兴起、二战后印度的经济增长以及11世纪中国宋朝令人印象深刻的商业繁荣，颇具启发性，也有一些优点值得在此一提。关于美国19世纪的经济增长，保罗·罗默(Paul Romer, 1996)指出，较大的国内市场不仅源于较为众多的人口，而且也来自“可以有效地将其大部分民众用一个真正的全国性市场联系起来的交通系统和商业基础设施"(同上:204),而这种广大的市场是在生产中广泛使用专业化机器的根本原因。在《亚当·斯密的动态学》这篇杰出的研究中,摩根·凯利(Morgan Kelly, 1997)将中国宋代令人瞩目的繁荣和商业化归功于其先进的水运交通网络,这使得它能够在公元1 000年左右实现整个帝国庞大的国内统一市场。由拉米什·钱德拉和罗杰·J.桑迪兰斯(Ramesh Chandra and Roger Sandilands, 2003)完成的一项对有关印度在1950年到1996年资本与增长的时间序列数据所做的协整分析,表明在投资和GDP之间存在一种正向的长期均衡关系,但是因果性方向是从后者到前者,而不是其他的途径。换言之,是增长导致了资本积累,而这正是艾伦·杨格的相互需求理论所预示的结论。

从理论上来看,凯利(Kelly, 1997)的研究很吸引人,因为在他那里,市场范围被证明是以一种确实让人感到意外的方式在引致经济增长,但是这个结论又的确有历史证据作支持。凯利(同上)娴熟运用巨大连通块会伴随随机图的演化而自动出现这类数学结果(例如可参看Béla Bollabás, 1985),证明了当局部市场被越来越密集的交通链接给整合起来时,某种临界事件就会出现。也就是说,在市场链接的某一密集度之下,该经济体会被分割成相互隔离、微小而且局部的市场,每个市场中只有有限的专业化。然而,在这个链接密集度水平之上,市场会融合成一个遍布整个经济体的大市场,从而导致经济增长突然加速。换言之,链接密集度上的变化是逐渐造就的,但是市场结构的变化却呈现出一种临界现象,致使在专业化和劳动分工的整体轮廓上发生巨大飞跃。经济开始起飞。然后,作者使用临界结论来解释,尽管税收负担和巧取豪夺非比一般的严重,但是,大约在公元1 000年的宋代还是实现了经济起飞,就这次起飞来说,经济革命的发生并非偶然,它是伴随着经过若干个世纪的逐步发展,国家水运交通网络已然完成这一情况而出现的。

我们已大致给出了在复兴和重新表述有关增长和市场过程的斯密经济学方面,于20世纪后几十年所做的几个主要的工作。对于资本和市场范围,我们较多地给予了重视,这两者通过专业化和劳动分工的提高,均显著地影响了经济增长。不过,在复兴关于市场和专业化的古典思想方面,最为重要的工作是对严格表达市场范围和劳动分工结构的共生演化的尝试。资本的确重要,而且非常重要。但是它只是通过市场过程,与劳动分工携手一道才会显得那么重要。在这个过程之中,资本的结构,不只是以人力资本重要性的不断提高这种形式,而且还以物质资本的构成这种形式,进行演化。资本的构成结构影响了专业化劳动得以组织和整合的方式,也就是说,它影响了生产的组织化形式,而这正和前面章节里对工业化研究中已经看到的是一样的。然而,过去半个世纪关于专业化的经济学研究兴趣的复兴,已经切实推进了我们对经济组织和制度的性质与结构的理解,其程度远迈前人。关于这一进展,我们留待下一章进行交待。

注 释

① 看来霍撒克并不熟悉查尔斯·巴贝奇有关专业化的固定学习成本方面的论文,在巴贝奇那里,他有关固定学习成本的概念乃是根据在培训上的"时间"和"物质浪费"来定义的(参看本书 5.1 节)。否则,霍撒克对不可分割性的极为精巧的处理,本应已被明确地纳入关于专业化研究的斯密—巴贝奇传统中那些自然而重要的扩展中去。尽管如此,直截了当地将霍撒克的人际间协调成本解释成为实施某项活动所需的固定学习成本,决不会有损于他的分析和结论。

② 后文我们还会回来论及斯密式和李嘉图式贸易逻辑的差别。

③ 这样的重塑过程,会使得接下去的数十年中在经济分析的工具上进行真正的革新成为必要。关于这一点,下文还会详述。不过,目前在专业化人力资本的研究中,使用基础微积分中的一些精巧的方法已然足够。

④ 例如可参看埃尔南·海尔普曼和保罗·克鲁格曼(Elhanan Helpman and Paul Krugman, 1985)。

⑤ 撇开由工人对泛化和专注的人力资本投资所昭示的工作误配这一问题,工人们作为供应某类产品或劳务的专业人员所进行组织的方式也对他们的专业化选择至关重要。詹姆斯·R.鲍姆葛德纳(James R. Baumgardner, 1988a, 1988b)沿此路线发展出了一套对专业化服务市场的理论和经验分析。

⑥ 就工人而言,更高的产业专业化在专注型人力资本上必然要求更为严格。这样的人力资本可以在劳动市场上进行正确的估价,当然这一市场机制必须要运行良好,这一层机制进一步推高专业化城市里的工资率。

⑦ 作者在此受益于格罗尼维根(Groenewegen, 1977)一文的指点,得以了解希克斯(Hicks, 1965)对斯密资本与增长论题的处理。

⑧ 正如后文将会简短地予以证明的那样,这一表述很难站得住脚。

⑨ 通过赋予给资本支配地位,或者更准确的说,赋予给被假定体现了技术进步的资本对劳动的比率以支配地位,海姆·巴尔卡(Haim Barkai, 1969)还给出过一个更为详尽、复杂的经济增长总体模型,也是对斯密(Smith, 1776)著作第二卷中所体现出的思想的模型化。在经济增长中专业化所起到的作用在此间的正式分析里被完全忽视,或许本来就是意料之中的事。

⑩ 关于斯密学说中这一点一篇极佳的阐释文章,可以在布坎南(Buchanan, 2008:23—25)中找到,在那里,有这样一段评论:“在认识投资自身仅通过它对市场范围的影响而成为经济增长的一个源泉方面,成功的分析一直付诸阙如”(同上:25)。

⑪ 围绕斯密关于商业社会中集体智慧的学说的持久争辩,前文第 4.5 节提供了一个评述。

⑫ 杨小凯和廖伟文(Xiaokai Yang and Wai-Man Liu, 2009)对这一不断增长的领域进行了全面的总结,这部书卷帙浩繁,洋洋洒洒 900 余页,出版于杨小凯去世五年之后。程文利和杨小凯(Cheng and Yang, 2004)对相关文献给出了一个范围宽广的综述。此外,对于杨小凯教授(1948—2004)这位人中之杰,我们在此聊表数言,这不仅是由于他对内生个体专业化经济学所做的原创性贡献,以及他在“文化大革命”期间经受十年牢狱之灾期间(1968—1978)不同寻常的成材之路,而且还因为他一直能够保有超然于当时官方正统政治观念的思想上的独立,这一点的确极为难能可贵。从智识上来说,杨小凯似乎代表着经济学中罕见的学者类型,或者更为一般地说是社会科学中罕见的学者类型,他基本上、而且几乎总是很自然地,将与其经济思考中的重心有关的任何事物,都与一个伟大的主题/思想联系起来。不错,与狐狸型思想家相比,他是一位了不起的大刺猬,因为“狐狸知道很多事情,但是刺猬知道一件大事”(Isaiah Berlin, 1993)。对于小凯来说,这件大事就是劳动分工的伟大思想,在这个方面,他极为专注,其他的一切只要与他的经济思考相关,就要被极富意义地纳入到他那劳动分工的普遍经济原理中去,否则就被认为毫不相关,不予置评;的确,在小凯的基本模型中,那些基本原理都相当简单,然而由这样简单的构造而产生的洞识和含意却异常深刻与幽远(Buchanan, 2008),这可能也验证了刺猬全神专注于一事的威力。

⑬ 参看《超边际经济学》(*Inframarginal Economics*),杨小凯、廖伟文著(Yang and Liu, 2009),尤其是第 2 章。个体的最优生产—贸易计划一般总会带来

生产上的专业化。这一点，先是在杨小凯(Yang, 1988)和杨小凯与黄有光(Yang and Ng, 1993)的某些特定模型中给出过证明，然后由文枚(Mei Wen, 1998)、姚顺天(Shuntian Yao, 2002)以及迪米特里·德曼特拉和罗伯特·P.吉利斯(Dimitrios Diamantaras and Robert P.Gilles, 2004)加以扩展和完善。

⑭“只有在杨小凯的著作里，我们才找到了可以被解释为与亚当·斯密的理解相近的现代贡献”(Buchanan, 2008:25)。

9 经济组织与劳动分工

9.1 交易费用、企业和制度

正如前文(第 5 章)所述,卡尔·马克思(Marx, 1867)曾就劳动的社会分工和制造业分工做出过明确区分,并指出,它们各自所据以协调的机制在性质上截然不同。前者乃是依靠分立市场上的商品交换来协调,后者则是通过劳动配置的集中调节来完成,这种集中调节可以用雇佣关系来概括之。事实证明,马克思对于到底是劳动在售卖(在工厂里)还是商品在售卖(在社会上)的区分,基本上抓住了建立在交易费用这一概念之上的现代企业理论的一个主要方面。交易费用这个概念的确极为重要,它是由罗纳德·科斯(Coase, 1937)所做的经济分析引入进来的。* 在此值得特别强调的是,那些让科

* 就在译者翻译本书的时候,收到了科斯先生的助手、浙江大学科斯经济研究中心美方主任王宁老师的来信,得知科斯先生已然于 2013 年 9 月 2 日于芝加哥仙逝,消息传来,令人唏嘘不已。在此特别向科斯先生致敬,并表示深痛的哀悼之情!而校对此书时,科斯先生已经去世一年有余,在浙江大学召开的张五常先生《经济解释》研讨会也已落幕,祝愿并期待科斯先生和张五常先生所倡导的“好的经济学”能够在华夏神州落地生根,发扬光大。——译者注

斯的研究项目(他的两篇奠基性文章(1937, 1960)可以作为其中最为杰出的代表,这两篇文章每一篇都引领了一大批文献)变得如此富有影响力的原因,与其说是他将企业性质概括为雇主与雇员之间的关系,不如说是他将交易费用作为分析单位引入到研究中来,当然,前者作为他1937年文章中的核心观点也已经被证明是非常具有影响力的。①这说明,在对经济组织的研究中,分析的重点已经发生了一场从生产到交换的微妙而又根本性的转移,经济学家们开始认识到组织交易的费用是塑造经济体如何运行的一个基本因素,这其中包括企业如何以及为何像它在微观经济层面上组织生产和交换实际所做的那样运行以及制度如何以及为何在宏观经济层面上对于经济绩效如此至关重要。稍后我们会看到,将组织交易的费用纳入到对企业和制度的分析里来,会带来丰硕的研究成果,并最终构成了劳动分工和市场过程的斯密经济学令人瞩目的复兴当中的一个重要方面。

让我们先来看看关于经济组织的科斯经济学的发展。科斯(Coase, 1937)一开篇就问出了这样一个看似简单的问题:如果资源可以由价格机制良好地予以配置(就像我们从经济学教科书中所看到的那种典型的假设情况),为什么企业还会存在?他所找到的答案是,使用价格机制进行资源配置并非免费午餐,因为使用价格机制也需花费成本,这包括在市场上搜寻信息的成本,缔结和执行众多短期合约的成本。如果在一个建立了权威的实体内通过长期合约来引导资源配置的话,这些成本就不会那么高,而这个建立了权威的实体就是所谓的企业。在要素的使用上,供给者让渡一部分他的资源使用权给购买者,在市场上通过价格机制实施的众多短期合约基本上由一个合同取代,这可称是这篇文章的核心观点。

> 契约中的所有陈述是要求供给者供给物品或劳务的范围,而要求供给者所做的细节在契约中没有阐述,它是以后由购买者决定的。当资源的流向(在契约规定的范围内)变得以这种方式依赖于买方时,我称之为"企业"的那种关系就流行起来。
>
> (Coase, 1937:392)*

* 本处参考了盛洪教授主编的《现代制度经济学·上》第106页的译文,特此感谢!——译者注

也就是说,科斯式企业的本质在于雇佣关系。② 但是管理一家企业也是费用不菲的,当企业内部管理的边际成本等于使用价格机制所涉及到的边际成本时,企业的最优规模就确定了。③

尽管雇佣关系抓住了作为劳动分工协调中介的企业一个重要的方面,但是企业不仅只是一种雇佣关系,在企业里内部的权威指令代替了由市场机制实施起来成本更高的交易。可能更重要的还在于,它作为企业内部个体之间所签立的一系列合约,可以充分利用专业化和劳动分工所带来的好处(Alchian and Demsetz, 1972; Cheung, 1983)。

阿尔钦和德姆塞茨(1972)聚焦在团队生产过程上,在这一过程中,测度问题(metering problem)(即测量和控制)为属于不同所有者的投入品有效的联合使用带来了严重的障碍,他们认为,正是企业所有者(雇主)拥有剩余索取权的合约安排比分立的定价机制更好地解决了团队生产中的卸责问题。也就是说,团队中的某一个体可能会被赋予专业化的监督者角色,从而来监督其他成员的绩效,并拥有剩余索取权,在对其他投入要素的报酬支付完成之后,他可以取得这个团队的净剩余,作为他宽泛意义上监督工作的酬劳。作为剩余索取权人,这位监督者有激励不进行卸责。

> 监督者通过他对卸责行为的减低来挣得他的剩余,这不但通过他与投入要素所有者就其报酬达成的某一价格水平,而且还通过观察和引导这些投入要素的行动或使用来达成这种减低。*管理或者检查团队生产中使用投入要素的方式,是测度个体投入要素对团队产出的边际生产力的一种方法。*
>
> (同上:782;斜体为原文所加)

在科斯的企业定义的内核中,权威性的雇主—雇员关系与长期合约,均为题中之意,但是这些在阿尔钦和德姆塞茨对企业的分析中却不甚重要。在他们那里,关注点不是组织交易的不同方式,而是组织团队生产在成本上最为有效的方式,在团队生产过程中一方将与团队中其他每一个人的双边契约集中起来,通过在成本上最为有效的方式将团队内部的异质性资源有效率地加以利用,从而尽可能地提高联合投入的生产力。这里的企业不是以一种非市场制度去替代一般的市场,而是投入要素联合使用的专业化代理市场。

与阿尔钦和德姆塞茨不同,张五常(Cheung, 1983)虽然也不同意科斯对企业的分析,也对这一分析进行了扩展,但是其方式却是有差别的。张五常凭借他对真实计件合约的研究,认为本质上并不是交易本身,而是生产要素所有者将其使用权让渡给交换中的另外一方以取得收入的合约安排,抓住了科斯式企业的本质。因此,严格说来,很多科斯的追随者将"企业"看成是市场的替代是不正确的。相反,从合约的视角可以这样概括企业:为了节省定价成本,一类合约取代了另一类合约。企业内的要素市场取代了市场中的(中间)产品市场。伴随这种取代而来的是代理成本,它在边际上等于节省的定价成本,这种节省是相对于交易在企业之外的市场上达成所引发的那些成本而言的。像这类关于科斯对企业性质原创研究的再解释,其重要的后果是,真正有意义的不是在市场组织交易的成本和企业引起的管理成本之间的比较,而是在一个市场中组织交易的相对成本与相关的另外一个市场中组织交易的相对成本之间的比较。由于张五常把企业视为对合约进行组织的一种方式,而这些合约对于确保生产和销售的运营非常必要,所以这一在分析重点上的转移不过是自然而然之事。但是这并没有使在这两个市场(合约形式)之间划出一条清晰分界线,比在科斯式企业和市场之间划出这样一条分界线,变得更为简单容易。划出分界线并不重要,因为真正攸关大局的则是合约相对来说成本有多高昂(或者合约相对有多少效率,这是一枚硬币的一体两面),以及潜在的制度因素在影响这类成本方面所起的作用有多大。

阿尔钦和德姆塞茨(1972)所代表的这条研究路向主要集中在团队生产中联合投入的生产效率上,而科斯式研究路向则关注对交易费用的节约方面。将新古典将企业当做专业化生产单位的概念(例如,Demsetz, 1995:8—14)和张五常(Cheung, 1983)就科斯认为中间品市场被劳动市场取代乃是企业一个鲜明特征这一点所做的重新表述进行融合,杨小凯和黄有光(Yang and Ng, 1995)发展了一个一般均衡模型,来解释企业家能力和努力如何通过企业内的劳动分工得以间接定价。在他们那里,企业是获取专业化分工带来的生产效率上的好处扣掉相伴的交易费用之后的净收益的一种制度安排。因此,当那些描述"组织专业化"成本收益的参数满足某些条件时,企业就从劳动社会分工的发展中出现了。专业的报酬递增和非零的交易费用对于企业的存在都是必不可少的，但是二者皆非充分条件。在杨和黄的模型中，最终商品（产品和劳务）的供应者有着要么购买、要么自制这样的选择，以决定如何取得中间产品。在某些条件下，有利可图的选择是，雇佣和监督他人供应那些用来生产最终产品的中间产品，并由此拥有工资和其他成本之外的净剩余回报。这里，雇员的工资事前由合约予以确定，而其他材料、资本等等相关的成本，则出现在最终产品的生产和销售过程中。这类剩余回报是对雇主的工作的市场价值的一种间接测度。也就是说，那些在企业的活动中最难测度的而且交易效率最低的部分可能也是最为关键的部分——企业家的管理服务和创造性工作——能够以剩余索取权的形式进行间接的定价。如若没有企业这种制度，这类稀缺资源就只能被浪费，对于社会来说这意味着蒙受了无谓的损失。与阿尔钦和德姆塞茨把剩余索取权看成是在解决测量问题（"测量个体投入对团队产出的边际生产力"，Alchain and Demsetz，1972：782）中对监督者努力程度的报酬不同，在杨和黄的模型里，剩余索取权对于奖励使得团队更富生产效率的监督上的努力，远不如对于如何评价剩余索取人在带来有利润前景的生产过程方面的工作来得重要。

企业的间接定价框架也对把企业作为生产单位的规模和内在结构进一步进行了说明。企业的规模主要取决于在中间产品交易和签订劳动合约以生产中间产品上的相对效率（Pak-Wai Liu and Xiaokai Yang，2000，以及 Sun，2000）。随着劳动的社会分工不断深化，经济进步也由是得以推动，企业可能会变得更大或更小，因此其规模与经济体的生产力增长并无干系。这一理论预测与若干经验研究若合符节。④此外，作为一个生产性组织的企业几乎不可能被一种先验性的"企业的生产函数"所代表。Sun（2000）主张，通过某种对个体特异性生产函数的明智的组合，来概括企业的定量投入产出关系，要更为确当，因为个体在生产中的专业知识就其本质而言即便不是不可能也很难从一个人转移到另一个人那里。企业从劳动市场上实际购买到的，在本质上是个体特异性生产函数而非劳动，因此将不同雇员的劳动混同在一起，然后把这一加总当作生产的总投入来使用，几乎毫无意义。⑤企业的生产能力源自专业化个体生产函数的组合乃是由企业生产过程的组织方式来支配的。企业所有者的剩余索取权实际上是他或她在有效利用企业内劳动分工的组合性质方面工作的报酬。这就说明,从每一个个体的生产函数出发,然后将企业的生产活动描述成由个体特异性生产活动所构成,这样不仅企业的规模,而且企业所生产的中间产品的种类,也就都是内生决定的了。这样,就在一定程度上验证了科斯的洞见,并对之予以形式化:

> 为了确定企业的规模,我们不得不考虑市场成本(即使用价格机制的成本)和不同企业家的组织成本,而后我们才能确定每一个企业生产*多少种产品和每一种产品生产多少*。
>
> (Coase, 1937:403;斜体为本书所加)[⑥]

在宏观层面上,由科斯(1937)引入的交易费用概念,以及科斯(1960)就交易费用对于财产所有制和市场活动的深刻意涵所作的透彻分析,已被证明具有强大的解释力,尤其是在解释由基础制度要素所决定的长期经济增长方面更是如此,而这些基础制度要素长期被新古典经济学忽视。通常被松散地称为新制度经济学的大量文献,兴起于 20 世纪的最后数十年间,其中对劳动分工经济学最有价值和意义的贡献来自道格拉斯·诺思与其合作者们的工作。他们的工作之所以富有价值和意义,乃是因为取得专业化生产的好处所需具备的大量重要条件由此得到了澄清,也即认识到了确保财产权利和交易有效实施的一系列潜在的政治—法律—经济制度,这些条件直到道格拉斯·诺思等人对制度在减低交易费用方面如何以及为何起到基础性作用进行系统研究时才算得到关注。关于劳动分工以及市场范围所规定的分工的上限,无论是把市场范围处理为内生变量从而与劳动分工协同变动,还是当作外生给定,斯密的核心命题都仍然有效,但是需要予以适当地加以精炼,以反映产权和制度对市场交换网络可靠性与范围的深远影响。

说句公道话,商业和工业社会中的交易是一个复杂的过程,必然涉及多种制度要素,这一结果当然不会逃得过 18 世纪古典经济学家领军人物的法眼。正如前文所详述的那样(第 4 章),斯密煞费苦心经营出来的这一分析框架,正是关于商业社会是如何经由劳动分工巨大收益的实现而在欧洲——尤其是英格兰——兴起和繁荣起来的,在农牧业社会这一切都是不可想象的。在商业和工业社会发展的早期,政府在保护财产权利和保障市场的有效运营方面逐渐重要起来。也就是说,在这一历史时期,政府的力量是在不断地被加强,而不是被削弱的。随着经济体变得更加商业化,因此专业化分工也更细密，个体之间的交易网络开始扩展，以至于最终不可避免地促成了非人格化交易的实现。在个体之间无法重复的一次性交易博弈，为欺骗、偷盗和机会主义行为大开方便之门，鼓励了这类行为的发生。这样一来，对贸易条件的规定和相关协议的执行就显得极有必要。同时，随着每一个个体变得越来越专业化，对其所需的大部分商品和劳务的供给不断地增加了依赖性，这也滋生了大量个体之间商业利益的冲突。每个个体消费或者为了开展其生产和贸易活动所需的商品和劳务，多样化程度不断增加，与先前农牧社会的情况形成了鲜明对比，而且也进一步使得交易关系趋于复杂化。如果没有清楚界定并运行良好的法律框架以及强有力的公正政府做保障，市场即便不陷于瘫痪，也会严重受到阻碍。有鉴于此，斯密认为，政府在维护商业和工业社会的交换正义方面，其角色相较于前工业社会显著地得到了加强，而作为其后果，也会有大量的资源被用在这一目的上。亚当·斯密当然不是认识到在商业社会中市场交换的复杂性和不断增加的重要性的唯一之人，因为这些皆体现在了复杂合约的出现上，是很容易为大家所认识到的。比如说孟德斯鸠，斯密曾从他那里多有借鉴，从而阐明了基于生存模式(狩猎、畜牧、农耕和经商)的多阶段假想历史学说。孟德斯鸠也同样认识到，由于商业的兴起而对司法服务存在着前所未有的巨大需求。

> 法律和各民族谋生的方式有着非常密切的关系。一个从事商业和航海的民族比一个只满足于耕种土地的民族所需要的法典，范围要广得多。从事农业的民族比那些以牧畜为生的民族所需要的法典，内容要多得多。从事牧畜的民族比以狩猎为生的民族所需要的法典，内容那就更多了。
>
> (Montesquieu，1748：289)*

关于司法—政治—经济制度对经济绩效的重要性这一方面，直到诺思对这一主题所做的系统研究之前，经济分析在斯密(—孟德斯鸠)的这一思想路线上几乎毫无进展。在诺思对制度的研究中，就制度对交易费用的意义所进行的分析，发挥着主导作用。诺思认为，在工业革命中组织形式的变迁

---

* 本处译文参考了商务印书馆张雁深先生翻译的《论法的精神》译本，第284页第八节。——译者注

带来了交易费用的下降(参看第 7 章),除去这一对降低交易费用的深入分析之外,诺思更有意义的研究还集中关注制度、交易费用和长期经济增长这一三重奏之间的微妙关系。该分析的出发点是,市场交换不仅远不是无成本的,而且组织交换的成本不但重要,也是经济绩效的关键所在,对于长期增长而言尤其如此。这和新古典经济学中一贯假设的情况正好相反,尤其是在长期经济增长的文献(无论新旧增长理论)中更是如此。制度主要通过影响交换的成本与结构,而在经济绩效上呈现出巨大差异,由此也昭示了专业化生产和技术进步的收益实现的程度。富裕经济体与贫穷经济体最为鲜明的对照,是它们所具有的一个最为明显的特征——合理界定和得到有力执行的财产权利体系,这一体系通过扩大市场交换关系极大地提高了生产效率。⑦但是制度的这类支持市场的服务也需要予以维护和提供,因此就涉及到了一个不菲的成本。在约翰·瓦利斯和道格拉斯·诺思(John Wallis and Douglas North, 1986)对经济活动的二分法中,这类成本被看成是“交易费用”,被广义地定义为实施交易功能的成本,从而与将投入转换为产出相联的转换成本形成对照(同上:97)。通过构建这类框架,交易功能从社会的观点来看,理论上也具有生产性,和转换成本如出一辙,因为它也带来了净产出的增进。⑧有趣的是,对于整体经济而言,随着经济进一步发展,因之就涉及到了更为复杂的交易,从而交易成本在绝对量上是递增的。其原因显而易见:更为复杂的交易系统在维护、保护、执行,乃至规则微调上费用更加高昂,举凡度量衡体系、品牌、有效实施、银行、金融、信贷、保险、会计、市场营销、审计、批发与零售等等业务,均是这类费用支出的形式。关于西方社会在过去若干个世纪与世界其他地区相比,在经济上取得成功的原因,诺思写道(North, 1987:421):“总而言之,在于我们有一套界定良好且执行有力的产权制度”。界定和执行产权制度成本是很高的,但是这些成本对于经济绩效而言都是极为必要的。“所有这一切的结果是,致力于交易而花费的资源虽然很大(尽管每个交易平均下来很小),但是与贸易得益相联的生产效率则更高;高增长率和高速发展成为西方社会的特征。”(同上)这里,将平均每个交易/交换所费的成本与经济体总的交易费用之间的差别铭记于心,是极为重要的。前者的下降意味着“交易部门”功能的改进,“交易部门”是瓦利斯和诺思(Wallis and North, 1986)对经济活动所做的颇有好处的二分法中使用的术语。但是这类下降并不必然导致总交易费用的下降。相反,它还经常带来总交易费用的上升,因为通过使交易网络能够得以超比例地扩大,交易的数量必然成倍增加。扩大了的交易网络会带来对专业化生产收益更为有效的利用,从而导致经济增长。非常有意思的是,不仅用于组织交易活动的成本在绝对量上随着经济规模扩大而增加,而且交易部门在经济体总产出中的份额(即 GDP 或 GNP)也会提高。通过将交易费用定义为交易产业(金融、保险、房地产以及批发和零售行业)、非交易产业中的交易活动以及公共部门提供的交易服务中使用的资源总和,瓦利斯和诺思(Wallis and North, 1986)检视了美国经济中交易服务的历史趋势,他们发现交易部门的成本从 1870 年占 GNP 的四分之一,增加到了 1970 年占 GNP 的大约一半。不消说,这样的估计只能是极不完善的,招致批评,良有以也。[9] 尽管如此,从这一估计中所集得的核心信息仍然是足够明确的:那就是发达经济里交易费用必然相当可观,而通过支持交易部门的增长以实现劳动分工和专业化收益的不间断的尝试,则概括了美国经济绩效在上述 100 年间的一个重要方面。其他经济体也有极为类似的历史趋势(参看 Ning Wang, 2007)。

9.2 企业内部的协调:平衡激励、知识的匹配与利用

企业作为一个组织生产的单位,通常具有相当丰富的内在结构,这不仅体现在组织生产过程的方式上,也体现在用于激发工人努力工作的激励计划以及企业内部优化利用专业化资本所采取的方式上。有关这些主题的研究非常重要,原因也是多方面的。除了对复兴有关专业化的斯密经济学研究范围的扩大有着显而易见的贡献之外,这派分析还与现行的有关劳动市场上工作岗位与专业化人力资本之间的匹配问题如何通过市场机制得到解决,从而使人力资本的报酬递增得以实现这类研究相类似。[10] 此外,其中在世纪之交所开展的一些研究,与人力资本密集型服务行业(比如与制造业相对照)的研究,关系尤为紧密。

本特·郝姆斯特罗姆和保罗·米尔格罗姆(Bengt Holmstrom and Paul Milgrom, 1994)利用他们提出的多任务委托—代理框架(1991),将企业视为

相机支付(contingent payments)、资产所有权和工作岗位分配的激励系统。他们的基本观点可以概括如下。个体工人的工作往往包含多个任务,其生产效率可以被测度的程度彼此不同。因此,在非平衡的激励计划之下,工人们可能会投入到某些任务上太多精力,而在其他方面投入太少。作者们提出了一个所谓的"工作岗位设计"(job designs),主要指的是企业内的劳动分工,认为它是内生地由激励变量的组织选择所决定的。由郝姆斯特罗姆和米尔格罗姆的企业激励理论所揭示出来的重要洞识,即雇佣关系(与独立签约相比)具有多种属性这一特点,被之前的研究给忽略了,而这在对企业组织决策的整个研究里必然是要占据中心地位的。

同样是关注企业内部的劳动分工,但是却源自另外一支完全不同的文献流派,这派文献主要研究人力资本使用上的报酬递增问题,路易斯·加里卡诺和塔诺斯·桑托斯(Luis Garicano and Tanos Santos, 2004)发展了一套有关企业的交互引荐(exchange-of-referrals)分析,集中关注狭隘的专业化供给者和市场上对专业化人员所提供的产品/服务多样性的需求之间存在的匹配问题。专业人员所拥有的关于在哪个特定领域谁是行家里手的信息,相当于租值,若经由市场进行推荐而传递这一信息,则会有逆向选择问题,从而变得没有效率。在合伙公司内实施的推荐交换,无论交换对象指向是公司里哪个人,专业化的个体都可以通过这样的互换而共享收益,这多少会减轻这一问题的严重性,尽管也必须承认它并不能完全解决这一问题。推荐理论最为鲜明的特征就是,在企业内部通过推荐交换,由不对称信息所引发的问题,在某种程度上可以得到解决,专业化技能在生产效率上的得益因此与这些推荐在不同企业的专业化人员间(即在市场上)给出的那种情况相比,可以被更好地加以利用。由此立刻可以得到这样的结论,源自推荐交换的收益随着个体工人专业化程度的提高而扩大,因之对于企业规模也是如此。[11]由于企业内的专业化人员有着强烈的激励彼此交换推荐,用哈耶克(Hayek, 1937, 1945)所使用的语言——异质性的专业化人员间的那一类"分散知识",就可以得到更为有效地利用。也就是说,企业内部推荐的交易阻止了那些仅由专业化人员掌握、客户无法取得的准信息租的耗散。加里卡诺(Garicano, 2000)、加里卡诺和哈伯德(Garicano and Hubbard, 2004)的研究与此风格相近,他们研究了科层制——这种制度是一种将高度专业化的专家从那些太简单、太过一般和容易的问题上解脱出来的机制——会如何有助于取得后天习得的专业化技能的递增收益，这些专业化技能允许专业人员集中关注那些他们有比较优势予以解决的问题。[12]值得指出的是，尽管存在着不同形式，企业内部劳动分工经济上的内部化这一观念，可以统合推荐理论和科层组织理论：这种内部化的劳动分工，在前者那里出现在合伙的专业化人员之间，在后者那里则出现在专业化人员和一般工作人员之间。

尽管如此，哈耶克根据知识分工对斯密劳动分工理论的重新表述，比得到良好地形式化的加里卡诺和桑托斯（2004）企业内推荐交换的理论，还是具有一些更为重要的意义，尤其是对于企业理论而言，更是如此。如果严格遵循哈耶克的（分散）知识经济学，那么对于何以诸如企业这般集权化的组织会存在这个问题，理解起来就有些困难了。事实上，这为奥地利学派经济学带来了严重的挑战（例如可参看 Gerald O'Driscoll and Mario Rizzo, 1996）：丝毫不让人感到奇怪，一个令人满意的哈耶克式或奥地利式的企业理论在奥地利学派经济学中仍然付诸阙如，当奥地利学派经济学涉及企业内部结构这一主题时，基本上关注的是资本结构，或者更为具体的说，关注的是在不断增加的迂回生产方法中资本的专业化（例如可参看 Ludwig Lachmann, 1956）。但是这也对劳动分工的斯密式经济学所形成的理论分析框架构成了挑战，因为知识的分散化（分工）根植于劳动分工之中，因此也必然会被理解为是劳动分工的自然结果。而更为有趣的是，知识分工反过来也会对劳动分工经常性地产生积极的反馈。艾兰森·明科勒（Alanson Minkler, 1993）的工作就代表了这类有价值的尝试，他试图就分散知识对企业理论所造成的问题详加阐释，并基于知识分工这一基础来探究发展一套关于企业的实证理论。明科勒认为，分散知识，用哈耶克的语言即“特定时间和地点的特定环境下的知识”，带来了结构性的不确定性，而对于这类不确定性，不对称信息的流行模型无法简单地应用于其上。另一方面，由乔治·理查德森（George Richardson）、理查德·尼尔森（Richard Nelson）以及西德尼·温特（Sidney Winter）等人所发展出来的有关所谓能力（capability）的文献的一个主要方面，就是关于常见的默会知识和技能是如何通过企业的生产能力和日常工作之发展，在结构性不确定性条件下予以利用的。可以肯定的是，这一文献并非是应对分散知识的哈耶克式问题发展得来的。尽管如此，明科勒仍然主张,这一文献中的讨论应该予以扩展,从而纳入分散知识这一概念,而其中一种可能的途径就是更为彻底地检视企业内部决策制定的非集中化与其发展策略之间的相互作用(Nelson, 1991)。另一方面,对于很多企业理论学者而言关键的问题——激励兼容,在这个关于企业能力的文献里,则基本上被忽视了,而且可能也几乎无法将它纳入到此文献的相关分析中去(Pierre Garrouste and Stéphane Saussier, 2005:186)。应当承认,要想根据分散知识而得到一个令人满意的企业理论,尚且还有一段漫长的路程。值得强调的是,基于知识外生分散性的分析,或者像哈耶克给出的极富特点的名称——"给定基据"(given data),与所谓的分散知识的哈耶克式概念颇有差距。

9.3 交易费用和企业:一些回顾性评论

企业是一个非常复杂的组织,它多维的特性也常常不能被简单地予以理论化。不同的经济理论总是关注作为组织经济活动一种形式的企业的不同侧面。以马克思(Marx, 1867:470—480)和科斯(Coase, 1937)为代表的最富洞见的分析,将分立的市场过程和商品生产的集中权威与指导,看成是两个协调劳动分工的截然不同的机制。尤其是科斯(1937),它将要么自制—要么购买的选择带到了分析的核心中来,并认为由于(价格机制的使用而产生的)购买成本,我们可能会选择建立雇佣关系来管理对所需商品的生产。利用价格机制会带来成本这一思想威力的确强大,为经济学家看取市场和经济组织的方式带来了相当大的变化。随着这一认识的深入,一支所谓的交易费用经济学支派似乎命中注定要在20世纪最后几十年中,为使劳动分工和市场过程的古典经济学得以复兴成为可能,而发挥着主导性作用,其突出的原因在于报酬递增的古典思想主要关注经由市场交换而来的专业化的收益,但是缺乏一个像交易费用这样的威力强大的核心概念;这个概念可以用来研究使交换得以有效组织的各类组织形式和制度安排。交易费用之所以重要,准确地说,乃是因为它们深刻影响了市场范围,和经济体能够实现专业化和劳动分工以及技术的吸收与发明(这主要取决于专业化生产)带来的收益之程度。关于交易费用的大小与结构的研究，对企业乃至对于整个社会的重要意义，使得新制度经济应运而生，而且也极大地增进了我们对经济—政治—法律制度如何以及为何对于经济绩效——尤其是长期经济绩效——而言至关重要的理解。

在20世纪的最后几十年，经济学家开始认识到，企业并不真的替代了市场，因为它只是造成了由另一类市场或合约对某一类市场或合约的替代，它代表的是一种用于组织生产性活动以取得利润的手段。明乎此，就需要解决管理激励、人力与物质资本的利用、信息共享、分成租佃、生产能力的积聚等等各种各样的问题。企业之外，是一连串交换和专业化的复杂关系，和企业内部的情况大体相似。对企业性质以及如何和为何企业会存在的研究，如果没有对其无比丰富的内在结构深入理解的话，一定是很不完整的。多少有些讽刺的是，关于企业的交易费用占主导地位的研究，先是从使用企业外的价格机制需要花费成本这一思想开始，然后几乎是唯有扩展到企业内(宽泛定义下的)组织交换所涉及的各类成本时，才显露出良好的效果。

至于过去20年所发展的和前文讨论过的现代企业理论，对它们的利弊以及潜在的互补性进行简短的评述看起来也有些价值。以各种名称所表述的劳动分工，在它们每一种理论中都起着主导作用。综合来看，它们很可被视为专业化经济学复兴的一个重要组成部分，一个20世纪最后25年成型、至今仍然方兴未艾的智识运动。在杨小凯和黄有光(1995)的间接定价理论中，个体的专业化模式和水平是内生的。但是这个理论在处理资产所有权方面缺乏一个重要的组成部分，原因很简单：在他们的分析当中资产没有明确的给出来。一旦在他们的框架里给出资产所有权，那么经理人和所有者之间颇为典型的委托—代理问题就需要加以分析，而郝姆斯特罗姆和米尔格罗姆(1995)的平衡激励理论可能可以提供这方面的重要启示。推荐理论(加里卡诺和桑托斯(2004))在将提供专业服务的合伙企业予以合理化方面似乎尤其突出，特别是对于那些涉及像医疗和法律服务这样的较高专业化技能的服务性行业更是如此，但是，对于其他形式的企业——比如那些制造业中的企业——就远不是那么有效了。另一方面，无论是郝姆斯特罗姆—米尔格罗姆还是杨小凯—黄有光的理论，都没有像加里卡诺和桑托斯的理论那样对利用专业化人力资本所带来的报酬递增予以充分地重视。当我们将企业抽象为一个知识密集型生产的装置时，将企业不仅便利了匹配，因之对现有专业化人力资本加以利用，而且还产生了新的、有用的且常常是通过动态学习而取得的默会的实践知识（参看 Minkler, 1993）这一点铭记于心，是非常重要的。在组织产品生产之时，企业如何组织知识的生产，在这方面还有很多的未知领域等待着我们前去探索。

注 释

① 在这方面的极大的影响力以及由科斯（Coase, 1937）激发的大量文献对此（过度）的关注，也可以从某种侧面说明，反而存在着让此文初衷黯然失色的风险，这篇文章的初衷在于解释何以企业会存在，正是这一点在半个世纪后让作者稍显不快："我认为我的文章一个主要的缺点来自将雇主—雇员关系作为企业典型代表的使用上。如此处理，只提供了关于企业的实质的不完整的画面，误导了我们的关注点"（Coase, 1988:37）。除了对雇员劳动的控制之外，企业也包括雇主对投入品的控制。20 世纪 70 至 90 年代兴起的现代产权理论，动机在于通过适当安排所有权处理由所谓资产专用性所引发的剩余控制权问题（Williamson, 1975; Sanford Grossman and Oliver Hart, 1986; Hart and John Moore, 1990）。更为重要的是，尽管把企业的性质定义为雇佣关系可以较好地实现为企业存在性提供合理基础的目标，但它的重点放在企业组织其购买的各种方式上，这就基本上没有触及企业如何组织其生产这一问题，企业要做出自己生产还是向他人购买某些中间投入品的决策是个例外。对企业生产活动方面的忽略带来很多问题，因为它"导致或鼓励了对企业作为生产要素购买者以及与生产要素所有者合约安排的选择上所起的作用，给予了不恰当的重视。这种把企业作为投入要素购买者的关注，使得经济学家们倾向于忽略企业运营这一主要活动。"（Coase, 1988:38）

② 极为有趣的是，正如上面已经指出的那样，企业的这一定义也和马克思主义者把企业作为管理"制造业中劳动分工"的设置这一观念相一致。丝毫不令人感到意外的是，尽管有着不小的差异，但斯蒂芬·马格林（Stephen Marglin, 1974）还是将外加工制和工厂看成是资本家劳动分工的两个相联的阶段，外加工制和工厂都完全符合科斯式企业的雇佣定义。二者唯一的差别在于，在前者那里，用马格林的话说就是，资本家采取"分而治之"

(divide and conquer)策略来剥削工人的劳动,而在后者那里则通过将工人们聚集在工厂之内,从而更好地规约和监督他们。同样值得注意的是,就像在经济组织的科斯经济学中一样,在诠释工厂如何从外加工制中演变过来这个问题上,马格林(见第 III 节)认为,像这类组织形态的过渡乃是由于追求实现专业化经济的更佳方式所驱动,和生产技术的进步几乎毫无关系:"相反,技术变迁所采取的特定形式是由工厂组织塑造和决定的"(同上:38)。

③ 对企业边界的这种处理只能是随意而定的,因为有时候即便不是不可能,在契约关系中画出一条硬杠杠来确定这一边界也非常困难。科斯曾一度表明这是何等的艰难(Coase,同前:392,注释 1),后来由张五常(Cheung, 1983)将此点进行了进一步的阐发。参看下文。

④ 例如,Naoki Murakami、Deqiang Liu 和 Keijiro Otsuka(1996)发现,在改革开放前的中国,机床企业相当庞大,但是经济改革既带来了生产力上的显著改进,也带来了小型专业化企业在数量上的猛增。从直觉上来说,这主要是因为中国经济改革在产品市场上要比在要素市场——尤其是劳动市场——上取得了更大的成功,因此源自于交易效率改进的经济进步伴随着的则是企业规模的缩小。由布瑞安·列维(Brian Levy, 1990)所做的另外一项有趣的经验研究发现,在韩国鞋类产业中平均企业规模要比中国台湾的大,这是因为在工业化的初期,相对于科层管理,市场交易在韩国要比在中国台湾成本更为高昂。

⑤ 对于将企业看成一个生产函数这一观点的批评呼应了柳正日(J-I You, 1995:443)的不满:"企业不是一个生产函数……[生产函数认为]工人们不仅和机器一起工作,而且就像机器那样工作。"

⑥ 可参看孙广振(Sun, 2000),尤其是第 271—274 页。

⑦ 诺思(North, 1981)有一个著名的论断,他认为正是在保护产权和执行协议方面的优势使得荷兰和英格兰在 17 至 18 世纪脱颖而出,将法国和西班牙这些昔日强国甩在了身后。

⑧ 这一点值得强调,因为它表明诺思和他的合作者对于交易费用的处理,在性质上,与对于转换成本的处理并无二致。结果,他们发现没有必要变换新古典分析的工具,并且坚信新古典分析的工具足以恰切地将制度维度纳入到新古典生产和价格理论当中(Wallis and North,同前:97)。

⑨ 对由瓦利斯和诺思估计交易部门规模的方法所激发的研究之批评性评论,可以参看王宁(Ning Wang, 2007)。

⑩ 参看 8.1 节对 Kim(1989)的讨论,这篇文章研究扩大了的市场是如何为工人—工作岗位匹配提供便利条件的。

⑪ 作为鲜明的比照,郝姆斯特罗姆和米尔格罗姆的平衡激励理论预测,企业会

随着个体越来越专业化而变得越来越小(参看 Garicano and Hubbard, 2003:497)。

⑫ 某种程度上来看,劳动分工的巴贝奇原理(亦即制造业车间学习成本的最小化;参看前文第 5 章 5.1 节)中一个重要的部分,在由这些作者所分析的科层制设计中运作良好。尤格·帕格诺 (Ugo Pagano, 1991)根据经济组织的当代研究,阐明了巴贝奇原理,根据该原理他建议有些工人应该被派往技术性工作岗位(专业化人员),其他人分配到不那么有技术性或者完全没有技术性科研的工作上(一般人员)。

跋

回首望去，在过去两千五百年间，劳动分工思想所经历的这场丰富多彩、漫长而又极富启发性的奥德赛行程，可能不仅可以理解，而且在某种意义上来说，这也是一个必然的过程。为了便于行文，本书将这一场思想上的长途旅行分成了两个部分。第一个部分始于希腊黄金时代伯利克里的雅典（以及大约同时的中国，根据智识成就来论那也是它的黄金时代）。然后，途经伊斯兰和欧洲基督教中世纪经院学者，重商主义者论商业和财富的小册子和著述，最终来到了亚当·斯密那声誉卓著的划时代的著作中。在这个传奇历程的第二部分，亦即斯密的巨著出版之后的两个世纪里，除了若干偶然取得的真正科学进展之外，劳动分工作为一个研究议题基本上遭到冷遇，直到20世纪最后四分之一世纪里，风云再起，劳动分工的思想才又英雄般载誉归来。

亚当·斯密利用了他得天独厚的条件——前人已经做出了极有意义的知识进展，具体来说，这其中包含了关于贸易和商业的各种报告、小册子和著述，将众多有关经济问题的思想系统化地纳入到一个前后一致的分析体系中去的严肃尝试，以及自然法学当中体现出来的政治和经济自由主义。尤其引人注目的是，在这之中，劳动分工的思想即便没有起到核心作用，也起到了非常重要的作用，实为势所必然。对于亚当·斯密来说，在发展他自己关于“国民财富”的理论上，赋予劳动分工以重要地位,乃是极为自然之事。当然,正是斯密,拥有着足够原创性和不同一般的思想,才使他在其自然自由体系中赋予了劳动分工以核心的地位。正如本书第四章所描述的那样,亚当·斯密如此巨大努力的背后,乃是他意欲就商业社会中财富的创造和流布做出一套系统的分析,这一愿望始终坚定如一,未曾移易。为了这个目标,财富的创造与分配,均可以由生产中的劳动分工、参与到劳动社会分工联系中来的各部分之间的交换,以及有机组织良好运行所需的条件,得到最佳地描述,在分析中也势必具有着最为重要的地位。值得欣慰的历史机缘在于,上至柏拉图和亚里士多德的相关思想,下达洛克关于自然权利的学说,曼德维尔关于私人恶德和公共利益的观念,以及之后各类重商主义者提供的材料,直到法国经济学家——尤其是重农学派——深奥微妙的分析,已经为有关劳动分工、财产权利和市场过程提供了颇为宏富的研究,亚当·斯密可以而且也确实从中博采众长。值得强调的是,对斯密来说,核心问题在于,通过劳动分工,市民(商业)社会如何以及因何在创造财富并惠及"社会的所有不同等级"(Smith,[1776]1937:11)方面,表现优良,远胜其他社会。

但是,亚当·斯密大部分的追随者却并非如此,尤其是边际主义经济学家,究其本质,他们主要关心的是商品或要素有用性的边际估价是如何在价格体系中予以利用的。因此,将重点放在劳动分工之上的斯密传统,在主流新古典经济学中就中断了,取而代之的是边际调节和相关的均衡分析,由于专业化报酬递增在概念和技术上的困难和复杂性,致使劳动分工的结构问题几乎完全被忽视。尽管如此,奥德修斯从未真正远离家门,至少在精神上是这样的。为了阐明机器占支配地位的资本主义制造业,对劳动力雇佣结构和劳动技能与体力的节省所蕴含的意义(卡尔·马克思和查尔斯·巴贝奇),为了解释在工业生产中专业化和不断增加的迂回方式的集中与产业内交互依赖性(阿尔弗雷德·马歇尔,艾伦·杨格和乔治·斯蒂格勒)的增强,以及根据对个体间分散知识的沟通和利用而理解价格体系的本质(F.A.哈耶克)——所有这些经济学中非常重要的问题,都需要即便不是深深扎根于斯密的劳动分工理论,也要与之紧密相联才行。此外,对于将分析的焦点转向以专业化报酬递增为特点的生产的制度结构的呼吁,也从未完全止息。最终,在20世纪最后四分之一的时间里,分析工具上的实质性进步和来自经济学内部对经济发展过程中令人困惑的现象之解释的需要，两相结合，令人欣慰地促成了劳动分工重返经济理论的核心上来。

经济科学的奠基之父将他所做经济分析的整个体系都置放其上的这个概念，在经过长时间的消失之后，脱胎换骨，重又卓有成效地回到了这一学科的核心，这一点也不应该让人感到惊奇。这要感谢数代经济学家的努力，正是他们的工作才使得劳动分工的报酬递增原理得以被重新发现，并进行了详尽的阐释（尤其是可以参看本书第二部分和第四部分的开篇几段），也正是他们的工作，在过去半个世纪里切实扩展和精炼了宽泛意义上的经济发展之研究（参看本书第7到9章）。概而言之，这一原理不过是表达，劳动分工与市场的交相依赖和共生演化，带来了生产和交易活动的结构和变化。准此而论，要理解劳动分工的报酬递增，我们必须不仅要研究为了创造财富生产赖以组织的方式，而且还要研究生产的要素和产品是如何交易的，由此再研究财富在全社会的扩展。简而言之，研究劳动分工，就是研究市场，因之也就是在研究整个经济。就此而言，在劳动分工经济学这个领域，我们的知识还相当有限，因此，还留存着若干重要的问题悬而未决，这也是十分自然之事。撇开我们在这里以及在第四部分已经提到的那些问题而外，还有一个特别突出的问题，即所谓的现代经济的“有机复杂性”，一直以来，这个问题都难以被归简为总需求和总供给，或者代表性企业或/和代表性消费者的行为。在解释这一复杂性上，借助于自组织物理学所做的各种尝试，进展似乎也不甚乐观。人类造就的社会经济复杂性的真正问题，存在于组织生产、贸易、分配和司法正义诸范畴的劳动分工的复杂方式之中，将这一点铭记于心，是非常重要的。因此，我们可以利用古典经济学在这方面的丰富知识，对个体间劳动分工的组合性质进行正确地理解和严格地分析，应该是一个良好的起点。进而言之，在斯密的精神传统下，在概念上，经济作为根据劳动分工和各种交换而创造和散播财富之过程，很难被看成是嵌入在一个预先假定的社会架构之内的子系统，因为法律、司法、家庭、学校等等不仅以各种方式，对由集体成员共同创造的财富之增长有所贡献，而且正如前文所述，它们也同样要服从劳动分工。就此而论，在关于经济体如何创造和散播财富方面进行全面研究这一宏伟项目上（例如可参看 Coase and Ning Wang, 2011），劳动分工所起的作用，与它在17和18世纪经济学兴起之时相比，同样举足轻重。

参考文献

Alchian, Armen A. and Harold Demsetz(1972). Production, information costs, andeconomic organization, *American Economic Review*, 62(5), 777—95.

Alter, Stephen G. (2008). Mandeville's ship: theistic design and philosophical history in Charles Darwin's vision of natural selection, *Journal of the History of Ideas*, 69(3), 441—65.

Aquinas, Thomas(1267—1273). *The Summa Theologica*, translated by Fathers of the English Dominican Province, New York: Benziger Brothers, 1947.

—(1964). *Commentary on the Nicomachean Ethics*, Vol.I, translated by C.I.Litzinger, hicago: Henry Regnery Company.

Aristotle(1915/1954). *Ethica Nicomachea*, translated by W. D. Ross, in *The Works of Aristotle*, Vol. IX, edited by W. D. Ross, London: Oxford University Press.

—(1921). *Politica*, translated by Benjamin Jowett, in *The Works of Aristotle*, Vol.X, edited by W.D.Ross, Oxford: The Clarendon Press.

Arnold, Jeanne E. (1987). *Craft Specialization in the Prehistoric Channel Islands, California*, Los Angeles: University of California Press.

Arrow, Kenneth J. (1979). "The division of labor in the economy, the polity and society", in Gerald P. O'Driscoll, Jr. (ed.) *Adam Smith and Modern Political Economy: Bicentennial Essays of the Wealth of Nations*, Ames, IA: The Iowa State University Press. pp.69—81.

Ashley, William J(1897). The Tory origin of free trade policy, *Quarterly Journal of Economics*, 11(4), 335—71.

Ashton, T. S. (1948/1968). *The Industrial Revolution 1760—1830*, first published in 1948; reprinted at Oxford: Oxford University Press, 1968.

—(1955/1972). *An Economic History of England: The 18th Century*, London: Methuen & Co Ltd.

Autor, David H., Frank Levy and Richard J. Murnane(2003). The skill content of recent technological change: an empirical exploration, *Quarterly Journal of Economics*, 118(4), 1279—1333.

Babbage, Charles (1832). *The Economy of Machinery and Manufactures*, in *The Works of Charles Babbage*, edited by Martin Campbell-Kelly, Vol.8, London: William Pickering, 1989.

Bagchi, Amiya Kumar(1987). "Industrialization", in John Eatwell, Murray Milgate, and Peter Newman(eds.), *The New Palgrave: A Dictionary of Economics*, London and New York: Macmillan Press, pp.797—803.

Barbon, Nicholas(1690). *A Discourse of Trade*, London: Tho. Milbourn.

Barkei, Haim(1969). A formal outline of a Smithian growth model, *Quarterly Journal of Economics*, 83(3), 396—414.

Barry, Norman(1982). The tradition of spontaneous order, *Literature of Liberty*. Vol.v, no.2, Arlington, VA: Institute for Humane Studies, pp.7—58.

Barzel, Yoram and Ben T. Yu(1984). The effect of the utilization rate on the division of labor. Economic Inquiry, 22, 18—27.

Baumgardner, James R.(1988a). The division of labor, local markets, and worker organization, *Journal of Political Economy*, 96, 509—21.

—(1988b). Physicians' services and the division of labor across local markets, *Journal of Political Economy*, 96, 948—82.

Baumol, William J., John C. Panzar and Robert D. Willig(1982). *Contestable Markets and the Theory of Industry Structure*, San Diego CA: Harcourt Brace Jovanovich.

Becker, Gary S.(1981). *A Treatise on the Family*, Cambridge, MA: Harvard University Press.

—(1985). Human capital, effort, and the sexual division of labor, *Journal of Labor Economics*, 3, 533—58.

Becker, Gary S. and Kevin M. Murphy(1992). The division of labor, coordination costs, and knowledge, *Quarterly Journal of Economics*, 107, 1137—60.

Berg, Maxine(1989). "Economics and statistics", in the General Introduction to *The Works of Charles Babbage*, edited by Martin Campbell-Kelly, Vol. 8, London: William Pickering, pp.27—30.

Berlin, Isaiah(1993). *The Hedgehog and the Fox*, Chicago: Elephant Paperback, Ivan R.Dee, Inc.

Birner, Jack and Rudy van Zijp(1994). (Eds.) *Hayek, Co-Ordination and Evolution: His Legacy in Philosophy, Politics, Economics, and the History of Ideas*, London and New York: Routledge.

Blauner, Robert(1964). *Alienation and Freedom-The Factory Worker and His Industry*, Chicago: The University of Chicago Press.

Blitch, Charles P.(1983). Allyn Young on Increasing Returns, *Journal of Post Keynesian Economics*, 5, 359—72.

Blue, Rhea C.(1948). The argumentation of the Shih-Huo Chih: chapters of the Han, Wei, and Sui dynastic histories, *Harvard Journal of Asiatic Studies* 11 (1/2), 1—118.

Boulakia, Jean David C.(1971). Ibn Khaldūn: a Fourteenth-Century economist, *Journal of Political Economy*, 79, 105—18.

Bowler, Peter J.(1989). *Evolution: The History of an Idea*, Berkeley, CA: University of California Press.

Brewer, John D.(1989). "Conjectural history, sociology and social change in Eighteenth century Scotland: Adam Ferguson and the division of labor", in David McCrone. Stephen Kendrick and Fat Straw(eds.), *The Making of Scotland: Nation, Culture and Social Change*, Edinburg: Edinburgh University Press in conjunction with The British Sociological Association, pp.13—30.

Brumfiel, Elizabeth M. and Timothy K.Earle(1987). (Eds.) *Specialization, Exchange and Complex Societies*, London: Cambridge University Press.

Bollobás, Béla.(1985). *Random Graphs*, London: Academic Press.

Buchanan, James M.(1979). "General implications of subjectivism in economics", in James M. Buchanan, *What Should Economists Do?* Prefaced by H.Geoffrey and Robert D.Tollison, Indianapolis: Liberty Press, pp.81—91.

—(1994). "The return to increasing returns: an introductory summary", in Buchanan, J. and Y. Yoon(1994), pp.3—13.

—(2005). Natural equality, increasing returns and economic progress: a reinterpretation of Adam Smith's system, *Division of Labor and Transaction Costs*, 1(1), 57—66.

—(2008). Let us understand Adam Smith, *Journal of the History of Economic Thought*, 30(1), 21—8.

Buchanan, James M. and Yong J. Yoon(1994). (Eds.) *The Return to Increasing Returns*, Ann Arbor: University of Michigan Press.

Cannan, Edwin(1896). Editor's Introduction, in *Lectures on Justice, Police, Revenue and Arms* by Adam Smith and edited by Edwin Cannan, Oxford, at the Clarendon Press, pp. xi—xxxiv.

—(1964). *A Review of Economic Theory*, New York: A.M.Kelley.

Carl, Ernst Ludwig(1722—1723). *Traité de la Richesse des Princes et de leur états*, in three volumes, Paris.

Chambers, Ephraim(1741). *Cyclopaedia: or, An Universal Dictionary of Arts and Sciences*, 4th Edition, London.

Chan, Wing-Tsit(1963a). *A Source Book in Chinese Philosophy*, translated and complied, Princeton, NJ: Princeton University Press.

—(1963b). "The philosophy of Tao", the introductory chapter in *Lao Tzu, The Way of Lao Tzu (Tao-Te Ching)*, translated, with introductory essays, comments and notes by Wing-Tsit Chan, New York: Bobbs-Merrill, pp.3—34.

Chandra, Ramesh and Roger J.Sandilands(2003). "Does investment cause growth? a test of an endogenous demand-driven theory of growth applied to India 1950—96", in Salvadori, N. (edited), *Old and New Growth Theories: An Assessment*, Cheltenham and Northampton, MA: Edward Elgar, pp.240—60.

Chapman, S.D.(1987). *The Cotton Industry in the Industrial Revolution*, London: Macmillan education Ltd.

Cheng, Wenli and Xiaokai Yang(2004). Inframarginal analysis of division of labor: a survey, *Journal of Economic Behavior and Organization*, 55(2), 137—74.

Cheung, Steven(1983). The contractual nature of the firm, *Journal of Law and Economics*, 26, 1—21.

Coase, Ronald H.(1937). The nature of the firm, *Economica*, 16(4), 386—405.

—(1960). The problem of social cost, *Journal of Law and Economics*, 3(1), 1—44.

—(1988). The nature of the firm: influence, *Journal of Law, Economics and Organization*, 4(1), 33—47.

Coase, Ronald H. and Ning Wang(2011). The industrial structure of production: a research agenda for innovation in an entrepreneurial economy, *Entrepreneurship Research Journal*: Vol.1, Iss. 2, Article 1.

Crawford, Robert B. (1963). The social and political philosophy of the Shih-chi, *The Journal of Asian Studies*, 22(4), 401—16.

Currie, Lauchlin(1997). Implications of an endogenous theory of growth in Allyn Young's macroeconomic concept of increasing returns, *History of Political Economy*, 29(3), 413—43.

Darwin, Charles(1859). *On the Origin of Species*, a facsimile of the first edition, Boston, MA: Harvard University Press, 1964.

Dawood, N.J. (1967). "Introduction" to *The Muqaddimah: An Introduction to History*, translated from the Arabic by Franz Rosenthal, abridged and edited by N.J.Dawood. London: Routledge and Kegan Paul.

Deane, Phyllis (1979). *The First Industrial Revolution*, second edition, Cambridge: Cambridge University Press (the first edition was published in 1965).

Demsetz, Harold(1995). *The Economics of the Business Firm*, New York: Cambridge University Press.

Diamantaras, Dimitrios and Robert P.Gilles(2004). On the microeconomics of specialization, *Journal of Economic Behavior and Organization*, 55 (2), 223—36.

Diamond, Charles, A. and Curtis J.Simon(1990). Industrial specialization and the returns to labor, *Journal of Labor Economics*, 8(2), 175—201.

Dickens, Peter(1996). *Reconstructing Nature: Alienation, Emancipation and the Division of Labor*, London and New York: Routledge.

Diderot, Denis and Jean d'Alembert(1751). "Art", in *Encyclopedia*, translated, with an introduction and notes by Nelly S. Hoyt and Thomas Cassirer, New York: Bobbs-Merrill, 1965.

Dixit, Avinash K. and Joseph Stiglitz(1977). Monopolistic competition and optimal product diversity, *American Economic Review*, 67(3), 297—308.

Dorn, James A.(1998). China's future: market socialism or market Taosim? *Cato Journal*, 18(1), 131—146.

—(2003). The primacy of property in a liberal constitutional order: lessons for China, *The Independent Review*, 7(4), 485—501.

Drosos, Dionysios G(1996). Adam Smith and Karl Marx: alienation in market society, *History of Economic Ideas*, 4(1—2), 325—51.

Dudley, Charles J.(1978). The division of labor, alienation, and anomie: a reformulation, *Sociological Focus*, 11(2), 97—109.

Durkheim, Emile(1893/1933). *The Division of Labor in Society*, translated by George Simpson, New York: The Free Press.

Engels, Frederick (1892/1910). *Socialism: Utopian and Scientific*, Chicago: Charles H.Kerr & Company.

Essid, M.Yassine(1987). "Islamic economic thought", in S. Todd Lowry(ed.), *Pre-Classical Economic Thought: From the Greeks to the Scottish Enlightenment*, Boston, Mass: Kluwer, pp.77—102.

Feeney, JoAnne(1999). International risk sharing, learning by doing, and growth, *Journal of Development Economics*, 58(2), 297—318.

Ferguson, Adam(1767), *An Essay on the History of Civil Society*, edited by Fania Oz-Salzberger, Cambridge: Cambridge University Press, 1995.

Fleetwood, Steve(1995). *Hayek's Political Economy: The Socio-Economics of Order*, London and New York: Routledge.

Flinn, M.W.(1966). *Origins of the Industrial Revolution*, London: Longman.

Foley, Vernard(1974). The division of labor in Plato and Smith, *History of Political Economy*, 6, 220—242.

Fujita, M. and P.Krugman(1995). When is the economy monocentric: von Thunen and Chamberlin unified, *Regional Science and Urban Economics*, 25, 505—28.

Fujita, Masahisa, Paul Krugman and Anthony J. Venables(1999). *The Spatial Economy: Cities, Regions and International Trade*, Boston, MA: MIT Press.

Fujita, Masahisa and Jacques-Francuis Thisse(2002). *Economies of Agglomeration: Cities, Industrial Location and Regional Growth*, Cambridge: Cambridge University Press.

Fung, Yu-Lan(1937). *A History of Chinese Philosophy: From the Beginning to Circa 100BC*, translated with introduction, notes, bibliography and index by Derk Bodde, London: George Allen & Unwin LTD.

—(1960). *A Short History of Chinese Philosophy*, edited by Derk Bodde. New York: Macmillan.

Garicano, Luis(2000). Hierarchies and organization of knowledge in production, *Journal of Political Economy*, 108(5), 874—904.

Garicano, Luis and Thomas Hubbard(2003). Firms' boundaries and the division fo labor: empirical strategies. *Journal of the European Economic Association*, 1(2—3), 495—502.

—(2004). Hierarchies, specialization, and the utilization of knowledge: theory and evidence from the legal services industry, *NBER Working Paper*, W10432.

Garicano, Luis and Tano Santos(2004). Referrals, *American Economic Review*, 94(3), 499—525.

Garrouste, Pierre and Stéphane Saussier(2005). Looking for a theory of the firm: Future challenges. *Journal of Economic Organization and Behavior*, 58, 178—199.

Ghazanfar, Shaikh M.(2000). The economic thought of Abu Hamid al-Ghazali and St Thomas Aquinas: some comparative parallels and links, *History of Political Economy*, 32, 857—888.

—(2003). *Medieval Islamic Economic Thought: Filling the "Great Gap" in European Economics*, London: Routledge.

Ghazanfar, Shaikh M. and A. Azim Islahi(1990). Economic thought of an Arab scholastic: Abu Hamid al-Ghazali (1058—1111), *History of Political Economy*, 22, 381—403.

Goldin, Claudia and Kenneth Sokoloff(1984). The relative productivity hypothesis of industrialization: the American case, 1820—1850, *Quarterly Journal of Economics*, 99, 461—487.

Goldsmith, M.M.(1988). Regulating anew the moral and political sentiments of mankind: Bernard Mandeville and the Scottish Enlightenment, *Journal of the History of Ideas*, 49, 587—606.

Gordon, Barry(1975). *Economic Analysis before Adam Smith: Hesiod to Lesius*, London: Macmillan.

Groenewegen, Peter D.(1969). Turgot and Adam Smith, *Scottish Journal of Political Economy*, 16(3), 271—287.

—(1977). Adam Smith and the division of labor: a bicentenary estimate, *Australian Economic Papers*, 16, 161—74.

Grossman, Sanford J and Oliver D Hart(1986). The costs and benefits of ownership: a theory of vertical and lateral integration, *Journal of Political Economy*, 94(4), 691—719.

Grossman, Gene M. and Carl Shapiro(1982). A theory of factor mobility, *Journal of Political Economy*, 90, 1054—69.

Grotius, Hugo(1625). *Law of War and Peace*, translated by Francis W. Kelsey with the collaboration of Arthur E.R. Boak et al., Birmingham, AL: Legal Classic Library, 1984.

Haakonssen, Knud (1981). *The Science of a Legislator: the Natural*

Jurisprudence of David Hume and Adam Smith, Cambridge: Cambridge University Press.

Hamowy, Ronald(1968), Adam Smith, Adam Ferguson, the division of labor, *Economica*, 35, 249—59.

—(1987). *The Scottish Enlightenment and the Theory of Spontaneous Order*, Carbondale: Southern Illinois University Press.

Harrison, Peter (2011). Adam smith and the history of the invisible hand, *Journal of the History of Ideas*, 72(1), 29—49.

Hart, Oliver and Moore, John, 1990. Property rights and the nature of the firm, *Journal of Political Economy*, 98(6), 1119—58.

Hayek, Friedrich A. (1937). Economics and knowledge, *Economica*, 4(13), 33—54.

—(1945). The use of knowledge in society, *American Economic Review*, 35(4), 519—30.

—(1948). *Individualism and Economic Order*. Chicago: University of Chicago Press.

—(1955/1967). Degree of explanation, *The British Journal for the Philosophy of Science*, Vol.6, 1955; reprinted in Hayek(1967), pp.3—21.

—(1960). *The Constitution of Liberty*, Chicago: University of Chicago Press.

—(1964/1967). "The theory of complex phenomena", in *The Critical Approach to Science and Philosophy: Essays in Honor of K.R. Popper*, edited by M. Bunge. New York NY: Free Press; reprinted in Hayek (1967), pp.22—42.

—(1967). *Studies in Philosophy, Politics and Economics*, London: Routledge and Kegan Paul.

—(1967a). "The principles of a liberal social order", in Hayek (1967), pp.160—177.

—(1967b). "The results of human action but not of human design", in Hayek (1967), pp.96—105.

—(1967/1978). "Dr Bernard Mandeville", *Proceedings of the British Academy*, Vol.LII, 1967; reprinted in Hayek (1978), pp.249—266.

—(1968/1978). Competition as a discovery procedure, lecture delivered at the Philadelphia Society at Chicago, 29 March 1968; published in Hayek(1978), pp.179—190.

—(1973/1978). "The place of Menger's Grundsätze in the history of economic thought", in J.R. Hicks and W.Weber(eds.), *Carl Menger and the Austrian School of economics*, Oxford University Press, 1973; reprinted in Hayek

(1978), pp.270—282.

—(1976). *Law, Legislation and Liberty, Vol. 2: The Mirage of Social Justice.* London: Routledge & Kegan Paul.

—(1976/1978). "Adam Smith's message in today's language", *Daily Telegraph*, March 9, 1976; reprinted in Hayek(1978), pp.267—269.

—(1978). *New Studies in Philosophy, Politics, Economics and the History of Ideas*, London: Routledge and Kegan Paul.

—(1983). "Coping with ignorance", in F.A. Hayek, *Knowledge, Evolution and Society*, Adam Smith Institute, UK, pp.17—27.

—(1994). *Hayek on Hayek: An Autobiographical Dialogue*, edited by Stephen Kresge and Leif Wenar, London: Routledge.

Hegel, G. W. F. (1821). *Philosophy of Right*, translated with notes by T. M. Knox, Glasgow: Oxford University Press, 1942.

Helpman, Elhanan and Paul Krugman (1985). *Market Structure and Foreign Trade*, Boston, MA: MIT Press.

Hicks, John R.(1965). *Capital and Growth*, Oxford: Clarendon Press.

—(1969). *A Theory of Economic History*, London: Oxford University Press.

Hitti, Philip K.(1948/1960). *The Arabs: A Short History*, London: Macmillan.

—(2002). *History of the Arabs*, 10th Ed., New York: Palgrave Macmillan.

Hobbes, Thomas(1651). *Leviathan*, London: Penguin Books, 1985.

Hodgskin, Thomas(1827). *Popular Political Economy: Four Lectures Delivered at the London Mechanics' Institution*, London: printed by S. and R.Bentley.

Hölldobler, Bert and Edward O. Wilson (1990). *The Ants*, Cambridge, MA: Harvard University Press.

Holmstrom, Bengt and Paul Milgrom(1991). Multitask principal-agent analyses: Incentive contracts, asset ownership, and job design, *Journal of Law, Economics and Organization*, 7, 24—52.

—(1994). The firm as an incentive system, *American Economic Review*, 84(4), 972—991.

Hont, Istvan and Michael Ignatieff(1983). "Needs and justice in the Wealth of Nations: an introductory essay", in Istvan Hont and Michael Ignatieff (eds.) *Wealth and Virtue: The Shaping of Political Economy in the Scottish Enlightenment*, Cambridge: Cambridge University Press, pp.1—44.

Hosseini, Hamid S.(1998). Seeking the roots of Adam Smith's division of labor in medieval Persia, *History of Political Economy* 30, 653—681.

—(2003). "Contributions of medieval Muslim scholars to the history of economics and their impact: a refutation of the Schumpeterian Great Gap", in Warren Samules, Jeff Biddle, and John Davis(eds.), *A Companion to the History of Economic Thought*, Oxford: Blackwell, pp.28—45.

Houthakker, Hendrik S.(1956/1994). Economics and biology: specialization and speciation. Kyklos, 9(2); reprinted in James M. Buchanan and Yong J Yoon (1994), pp.61—67.

Hoyt, Nelly S. and Thomas Cassirer(1965). *Encyclopedia*, translated with an introduction and notes, Indianapolis: Bobbs-Merrill.

Hsiao, Kung-chuan(1979). *A History of Chinese Political Thought, Vol.I: From the Beginnings to the Sixth Century AD*, translated by F.M.Mote, Princeton, NJ: Princeton University Press.

Hsu, Cho-Yun and Katheryn M. Linduff(1988). *Western Chou Civilization*, New Haven: Yale University Press.

Hudson, Pat(2009). "The limits of wool and the potential of cotton in the eighteenth and early nineteenth centuries", in Giorgio Riello and Prasannan Parthasarathi(eds.), *The Spinning World: A Global History of Cotton Textiles, 1200—1850*, Oxford: Oxford University Press, pp.327—350.

Hume, David(1752/1994). "Of commerce", in D. Hume, *Political Essays*, edited by Knud Haakonssen, Cambridge: Cambridge University Press, pp.93—104.

Hurwicz, Leonid(1973). The design of mechanisms for resource allocation, *American Economic Review*, 63(1), 1—30.

—(1984). Economic planning and the knowledge problem: a comment, *Cato Journal*, 4(2), 419—425.

Hutchison, Terence(1988). *Before Adam Smith: the Emergence of Political Economy, 1662—1776*, Oxford: Basil Blackwell.

Hutter, M.(1994). "Organism as a metaphor in German economic thought", in P. Mirowski(ed.) *Natural Images in Economic Thought*, New York: Cambridge University Press, pp.289—321.

Ibn Khaldūn(1402/1958). *The Muqaddimah: An Introduction to History*, translated by Franz Rosenthal. New York: Bollingen Series XLIII, Pantheon Books.

Irwin, Douglas A.(1991). Introduction, in Jacob Viner, *Essays on the Intellectual History of Economics*, edited by Douglas A. Irwin, Princeton, NJ: Princeton University Press, pp.3—35.

Israel, Joachim(1971). *Alienation: From Marx to Modern Sociology*, Boston,

MA: Allyn and Bacon.

Jacobs, Struan(1999). Michael Polanyi's theory of spontaneous orders, *Review of Austrian Economics*, 11, 111—127.

Jaspers, Karl(1953). *The Origin and Goal of History*, translated by Michael Bullock, London: Routledge & Kegan Paul.

John, A. H. (1965). Agricultural productivity and economic growth in England, 1700—60, *Journal of Economic History*, 25, 19—34.

Jones, Eric(1981). *The European Miracle: Environments, Economies and Geopolitics in the History of Europe and Asia*, Cambridge: Cambridge University Press.

Jones, S.R.H.(1978). The development of needle manufacturing in the west midlands before 1750, *Economic History Review*, 31(3), 354—368.

Kalemli-Ozcan, Sebnem, Bent E. Sorensen and Oved Yosha(2003). Risk sharing and industrial specialization: regional and international evidence, *American Economic Review*, 93(3), 903—918.

Katscher, Leopold(1901). A bibliographical discovery in political economy, *Journal of Political Economy*, 9(3), 423—436.

Kaye, F.B.(1924). Introduction, in Bernard Mandeville, *The Fable of Bees: Or, Private Vices, Publick Benefits*, in two volumes, with a commentary, critical, historical, and explanatory by F. B. Kaye, Oxford: Oxford University Press, 1966, pp.xvii—cxlvi.

Kelly, Morgan(1997). The dynamics of Smithian growth, *Quarterly Journal of Economics*, 112, 939—964.

Khan, Nasir(1995). *Development of the Concept and Theory of Alienation in Marx's Writings: March 1843 to August 1844*, Oslo: Solum Forag.

Kilpatrick, Henry E.(2001). Complexity, spontaneous order and Friedrich Hayek: are spontaneous order and complexity essentially the same thing? *Complexity*, 6, pp.16—20.

Kim, Sukkoo(2005). Industrialization and urbanization: Did the steam engine contribute to the growth of cities in the United States? *Explorations in Economic History*, 42, 586—598.

—(2006). Division of labor and the rise of cities: evidence from US industrialization, 1850—1880, *Journal of Economic Geography*, 6, 469—491.

Kim, Sunwoong(1989). Labor specialization and the extent of the market, *Journal of Political Economy*, 97, 692—705.

King, James E.(1948). The origin of the term "Political Economy", *Journal of Modern History*, 20(3), 230—231.

Kiyotaki, Nobuhiro and Randall Wright(1989). On money as a medium of exchange, *Journal of Political Economy*, 97, 927—54.

—(1991). A contribution to the pure theory of money, *Journal of Economic Theory*, 53, 215—235.

Knoblock, John(1990). *Xunzi: A Translation and Study of the Complete Works, Vol.II*, Stanford CA: Stanford University Press.

—(1994). *Xunzi: A Translation and Study of the Complete Works, Vol.III*, Stanford CA: Stanford University Press.

Kohler, Wolfgang(1929). *Gestalt Psychology*. New York: Liveright.

Kuran, Timur(1987). "Commentary on 'Islamic economic thought' by M. Y. Essid", in S.

Todd Lowry (ed.), *Pre-Classical Economic Thought: From the Greeks to the Scottish Enlightenment*, Boston, MA: Kluwer, pp.103—113.

—(2003). The Islamic commercial crisis: institutional roots of economic underdevelopment in the Middle East, *Journal of Economic History*, 63, 414—46.

—(2004). Why the Middle East is economically underdeveloped: historical mechanisms of institutional stagnation, *Journal of Economic Perspectives*, 18, 71—90.

La Porta, Rafael, Florencio Lopez-de-Silanes, Andrei Shleifer and Robert W.Vishny (1997). Legal determinants of external finance, *Journal of Finance*, 52(3), 1131—50.

—(1998). Law and finance, *Journal of Political Economy*, 106(6), 1113—55.

Lachmann, Ludwig M.(1956). *Capital and Its Structure*, Kansas City: Sheed Andrews and McMeel.

Landreth, Harry(1975). The economic thought of Bernard Mandeville, *History of Political Economy*, 7(2), 193—208.

Landreth, Harry and David C.Colander(2002). *History of Economic Thought*, 4th edition, Boston MA: Houghton Mifflin.

Langholm, Odd(1992). *Economics in the Medieval Schools: Wealth, Exchange, Value, Money and Usury according to the Paris Theological Tradition 1200—1350*, New York: E.J.Brill.

—(1998). *The Legacy of Scholasticism in Economic Thought*, Cambridge: Cambridge University Press.

Lao Tzu(1963). *The Way of Lao Tzu* (*Tao-Te Ching*), translated with introductory essays, comments and notes by Wing-Tsit Chan, New York: Bobbs-Merrill.

Latzer, Michael and Stefan W. Schmitz(2002). (Eds.) *Carl Menger and the Evolution of Payment Systems: From Barter to Electronic Money*, Cheltenham: Edward Elgar.

Lavezzi, Andrea. M.(2003). Smith, Marshall and Young on division of labour and economic growth, *European Journal of the History of Economic Thought*, 10(1), 81—108.

Legge, James. (n.d.). *The Four Books: Confucian Analects, the Great Learning, the Doctrine of the Mean, and the Works of Mencius with English Translation and Notes*, Wei Tung Book Co..

—(1966). *The Sacred Books of China: The Texts of Confucianism, Part I.*, Delhi: Motilal Banarsidass.

—(1994). *The Chinese Classics: with a translation, critical and exegetical notes, prolegomena and copious index*, Taipei: SMC.

Letwin, William(1963). *The Riggings of Scientific Economics: English Economic Thought 1660—1776*, London: Methuen.

Levy, Brian(1990). Transactions costs, the size of firms and industrial policy: lessons from a comparative case study of the footwear industry in Korea and Taiwan, *Journal of Development Economics*, 34, 151—178.

Levy, David (1984). Testing Stigler's interpretation of "The division of labor is limited by the extent of the market", *Journal of Industrial Economics*, 32, 377—89.

Levy, Frank and Richard J. Murnane(2004). *The New Division of Labor: How Computers Are Creating the Next Job Market*, Princeton, NJ: Princeton University Press.

Limoges, Camille and Claude Ménard(1994). "Organization and the division of labor: biological metaphors at work in Alfred Marshall's Principles of Economics", in P. Mirowski (ed.) *Natural Images in Economic Thought*, New York: Cambridge University Press, pp.336—59.

Lindsey, John. H., John M. Pratt and Richard J. Zeckhauser(1995). Equilibium with agglomeration economies, *Regional Science and Urban Economics*, 25, 249—60.

Lio, Monchi(1998). Uncertainty, insurance, and division of labor, *Review of De-*

velopment Economics, 2(1), 76—86.

Liu, Pak-Wai and Yang, Xiaokai(2000). Theory of irrelevance of the size of the firm, *Journal of Economic Behavior and Organization*, 42, 145—165.

Llorente, Renzo(2006). Analytical Marxism and the division of labor, *Science and Society*, 70(2), 232—251.

Locke, John(1690). *Two Treatises of Government*, introduced by W.S.Carpenter, London: I.M.Dent & Sons, 1975.

Lough, John(1970). *The Encyclopédie in Eighteenth-Century England and Other Studies*, Newcastle upon Tyne: Oriel Press Limited.

Lowry, S.Todd(2003a). Forward in Ghazanfar(2003), pp.xi—xiii.

—(2003b). Ancient and medieval economics, in Warren Samules, Jeff Biddle, and John Davis(eds.), *A Companion to The History of Economic Thought*, Oxford: Blackwell, pp.11—27.

Lucas, Robert E.Jr.(1988). On the mechanics of economic development, *Journal of Monetary Economics*, 22, 3—42.

Macaulay, Thomas Babington(1849). *The History of England: From the Accession of James II*, London: Longman, Brown, Green and Longmans.

Macfie, Alec (1971). The invisible hand of Jupiter, *Journal of the History of Ideas*, 32(4), 595—9.

Machlup, Fritz(1962). *The Production and Distribution of Knowledge in the United States*, Princeton NJ: Princeton University Press.

MacLeod, Christine(1983). Henry Martyn and the authorship of the Consideration upon the East India Trade, *Bulletin of the Institute of Historical Research*, 56, 222—229.

Mandeville, Bernard(1924). *The Fable of Bees: Or, Private Vices, Public Benefits*, in two volumes, with a commentary, critical, historical, and explanatory by F.B.Kaye, reprinted at Oxford: Oxford University Press, 1966.

Mantoux, Paul(1927). *The Industrial Revolution in the Eighteenth Century: An Outline of the Beginnings of the Modern Factory System in England*, translated from the French text by Marjorie Vernon, London: Methuen & Co Ltd, 1964.

Marglin, Stephen A.(1974). What do bosses do? The origins and functions of hierarchy in capitalist production, *Review of Radical Political Economy*, 6(2); reprinted in Victor D.Lippit (ed.) *Radical Political Economy: Explorations in Alternative Economic Analysis*, New York: M. E. Sharpe, Inc., 1996, pp.19—59.

Marshall, Alfred(1920). *Principles of Economics*, 8th edition, reprinted at London: Macmillan, 1936.

—(1923). *Industry and Trade*, 4th edition, London: Macmillan.

Marshall, Alfred and Mary Paley Marshall(1879). *The Economics of Industry*, reprinted at Bristol: Thoemmes Press, 1994.

Martyn, Henry(1701). *Considerations upon the East-India Trade*, in Charles Henry Hull (ed.), *East Indian Trade: Selected Works, 17th Century*, London: Green International Publishers, 1968.

Marx, Karl(1844). *Economic and Philosophical Manuscripts of 1844*, in Karl Marx and Frederick Engels, *Collected Works*, Vol.3. London: Lawrence and Wishart, 1975.

—(1847). *The Poverty of Philosophy*, in Karl Marx and Frederick Engels, *Collected Works*, Vol.6. London: Lawrence and Wishart, 1976.

—(1857—58). *Grundrisse: Foundations of the Critique of Political Economy (rough draft)*, translated with a Forward by M.Nicolaus, Baltimore: Penguin Books, 1973.

—(1859). *A Contribution to Critique of Political Economy*, translated from the second German edition by N. I. Stone, Chicago: Charles H. Kerr & Company, 1904.

—(1867). *Capital*, translated by Ben Fowkes, London: Penguin Books in association with New Left Review, 1976.

Marx, Karl and Frederick Engels(1845—46). *The German Ideology*, edited with Introduction by C.J.Arthur, New York: International Publishers, 1970.

McCann, Phillip(1995). Rethinking the economics of location and agglomeration, *Urban Studies* 32(3), 563—77.

McCulloch, John R.(1880). *Principle of Political Economy, with Sketch of the Rise and Progress of the Science*, London: Ward, Lock & Co.

McNulty, Paul J.(1975). A note on the division of labor in Plato and Smith, *History of Political Economy*, 7, 372—8.

Meek, Ronald L.(1976). *Social Science and the Ignoble Savage*, London: Cambridge University Press.

Meek, Ronald L. and Andrew S.Skinner(1973). The development of Adam Smith's ideas on the division of labor, *Economic Journal*, 83, 1094—1116.

Menger, Carl(1871/1981). *Principles of Economics (Grundsätze der Volkswirtschaftslehre)*, translated by James Dingwall and Bert F.Hoselitz, with an

Introduction by F.A.Hayek, New York: New York University Press, 1981.

—(1883). *Problems of Economics and Sociology*, translated by Francis J Nock, edited with an introduction by Louis Schneider, Chicago: University of Illinois Press, 1963.

—(1891/2002). "Geld", translated by Leland B.Yeager with Monika Streissler, in Latzer and Schmitz(2002), pp.25—107.

—(1892). On the Origin of Money, *Economic Journal*, 2(6), 239—55.

Mill, J.Stuart(1848). *Principles of Political Economy*, edited by W.J.Ashley, London: Longmans, Green and Co. Ltd., 1940.

Minkler, Alanson P.(1993). The problem with dispersed knowledge: firms in theory and practice, *Kyklos*, 46(4), 569—87.

Montesquieu, Charles de Secondat, baron de(1748). *The Spirit of Laws*, translated and edited by A.M.Cohler, B.C.Miller and H. S. Stone, Cambridge: Cambridge University Press, 1989.

Mun, Thomas(1664). *England's Treasure by Foreign Trade*, printed by J.G. for Thomas Clark, London; reprinted by Blackwell, Oxford, 1959.

Murakami, Naoki, Deqiang Liu and Keijiro Otsuka(1996). Market reform, division of labor, and increasing advantage of small-scale enterprises: the case of the machine tool industry in China, *Journal of Comparative Economics*, 23(3), 256—277.

Nelson, Richard(1991). Why do firms differ and how does it matter? *Strategic Management Journal*, 12, 61—74.

North, Dudley(1691). *Discourses upon Trade*, edited by Jacob H. Hollander, Baltimore MD: Lord Baltimore Press, 1907.

North, Douglass C.(1968). Sources of productivity change in ocean shipping, 1600—1850, *Journal of Political Economy*, 76, 953—970.

—(1981). *Structure and Change in Economic History*, New York: W.W.Norton & Company.

—(1987). Institutions, transaction costs and economic growth, *Economic Inquiry*, 25, 419—428.

O'Brien, Dennis P.(2003). "Classical economics", Warren Samules, Jeff. Biddle, and John Davis(eds.) *A Companion to The History of Economic Thought*, Oxford: Blackwell, pp.112—129.

O'Driscoll Gerald P. and Mario J.Rizzo(1996). *The Economics of Time and Ignorance*, London: Routledge.

Oz-Salzberger, Fania(1995). Introduction, in Adam Ferguson (1767/1995), pp. viii—xxv.

Pagano, Ugo(1991). Property rights, asset specificity, and the division of labour under alternative capitalist relations, *Cambridge Journal of Economics*, 15 (3), 315—342.

Peaucelle, Jean-Louis(2006). Adam Smith's use of multiple references for his pin making example, *The European Journal of the History of Economic Thought*, 13(4), 489—512.

Petty, William(1676/1690). *Political Arithmetick*, reprinted in *The Economic Writings of Sir William Petty*, edited by Charles Henry Hull, in two volumes. Cambridge: Cambridge University Press, 1899; reprinted by Augustus M. Kelly, New York 1963.

—(1683). *Another Essay on Political Arithmetick*, reprinted in *The Economic Writings of Sir William Petty*, edited by Charles Henry Hull, in two volumes. Cambridge: Cambridge University Press, 1899; reprinted by Augustus M. Kelly, New York, 1963.

Pieper, Josef (2005). Scholasticism, in *Encyclopaedia Britannica Online*. http://www.britannica.com/EBchecked/topic/527973/Scholasticism

Plato(1997). *Complete Works*, edited with introduction and notes by John M Cooper. Indianapolis: Hackett.

Polanyi, Karl, Arensberg, Conrad M. and Harry W. Pearson(1957). *Trade and Market in the Early Empires: Economics in History and Theory*, Glencoe, IL: The Free Press.

Polanyi Michael(1941). The growth of thought in society, *Economica*, 8(32), 428—456.

—(1948). Planning and spontaneous order, *Manchester School of Economic and Social Studies*, 16, 237—68.

Pollard, Sidney(1964). Fixed capital in the industrial revolution in Britain, *Journal of Economic History*, 24(3), 299—314.

Pressnell, L.S.(1960). "The rate of interest in the eighteenth century", in L.S. Pressnell(ed.), *Studies in the Industrial Revolution*, London: the Athlone Press, pp.178—214.

Prichard, M.F.Lloyd (1968). "Introduction", to *The Collected Works of Edward Gibbon Wakefield*, edited by M. F. L. Prichard, Glasgow & London: Collins, pp.9—92.

Pufendorf, Samuel(1672). *Of the Law of Nature and Nations*, in Eight Books, translated by Basil Kennett, with notes of Jean Barbeyrac. London: Printed for J. Walthoe et al, 1729.

—(1673). *On the Duty of Man and Citizen According to Natural Law*, translated by Michael Silverthorne and edited by James Tully, New York: Cambridge University Press, 1991.

Putterman, Louis and Kroszner, Randall S.(1996). "The economic nature of the firm: a new introduction", in Putterman, L. and R. S. Kroszner(eds.) *The Economic Nature of the Firm: A Reader*, 2nd edition, New York: Cambridge University Press, pp.1—31.

Rashid, Salim(1986). Adam Smith and the division of labor: a historical view, *Scottish Journal of Political Economy*, 33, 292—7.

Rickett, W.Allyn(1985). *Guanzi: Political, Economic and Philosophical Essays from Early China: A Study and Translation*, Vol. One, Princeton, NJ: Princeton University Press.

—(1998). *Guanzi: Political, Economic and Philosophical Essays from Early China: A Study and Translation*, Vol.Two, Princeton, NJ: Princeton University Press.

Ricoy, Carlos J.(2003). Marx on division of labor, mechanization and technical progress. *European Journal of the History of Economic Thought*, 10(1), 47—79.

Roberts, Paul Craig and Matthew A. Stephenson(1973). *Marx's Theory of Exchange, Alienation and Crisis*, Stanford, CA: Hoover Institution Press.

Romer, Paul(1996). Why, indeed, in America? Theory, history, and the origins of modern economic growth, *American Economic Review*, 86(2), 202—206.

Rosen, Sherwin(1978). Substitution and the division of labor, *Economica*, 45, 235—50.

—(1983). Specialization and human capital, *Journal of Labor Economics*, 1, 43—9.

Rosenberg, Nathan(1963). Mandeville and laissez-faire, *Journal of the History of Ideas*, 24(2), 183—196.

—(1965). Adam Smith on the division of labor: two views or one? *Economica*, May 1965, 127—139.

—(1974). Karl Marx on the Economics of Science, *Journal of Political Economy*, 82, 713—728.

—(1976). Another advantage of the division of labor, *Journal of Political Economy*, 84, 861—8.

—(1993). George Stigler: Adam Smith's best friend, *Journal of Political Economy*, 101, 833—848.

Rosenberg, Nathan and L.E.Birdzell, Jr. (1986). *How the West Grew Rich: The Economic transformation of the Industrial World*, New York: Basic Books.

Rosenberg, Nathan and Manuel Trajtenberg(2004). A general purpose technology at work: the Corliss steam engine in the late-nineteenth-century United States, *Journal of Economic History*, 64, 61—99.

Rostow, Walter, W.(1993). *The Stages of Economic Growth: A Non-Communist Manifesto*, Cambridge: Cambridge University Press.

Rutt, Richard(1996). *The Book of Changes (Zhouyi): A Bronze Age Document*, translated with introduction and notes, London: Curzon Press.

Saliba, George (2002). Greek astronomy and the medieval Arabic tradition, *American Scientist*, 90(4), 360—7.

Sandilands, Roger J.(2000). Perspectives on Allyn Young in theories of endogenous growth, *Journal of the History of Economic Thought*, 22(3), 309—28.

Schlatter, Richard (1951). *Private Property: The History of an Idea*, London: George Allen & Unwin.

Schmitz, Stefan W.(2002). "Carl Menger's 'Money' and the current neoclassical models of money", in Latzer and Schmitz (2001), pp.111—132.

Schultz, Thoedore W.(1988). "On investing in specialized human capital to attain increasing returns", in Gustav Ranis and Theodore W.Schultz(eds), *The State of Development Economics*, Oxford: Basil Blackwell, 1988, pp.339—52; Reprinted in Schultz (1993), pp.17—31.

—(1993). *Origins of Increasing Returns*, Cambridge: Blackwell.

Schumpeter, J. A. (1954). *History of Economic Analysis*, New York: Oxford University Press, 1986.

Schuyler, Robert Livingston(1931). "Introduction" in Tucker [1931] 1966.

Scott, Allen J.(1988) *Metropolis: From the Division of Labor to Urban Form*, Berkeley and Los Angeles University of California Press.

Seeman, Melvin(1959). On the meaning of alienation, *American Sociological Review*, 24, 783—91.

Selgin, George A.(2003). Adaptive leaning and the transition to fiat money, *Economic Journal*, 113, 147—165.

Shearmur, Jeremy(1996). *Hayek and After: Hayekian Liberalism as a Research Programme*, London and New York: Routledge.

Siddiqi, Bakhtyar Husain(1963). "Nasir al-Din Tusi", in M. M. Sharif (ed.), *A History of Muslim Philosophy*, Wiesbaden: Otto Harrassowitz, pp.564—80.

Smith, Adam(1759). *The Theory of Moral Sentiments*, in *The Glasgow Edition of the Works and Correspondence of Adam Smith*, *Vol. I*, edited by D. D. Raphael and A. L. Macfie, Oxford: Oxford University Press, 1976.

—(1776). *An Inquiry into the Nature and Causes of the Wealth of Nations*, edited by Edwin Cannan, New York: Random House, 1937.

—(1977). *Correspondence of Adam Smith*, in *The Glasgow Edition of the Works and Correspondence of Adam Smith*, *Vol. VI*, edited by Ernest Campbell Mossner and Ian Simpson Ross, Oxford: Oxford University Press.

—(1978). *Lectures on Jurisprudence*, in *The Glasgow Edition of the Works and Correspondence of Adam Smith*, *Vol. V*, edited by Ronald L. Meek, David D. Raphael and Peter G. Stein, Oxford: Oxford University Press.

—(1980). *Essays on Philosophical Subjects*, in *The Glasgow Edition of the Works and Correspondence of Adam Smith*, *Vol. III*, edited by D. D. Raphael and A. G. Skinner, Oxford: Oxford University Press.

Soofi, Abdol(1995). Economics of Ibn Khaldūn revisited, *History of Political Economy*, 27, 385—404.

Spengler, Joseph J.(1964). Ssu-ma Ch'ien: unsuccessful exponent of laissez faire, *Southern Economic Journal*, 30(3), 223—243.

Sraffa, Piero(1926). The laws of returns under competitive conditions, *Economic Journal*, 36, 535—50.

Ssu-ma Ch'ien(1961). *Records of the Grand Historian of China*, translated by Burton Watson from *Shih-Chi of Ssu-ma Ch'ien*, *Vol. II: The Age of Emperor Wu 140 to Circa 100 BC*, New York: Columbia University Press.

Stigler, George J.(1941). *Production and Distribution Theories*, New York: Macmillan.

—(1951). The division of labor is limited by the extent of the market, *Journal of Political Economy*, 59, 185—194.

—(1966). *The Theory of Price*, New York: Macmillan.

—(1976). The successes and failures of Professor Smith, *Journal of Political Economy*, 84: 1199—1213.

—(1991). Charles Babbage, *Journal of Economic Literature*, XXIX, 1149—52.

Streissler, Erich W.(2002). "Carl Menger's article 'Money' in the history of economic thought", in Latzer and Schmitz(2001), pp.11—24.

Sugden, Robert (1989). Spontaneous order, *Journal of Economic Perspective*, 3, 85—97.

Sun, G.-Z. (2000), The size of the firm and social division of labor, *Australian Economic Papers*, 39(3), 263—77.

—(2002). Pay more tribute to the smart ants: a note on the Tullockian environmental coordination in non-human societies, *Kyklos*, 55, 569—73.

—(2005). *Readings in the Economics of the Division of Labor*, edited with an Introduction, New Jersey: The World Scientific.

—(2008). Nasir ad-Din Tusi on social cooperation and the division of labor, *Journal of Institutional Economics*, 4(3), 403—413.

Sun, G.-Z. and X.Yang(1998). Evolution in division of labor, urbanization and land price differentials between the urban and rural areas, *Development Discussion Paper* # 639, Harvard Institute for International Development, 1998; a slightly different version was then published in *Australian Economic Papers*, 41(2), June 2002, 164—84.

Sun, Guang-Zhen; Xiaokai Yang and Lin Zhou(2004). General equilibrium in large economies with endogenous structure of the division of labor, *Journal of Economic Behavior and Organization*, 55(2), 237—56.

Swann, Nancy Lee(1950). *Food and Money in Ancient China*, Princeton, NJ: Princeton University Press.

Tautscher, Anton(1939). *Ernst Ludwig Carl(1682—1743), der Begründer der Volkswirtschaftslehre*, Jena: G.Fisher.

—(1940). Der Begründer der Volkswirtschaftslehre: ein Deutscher? *Schmollers Jahrbuch*, 63, 79—106.

—(1944). Die Arbeitsteilung als Grundproblem der National. konomie bei Ernst Ludwig Carl(1722), *Zeitschrift für Nationalökonomie*, 10(1), 1—24.

Townsend, Robert M.(1980). Models of money with spatially separated agents, in J.H.Kareken and N.Wallace, eds., *Models of Monetary Economics*, Federal Reserve Bank of Minneapolis, pp.169—210.

Toynbee, Arnold J.(1934). *A Study of History*, *Oxford*: Oxford University Press.

Tuck, Richard (1979). *Natural Rights Theories: Their Origin and Development*, Cambridge: Cambridge University Press.

Tucker, Josiah(1931). *A Selection from the Economic and Political Writings*, edited by Robert Livingston Schuyler, New York: Columbia University Press; reprinted by AMS Press, Inc., New York, 1966.

Tucker, William(1996). Complex questions: the new science of spontaneous order, Reason, the January Issue, pp.34—8.

Tullock, Gordon(1994). *The Economics of Non-Human Societies*, Tucson(Arizona): Pallas Press.

Turgot, A.R.J.(1769—70). *Reflections on the Formation and the Distribution of Riches*, New York: Augustus M.Kelley, 1963.

Tusi, Nasir al-Din(1232). *Akhlaq-i Nasiri*(*The Nasirean Ethics*), translated G. M.Wickens. London: George Allen & Unwin, 1964.

Ure, Andrew(1835). *The Philosophy of Manufactures*, London: Frank Cass & Co. Ltd., 1967.

Vanberg, Viktor J.(1994). *Rules and Choices in Economics*, London and New York: Routledge.

—(1998). Austrian School of Economics and the evolution of institutions", in Peter Newman (ed.), *The New Palgrave Dictionary of Economics and the Law*, London: Palgrave, pp.134—40.

Vassilakis, Spyros (1987). "Increasing returns to scale", in John Eatwell, Murray Milgate and Peter Newman (eds.), *The New Palgrave: A Dictionary of Economics*, Basingstoke: Palgrave Macmillan, pp.761—5.

Viner, Jacob(1937). *Studies in the Theory of International Trade*, New York: Harper and Brothers.

—(1953/1991). "Introduction to Bernard Mandeville, A Letter to Dion (1732)", Berkeley: University of California, 1953; reprinted in *Essays on the Intellectual History of Economics*, edited by Douglas A.Irwin, Princeton, NJ: Princeton University Press, pp.176—88.

—(1968/1991). "Mercantilist thought", International Encyclopedia of the Social Sciences, New York: Macmillan and Free Press, 1968; reprinted in *Essays on the Intellectual History of Economics*, edited by Douglas A.Irwin, Princeton, NJ: Princeton University Press, pp. 262—76.

von Thunen, Johann Heinrich(1826). *The Isolated State*, translated by Carla M. Wartenberg, New York: Pergamon, 1966.

Wakefield, Edward Gibbon(1835). *A Commentary on An Inquiry into the Nature and Causes of the Wealth of Nations*, London: Charles Knight and Co.

Wallimann, Isidor(1981). *Estrangement: Marx's Conception of Human Nature and the Division of Labor*, London: Greenwood Press.

Wallis, John J. and Douglass C.North(1986). "Measuring the transaction sector in the American economy, 1870—1970", in Stanley L.Engerman and Robert E. Gallman(eds.) *Long-term factors in American Economic Growth*, Chicago: University of Chicago Press, pp.95—161.

Waltham, Clae(1972). *Shu Ching, the Book of History: A Modernized Edition of the Translation of James Legge*, London: George Allen & Unwin.

Walzer, R.(1960). "Philosophical ethics", in H.A.R.Gibb et al(eds.) *The Encyclopaedia of Islam*, London: Luzac & Co., pp.327—9.

Wang, Ning(2007). Measuring transaction sosts: diverging approaches, contending practices. *Division of Labor and Transaction Costs*, 2(2), 111—146.

Watson, Burton (1958). *Ssu-ma Ch'ien: Grand Historian of China*, New York: Columbia University Press.

Weaver, Warren(1958). "Science and complexity", in *A Quarter Century in the Natural Sciences*, the Rockefeller Foundation Annual Report.

Wen, Mei (1998), "An analytical framework of consumer-producers, economies of specialization and transaction costs", in Arrow, Kenneth, Yew-Kwang Ng and Xiaokai Yang (eds.) *Increasing Returns and Economic Analysis*, London: Macmillan. pp.170—185.

West, Edwin G.(1969). The political economy of alienation: Karl Marx and Adam Smith, *Oxford Economic Papers*, 21, 1—23.

Whately, Richard (1832). *Introductory Lectures on Political Economy*, New York: Augustus M. Kelley Publishers, 1966.

Wickens, G.M.(1964). "Translator's introduction", in Tusi(1964), *Akhlaq-i Nasiri(The Nasirean Ethics)*, London: George Allen & Unwin, pp.9—22.

Williamson, Oliver E.(1975). *Markets and Hierarchies*, New York: Free Press.

Winch, Donald(1978). *Adam Smith's Politics*, Cambridge: Cambridge University Press.

Wu, Baosan (1989). *A Study of the Economic Thought in Guanzi (Guanzi jingjisixiangyanjiu)*, Beijing: China's Social Science Press. (in Chinese)

Xenophon (1886). *Cyropædia*, translated by J. S. Watson and Henry Dale, London: George and Sons.

—(1994). *Oeconomicus*, translated by Sarah B.Pomeroy, Oxford: Clarendon Press.

Yang, Xiaokai(1988). *A Microeconomic Approach to Modeling the Division of La-*

Linduff, Katheryn M. 凯瑟琳·M.林德芙
Lio, Monchi 刘孟奇
Liu, Pak-Wai 廖柏伟
Liu, Wai-Man 廖伟文
Llorente, Renzo 瑞恩佐·劳瑞恩特
Locke, John 约翰·洛克
Lord Hailes 海利斯勋爵
Lough, John 约翰·洛夫
Lowry, S.Todd S.陶德·洛瑞
Lucas, Robert E. Jr. 小罗伯特·E.卢卡斯

Macaulay, Thomas Babington 托马斯·巴斌顿·麦考莱
Macfie, Alec 艾莱克·麦克菲
Machlup, Fritz 弗里兹·马赫鲁普
MacLeod, Christine 克里斯汀·马克列奥德
Magnus, Albertus (Albert the Great) 阿尔伯特·麦格努斯(大阿尔伯特)
Malthus, T.Robert T.罗伯特·马尔萨斯
Mandeville, Bernard 伯纳德·曼德维尔
Mantoux, Paul 保罗·芒图
Marcuse, Herbert 赫伯特·马尔库塞
Marglin, Stephen A. 斯蒂芬·A.马格林
Marshall, Alfred 阿尔弗雷德·马歇尔
Marshall, Mary Paley 玛丽·佩里·马歇尔
Martin, Raymund 雷蒙德·马汀
Martyn, Henry 亨利·马廷
Marx, Karl 卡尔·马克思
Mayerne-Turquet, Louis de 路易斯·德·马亚恩-图奎特
McCann, Phillip 菲利普·麦卡恩
McCulloch, John R. 约翰·R.麦克库洛赫
McNulty, Paul J. 保罗·J.麦克纳尔迪
Meek, Ronald L. 罗纳德·L.米克
Ménard, Claude 克劳迪·梅纳尔多
Mencius 孟子
Menger, Carl 卡尔·门格尔
Milgrom, Paul 保罗·米尔格罗姆
Mill, J. Stuart 约翰·斯图亚特·穆勒
Minkler, Alanson P. 艾兰森·P.明科勒
Mises, Ludwig 路德维希·米塞斯
Montchrétien, Antoyne de 安托尼·德·蒙克莱田
Montesquieu, Charles de Secondat, baron de 查理·路易·孟德斯鸠
Moore, John 约翰·摩尔
Mun, Thomas 托马斯·孟
Murakami, Naoki 村上直树
Murnane, Richard J. 理查德·J.穆纳尼
Murphy, Kevin M. 凯文·M.墨菲

Nelson, Richard 理查德·尼尔森
Neugebauer, Otto 奥托·诺伊格鲍尔
Newton, Isaac 伊萨克·牛顿
Ng, Yew-Kwang 黄有光

Schlatter, Richard 理查德·施拉特
Schmitz, Stefan W. 斯蒂法·施米茨
Schultz, Thoedore W. 西奥多·W.舒尔茨
Schumpeter, J. A. J.A.熊彼特
Schuyler, Robert Livingston 罗伯特·利文斯顿·舒勒
Scott, Allen J. 艾伦·J.斯科特
Seeman, Melvin 米尔文·希曼
Selgin, George A. 乔治·A.塞尔金
Shapiro, Carl 卡尔·夏皮罗
Shearmur, Jeremy 杰里米·希尔默
Siddiqi, Bakhtyar Husain 巴卡塔尔·侯赛因·史迪奇
Simon, Curtis J. 柯蒂斯·J.西蒙
Skinner, Andrew S. 安德鲁·S.斯金纳
Socrates 苏格拉底
Sokoloff, Kenneth 肯尼思·索科洛夫
Soofi, Abdol 阿巴道尔·苏菲
Spengler, Joseph J. 约瑟夫·J.施宾格勒
Sraffa, Piero 皮耶罗·斯拉法
Ssu-ma Ch'ien 司马迁
St. Benedict 圣本尼狄克 27
Stephenson, Matthew A. 马修·A.斯蒂文森
Stewart, Dugald 斯图尔特·杜哥尔德
Stigler, George J. 乔治·J.斯蒂格勒
Stiglitz, Joseph 约瑟夫·斯蒂格利茨
Streissler, Erich W. 埃里希·W.斯特雷斯勒
Streissler, Monika 莫妮卡·斯特雷斯勒
Sugden, Robert 罗伯特·苏格登
Sun, Guang-Zhen 孙广振
Swann, Nancy Lee 孙念礼
Swerdlow[Swerdlow], Noel 诺尔·斯沃德罗

Tautscher, Anton 安东·陶世尔
Thisse, Jacques-Francuis 雅克-弗兰西斯·梯斯
Townsend, Robert M. 罗伯特·M.唐森
Toynbee, Arnold J. 阿诺德·J.汤因比
Trajtenberg, Manuel 曼纽尔·特拉腾伯格
Tuck, Richard 理查德·塔克
Tucker, Josiah 约书亚·塔克尔
Tucker, William 威廉·塔克尔
Tullock, Gordon 戈登·图洛克
Turgot, A.R.J. A.R.J.杜尔阁
Tusi, Nasir al-Din 纳瑟尔·艾得丁·图西

Ure, Andrew 安德鲁·尤尔

van Zijp, Rudy 鲁迪·范·兹普
Vanberg, Viktor J. 维克托·J.范伯格
Vassilakis, Spyros 斯皮洛斯·瓦斯拉克丝
Venables, Anthony J. 安东尼·J.维内布尔斯
Vichert, Gordon 戈登·维舍特
Viner, Jacob 雅各布·维纳

译后记

2013年6、7月间，老友广振造访浙大，带来了他的这本新作。我和广振相识、相交于十余年前，能够认识他，是我人生的一大幸事。十余年来，无论是治学还是为人，他都带给了我诸多影响。广振于我亦师亦友，我内心亦以长兄视之。广振学问广博，内心温润，每次想起他，我都能感到生于斯世的快慰。

这部专著是广振十余年治学的一个结晶。于劳动分工的思想史，钩玄决疑，沉潜有年，是一部不可多得的杰作。对于这样一部学术专著的评价，自不必我来饶舌，学界必自有公论。我仅就翻译中的一些情况做些说明。

我对此书的翻译始于2013年的盛夏，翻译并二次校对完毕时，已经是2014年的深秋。之后，我又将二校稿呈交给广振，广振再逐句校对，给出意见之后，我重新根据他的意见进行终校。之后，我与广振又对译文及人名索引几番往复，个中辛劳，不一而足。全部完成之时，已是隆冬时节。耗时之长，费力之大，甚于自己写一本专著。译事艰辛，于斯为甚。思想史是一门十分精细的学科，举凡用词的微妙变化，举例的细微差异，都大有深意存焉，因此在翻译的过程中我不敢有分毫懈怠。翻译之中，但凡遇到所论思想史上的大家之作，我均尽可能地找出英文原本和国内较好的译本，有的译本较多，就相互参照。所引译文亦常常是国内最权威的译本上的文字。之所以引用这些名家的翻译，一来是我自己才疏学浅，不敢造次，二来也希望藉此机会来重新审视之前译家的译笔，揣摩语言的变迁，和对思想史上名家思想的理解之变化。还特别值得一提的是广振对译文、包括引文译文的修改，我从中受益良多。同时，也建议那些有心的读者，能够体察这些对传统译本上的译文所做的微妙改动。所谓“魔鬼都在细节里”，所言非虚！

本书第2章，原曾由浙江大学法学院范良聪老师翻译了初稿，后来范君远赴芝加哥大学进修，诸事繁多，无暇深顾，遂由我接了过来。为统一体例和文风，我在范君的译文基础上进行了重译。当然，该章翻译上存在的所有错误概由我来承担，设有一长，愿归范君。

祈望海内外学人，对译稿不吝指教，井奎必感激不尽。我的电子邮箱是：lijingkui@zufe.edu.cn。

李井奎

2014年12月3日于浙江财经大学·钱塘之滨

图书在版编目(CIP)数据

劳动分工经济学说史/孙广振著;李井奎译.—上海:格致出版社:上海人民出版社,2015
(当代经济学系列丛书/陈昕主编.当代经济学译库)
ISBN 978-7-5432-2556-5

Ⅰ.①劳… Ⅱ.①孙… ②李… Ⅲ.①劳动-分工-经济思想史-研究-世界 Ⅳ.①F243.2

中国版本图书馆 CIP 数据核字(2015)第 183276 号

责任编辑 钱 敏
装帧设计 王晓阳

劳动分工经济学说史

孙广振 著
李井奎 译

出 版
格致出版社·上海三联书店·上海人民出版社
(200001 上海福建中路 193 号 www.ewen.co)

编辑部热线 021-63914988
市场部热线 021-63914081
www.hibooks.cn

发 行 上海世纪出版股份有限公司发行中心

印 刷	苏州望电印刷有限公司
开 本	710×1000 1/16
印 张	20.25
插 页	3
字 数	305,000
版 次	2015 年 9 月第 1 版
印 次	2015 年 9 月第 1 次印刷

ISBN 978-7-5432-2556-5/F·873 定价:52.00 元

The Division of Labor in Economics：A History，by Guang-zhen Sun，ISBN：978-0-415-44907-6

上海市版权局著作权合同登记号：图字 09-2014-156

当代经济学译库

劳动分工经济学说史/孙广振著
经济增长理论：一种解说（第二版）/罗伯特·M.索洛著
偏好的经济分析/加里·S.贝克尔著
人类行为的经济分析/加里·S.贝克尔著
演化博弈论/乔根·W.威布尔著
社会主义经济增长理论导论/米哈尔·卡莱斯基著
工业化和经济增长的比较研究/钱纳里等著
发展中国家的贸易与就业/安妮·克鲁格著
管制与市场/丹尼尔·F.史普博著
企业的经济性质/兰德尔·克罗茨纳等著
经济发展中的金融深化/爱德华·肖著
不完全竞争与非市场出清的宏观经济学/让帕斯卡·贝纳西著
企业、市场与法律/罗纳德·哈里·科斯著
发展经济学的革命/詹姆斯·A.道等著
经济市场化的次序（第二版）/罗纳德·I.麦金农著
论经济学和经济学家/罗纳德·H.科斯著
产权的经济分析（第二版）/Y.巴泽尔著
集体行动的逻辑/曼瑟尔·奥尔森著
企业理论/丹尼尔·F.史普博著
经济机制设计/利奥尼德·赫维茨著
管理困境：科层的政治经济学/盖瑞·J.米勒著
制度、制度变迁与经济绩效/道格拉斯·C.诺思著
财产权利与制度变迁/罗纳德·R.科斯等著
市场结构和对外贸易/埃尔赫南·赫尔普曼保罗·克鲁格曼著
贸易政策和市场结构/埃尔赫南·赫尔普曼保罗·克鲁格曼著
暴力与社会秩序/道格拉斯·C.诺思等著
社会选择理论基础/沃尔夫·盖特纳著
拍卖理论（第二版）/维佳·克里斯纳著
时间：均衡模型讲义/彼得·戴蒙德著
托克维尔的政治经济学/理查德·斯威德伯格著
资源基础理论：创建永续的竞争优势/杰伊·B.巴尼著
不完全合同、产权和企业理论/奥利弗·哈特等编著
投资者与市场——组合选择、资产定价及投资建议/威廉·夏普著
科斯经济学/斯蒂文·G.米德玛编
自由社会中的市场和选择/罗伯特·J.巴罗著
从马克思到市场：社会主义对经济体制的求索/W.布鲁斯等著
基于实践的微观经济学/赫伯特·西蒙著
企业成长理论/伊迪丝·彭罗斯著

个人策略与社会结构:制度的演化理论/H.培顿·扬著
私有化的局限/魏伯乐等著
企业制度与市场组织——交易费用经济学文选/陈郁编
所有权、控制权与激励——代理经济学文选/陈郁编
财产、权力和公共选择/A.爱伦·斯密德著
经济利益与经济制度——公共政策的理论基础/丹尼尔·W.布罗姆利著
产业组织/乔治·J.施蒂格勒著
宏观经济学:非瓦尔拉斯分析方法导论/让帕斯卡·贝纳西著
一般均衡的策略基础:动态匹配与讨价还价博弈/道格拉斯·盖尔著
资产组合选择与资本市场的均值——方差分析/哈利·M.马科维兹著
金融理论中的货币/约翰·G.格利著
货币和金融机构理论(第1卷、第2卷)/马丁·舒贝克著
家族企业:组织、行为与中国经济/李新春等主编
资本结构理论研究译文集/卢俊编译
企业、合同与财务结构/哈特著
环境与自然资源管理的政策工具/托马斯·思德纳著
环境保护的公共政策/保罗·R.伯特尼等著
生物技术经济学/D.盖斯福德著